U0541119

德川时代的宗教
现代日本的文化根源

〔美〕罗伯特·N.贝拉 著

宋立道 译

Robert N. Bellah

TOKUGAWA RELIGION

The Cultural Roots of Modern Japan

Original English Language edition Copyright © 1957 by The Free Press, A Corporation

Copyright © 1985 by Robert N. Bellah 1984 Trust

Copyright renewed 1985 by Robert N. Bellah

All Rights Reserved.

Published by arrangement with the original publisher,

Free Press, a Division of Simon & Schuster, Inc.

根据美国纽约自由出版社 1985 年版译出

献给我的母亲 Lillian Needly Bellah，
她把对学术的尊重传递给了她的儿子。

目　录

鸣谢 ………………………………………………… 1
便携本导言 ………………………………………… 3

第一章　日本的宗教和产业社会 ………………… 19
第二章　德川时代的日本社会结构概貌 ………… 34
第三章　日本宗教概览 …………………………… 102
第四章　宗教与国家 ……………………………… 140
第五章　宗教与经济 ……………………………… 171
第六章　心学及其创始人石田梅岩 ……………… 210
第七章　结论 ……………………………………… 275
参考文献 …………………………………………… 304

附录一　汉日词汇表 ……………………………… 318
附录二　汉日人名表 ……………………………… 324

鸣　　谢

本书是我在1955年提交给哈佛远东语言和社会学部的博士论文的基础上经修改而成的。我今天的学术活动得益于我在哈佛的学术训练。但在当年，这却是一件冒险的事，因为当时的哈佛将两个学科结合起来给学生提供这么一个学位也是第一次。我所受的训练体现了这样的研究方法：将社会学理论同历史学的研究方法结合起来。这种方法的形成得益于对远东文明有特殊联系的人文科学的发展。

我应当感谢哈佛-燕京学社和社会科学研究委员会。他们的经济资助使我能够完全投身于研究并撰写了本书。正是叶理绥（Serge Elisséeff）及其关于日本文献学的讲座，让我对心学（Shingaku）产生了兴趣。起初我就是跟随他学习文献学的。我应该感谢叶理绥和埃德温·赖肖尔（Edwin O.Reichauer），因为他们，我才对日本文化与历史多有体会。

我的论文指导老师是裴泽（John Pelzel）和塔尔科特·帕森斯（Talcott Parsons）。自始至终，我都得到了他

1

们的帮助。前者以其对日本社会与文化的广博知识令我获益,后者则给我的论文提供了理论框架。阿尔伯特·克雷格(Albert M.Craig)通读了我的论文,对文中许多地方提出了自己的看法。而这些我也都吸收进了我的论文。有马龙夫(Tatsuo Arima)给我的帮助是为我校对了日文文献。承他的助力,他还为本书编写了专用名与人名的日文汉字索引。最后我还要感谢我的妻子。她给了我许多看得见或看不见的帮助。除了编辑全书,她还做了部分的打字工作,对文中许多地方提出了实质性的修改建议。她也是我最好的评论者,自始至终都是我勇气的来源。

罗伯特·N.贝拉

便携本导言

本书最初出版于1957年，此后英语本和日译本一直通行坊间（日译本出版于1962年）。本版为平装便携本，刊行前自由出版社和我决定添上副标题"现代日本的文化根源"，以便比初版更准确地体现内容。我们又决定增加本导言，不过导言是独立于正文的。本书距首次出版已经有30年了，在许多细节方面，学术研究已经有很大的推进，因此我们有必要依据新材料对本书作一些修订和改写。人们对本书中的描述性细节基本上没有批评和议论，本书受到评估的是它的观点论证，是它所声称的日本前现代文化在其近代化发展中所起的作用。本书所提出的问题，至今仍然是日本学研究中历久而弥新的问题。

20世纪50年代初，我在哈佛师从塔尔科特·帕森斯、埃德温·赖肖尔、叶理绥以及裴泽。当时的世界似乎比现在要简单得多，即令不考虑我那时还很年轻。世界刚刚战胜了纳粹德国、法西斯意大利和日本军国主义。如果世上的战争有正义的话，那么那场战争就属于这种性质。而战争结束以后，最为糟糕的情况似乎已经过去了。虽然也不是什么问题都不存在，但若与刚刚过去的那场战争相比，什么问题都不算问题了。

那个时候，现代化理论的讨论风光一时。特别是在美国，人们关于现代化的讨论与态度，简直就是笃信进步的启蒙主义样板。现代化过程生产出所有好东西——民主与富庶之类的。简而言之，像我们美国这样的好社会，就是现代化观念中最重要的含义吧。美国以及其他的许多"先进的工业社会"，要么本身就是好社会，要么正在朝着好社会的方向前进。而这些都为别的社会清楚地树立了发展的目标。只要是现代化，那就是发展的方向。现代化的弊病并未被指出来。法西斯主义等诸如此类的现代性灾难，也包括我们美国存在的好多问题，虽然并没有完全否认其存在，但却只被当成现代化"正常过程"中的某些扭曲或者病理现象。

我的老师塔尔科特·帕森斯曾经是现代化理论的倡导者。部分地因为他长期浸淫于马克斯·韦伯的思想，帕森斯比他的多数同行在论述现代化理论时要更加细致、更加复杂。不过，如同美国的心理学界塑造了弗洛伊德这样的乐观主义者，帕森斯理解的现代化理论，也同韦伯的一样，都是沿着理性化方向前进的过程。但帕森斯并不相信这一过程的终点是通往铁笼子的。对他而言，理性化过程的正常结果自然是通往好社会的。

我们今天很难理解，在二战以后的头一个十年，何以美国的社会科学理论界会如此地乐观，如此地欢天喜地。当时的人相信社会学科正在迅速地变得科学化起来，也相信社会科学的成果可以使社会得以改善。这要放在今天，还真是不容易想象的事。今天的我们，对于科学也好，对于科学改善社会也好这样的说法，态度要谨慎得多。不过，我当年撰写《德川时代的宗教》时，社会氛围还是如斯的乐观。那时的日本是唯一一个转化为"现代工业国"的非西方国家。因此它所经历的现代化过程，也是所有国家的必经之路。这样的提法，从日本得到了为数不多的证据。笔者的《德川时代的宗教》，目的在于显示前现代的日本文化根源，是如何地有利于解释日本现代化的成功。

现代化究竟意味着什么？今天的学者，恐怕都不会像当年那样信心满满了。哪怕只是宣称现代化是"正常情况下的"发展结局，这样一种温和的说法，学者们对它也会迟疑再三的。我们美国的学者多半都不会愿意把美国的现代化发展方向当作其他社会的标杆。因为从20世纪60年代中期以来，我们已经遭遇了好多问题——经济的、政治的、国际关系的，我们甚至开始怀疑，会不会有别的国家以他们的发展来告诉我们：美国人是否已经迷失了发展的道路。这一方面，日本特别具有讽刺意味。1945年它向我们投降。而在今天，它却一再地给我们树立学习的榜样。比起日本的生机勃勃，美国近年来越来越广泛地兴起怀疑主义：我们究竟知道不知道什么才算是真正的成功的现代化标准？依据什么标准，我们才能判断一个社会是不是成功的？

1958年，我收到了本书出版以来最长的一篇严肃的书评。这是第一篇由日本人为《德川时代的宗教》所撰写的评论。评论者丸山真男质疑了我在本书中所作的分析。在我的印象当中，他的质疑后来还有日益增强的趋势。[1] 丸山先生也许是日本战后最为重要的社会科学家。他认为我的书既有启发性也有可争论性。"在我们身边，能够震撼我们并令我们猛一机灵的书并不多，"他写道，"有关日本的众多研究著作中贝拉的书脱颖而出，长久以来一直唤起我的兴趣、我的战斗情绪。"丸山先生所喜欢的，是拙作中牢靠的理论框架。它突出地显示了日本的现代化核心问题。丸山先生所不喜欢的，是他所认为的我"对于日本现代化发展重大事件所持的乐观主义解释"。这些解释都是顺着"理性化"（合乎理性化或合理化）及"现代化"这样的两个发展方向来展开的。

丸山特别地质疑了我的核心理论：所谓日本找到了某种完全的"功能性等价物"——其作用等同于新教伦理在经济上、政治上、科学上，以及家庭关系和其他许多别的领域中显著地促使西方向现代化发展的精神力量。他的质疑是：日本的特殊主义，其对某些团体及其首领——从天皇到国家再到家庭及首长——的忠诚，究竟能不能当成我所论证的西方普遍主义伦理的替代物。日本在现代化过程中所走的弯路，丸山真男说，并不是偶然性的而是内在性的。丸山肯定，日本的现代化有待于某种普遍主义，但在他的视野中尚未见到这东西。

丸山所提出的问题，既不是本书所充分讨论过的，也不是 20 世纪 50 年代的现代化理论中的论题。按照我的假定，经济是现代化发展的批评指标。任何旨在使经济挣脱传统束缚并使其发展的，让经济依据其自身规律发展的，就是现代化的积极力量。我又假定，经济的发展并不只是某种内在的"善"。现代化带来的其他利益或多或少都同经济发展相关联。他的看法是：经济的发展如果同时没有伴随某些别的变化，那它甚至还会破坏经济持续发展的环境。

不过，从表面上看，过去 30 年发生的一切似乎都证明我的看法是正确的。丸山像是在故意挑刺。日本经济的持续增长是奇迹性的。1960 年，池田首相宣布了日本经济将在十年内翻一番。自那以后国民生产总值翻了几倍，且日本的经济增长率是最高的。在我写作《德川时代的宗教》时，日本还没有汽车可供出口。然而今天日本汽车已经涌入世界各地的市场。1957 年日本才刚刚从二战的废墟中恢复过来。而到了 1985 年，他已经超过了竞争对手而成为经济超级大国。

但如果我们要问日本成功的代价，故事也就变得很复杂了。日本竞争性经济的成功，部分原因在于其拥有这个世界上堪称最为有效的社会手段。日本的官僚训练有素、勤恳尽职、效率甚高。日本通产省最能说明这一点。它可以根据国际市场的变化而作出灵敏的反应，从而调整国内的经济生产。

通产省并不采用行政命令来实现生产调控，因为日本有它的私营企业和自由的经济体。通产省的官僚更愿意通过提供信息、信贷以及私营企业的同行间合作来解决问题。这也让经济生活有了一定的计划性。这就比铁幕那边的做法更能产生实效。日本的工会是按企业而不是按行业来组织的，它可以同企业管理层密切合作，可以保证高效的生产率。大众媒体与教育又都是紧紧地被捆绑在重要的控制机制中的。

同世界其他地方相比较，日本具有毫不逊色的宪法，拥有保护民权的各种法律。但这些在丸山真男和他的同道们的眼中，现在的日本并没有他们早在20世纪50年代所憧憬的民主政体，日本就是典型的行政制度社会。这样的形态似乎是所有的工业化社会都在追求的。事实上许多美国人，特别是那些工商学院的美国人都在敦促人们学习日本。不过，行政制的社会，其行政制度也可以称为行政专制制度。如果我们是在温和专制的含义上使用这个词的话，国家的专制如同中小学的老师，而非实行意识形态专政的严厉暴君。

尽管有的人也许会怀疑当代社会中，究竟能不能保持某种普遍主义的伦理，但对于日本人，似乎这种怀疑会被嗤之以鼻。大多数日本人仍然是紧密抱团的。这就要求他们拿出自己的忠诚来，并且要切断与团体之外的感情。加藤周一把这称为"竞争的集团主义"[2]。岛园进则称其为"集团功利主义"[3]。这样的立场会激发人们的自我牺牲及献身精神。但这样的伦理行为却罕有超越其集团利益的。即令是那些表现了战后日本精神生活的新宗教，它们所强调的也只是个人的和集团的发达以及集团的凝聚力，而不是超越的道德性训诫。伦理个人主义所要求尊重的是每一个体的尊严，哪怕他所面对的是集团的要求。个人主义在今天的日本似乎仍然是不受待见的。这种情况自古就是这样。举个例子，在日本，同其他的工业社会相比较，似乎妇女寻求社会平等的事业几乎就没有什么进展。就此而言，那些在20世纪50年代期望日本社会会产生根本改变的人，会感到非常不安。

然而，我们会不会是过于挑剔了？甚至是不是太乌托邦了？毕竟，日本的道路不会是唯一的一条道路吧？在一个高度现代化的时期，我们就不需要专家的精神指导和对人民的"社会规训"吗？那不就是现代世界当中持续繁荣的唯一基础吗？毕竟那不就是人民所想要的吗？

然而，我们必须问一声：（本书所描述的）日本传统及其在现代的嬗变形态所努力促成的经济高速增长的成果，尚不至于破坏令经济高速增长成为可能的环境条件吧？以日本的工薪人员为例，看一下过去几十年中工薪层所享受的新繁荣，是不是威胁到了他们身上的传统呢？

理所当然地，我们马上便注意到了那些真正的好处：品种繁多的商品、旅游的机会、医疗条件的改善等。但我们也同时看到：这些生活方式中，有的的确也是有威胁性的。日本人家居的房舍，不论大小，都是传统艺术的一部分。它的庭院，无论其规模是大是小，总与其生活方式相关。这一点与西方的居家建筑物大不相同。日本的庭院要考虑与大自然的关系,一年四季的节律深深地嵌入了日本人的精神世界。一幢公寓大楼,根本不可能再复制出以往的生活。公寓的房间中,四面的墙是西方形式的,已经不可能再由拉门来决定空间的开合。庭院已经消失了,哪怕是替代性的带有花箱的阳台,也没有了庭院的意味。和式的房舍当中,白天与黑夜的生活是完全不同的。但在公寓里,通常每家的孩子都有自己的房间,供他们白天或晚上学习。电视机摆放在起居室中,神龛与佛坛在公寓当中已经没有空间可以安置。这样一来,孩子们在成长过程当中,对于日本的祖先崇拜便已经不太知道。再有,住公寓的人同西方一样,彼此之间也不再熟悉。小孩子若吵闹,邻居便会生出嫌恶。旧时的日本町街,邻里间的热络气氛也就变淡薄了,甚至完全消失了。最后,如果与昔时作比较,丈夫与父亲都变成了陌生人,因为他们现在必须早出晚归去工作,而家屋与公司之间距离却很远。在这样的条件下,传统确实很难原封不动地保存下来。而往昔那种勤恳的父亲与友好的邻里关系正是传统的一部分。同美国的情况一样,孩子们会了解到,生活的意义成了所购物件的增加,以及感情的语词表达。人们不禁会担心,以往所夸耀的工作伦理与社会纪律还能维持到什么时候。

还有一点,以往的生活方式已经不太可能大规模地复制。在东京与其他大城市周围,地价上涨之高,已呈天文数字。哪怕中产阶级的家庭,也不能企望昔时那样的生活。现在的日常生活环境，只能限于在公寓、带浴卫的宿舍以及类似的寓所中。当然，在这样的环境当中，许多传统事物也有可以保存下来的。但我们一直在想，保存传统价值观的代价究竟有多昂贵呢，这是值得思考的吧？城里人同乡下亲戚的联系正在迅速地消失。不用说，在一代人之前，这种纽带还是日本人所珍视的。而今日本的多数人已经不太有"故里"情怀。这也就大大削弱了神道教的凝聚力。文化中的某种地理区域感本来就是借它才密切地联系起来的。如果我们没有忘记的话，都市里的神社也不能够联系里坊和街区。那样的话，情况就更糟糕了。城市中人口的流动很快，且人们不再会像古时那样，感觉到彼此之间的共同关联。

长期以来，我们都听说，日本的行会团体可以转变人们对待家庭的忠诚观念，可以使地方性的团体转变为新的企业环境。但如果古老的忠诚正在瓦解，那还有什么东西可以转变呢？削弱的迹象虽然还不算多，但我们显然已经不可以乐观地瞻望未来。千真万确，预兆已经出现了。

在日本人的前方，同别的工业社会一样，相同的命运在等待着他们。而后者却曾被看作是擎灯指路的模范。大概在这世上，做老大的都不会舒坦，而实际上也没有什么人能够永久地位居第一。起初是不列颠做了举世艳羡的主角，连法国人也都在仰望它，虽然法国自己也不乏别的国家羡慕它。几十年当中，英法两国争雄，都想坐头一把交椅。然而到了20世纪50年代，它们两家都承认世界已经进入"美国世纪"。

直到今天，相信"美国第一"的还大有人在。实际上，很长一个时期以来，美国已经失去了它一度领有的竞争优势。尽管它仍然强大，但它已经失去了预示未来发展的思想，再也不能鼓舞人类。今天如果有什么国家还可以担纲这样的角色，大概也就是日本了。不过，伴随着高速现代化带来的似乎不可避免的消耗和最终会吞食掉经济成功的各种力量，都已经在日本露头并且日渐活跃起来。因此，如果预言日本在未来几十年中始终独占鳌头，好像也不是一件笃定无疑的事。

笔者在本导言中，迄今为止，只是尽量地联系日本的历史背景来考察《德川时代的宗教》的讨论内容，尽量通过文化背景的分析来寻求经济活动发展的文化动机，并依据这种分析研究来总结其文化的优势与弱点。优势当然是显而易见的。笔者认为日本社会有这样的特征：一方面，它强调人们对集团的忠诚；另一方面，它也重视个人和集体的成就。两者结合起来，便造成了强大而有效的集体行动。在聚焦普通民众的生活时，笔者把这种模式的根源归结到社会结构，并与德川时代的信仰与习俗联系起来。笔者认为，同一个价值模式超越了封建时代的种姓与阶级樊篱，浸润式地渗透到了民众生活当中。建立现代国家所要求的文化同质性甚至平等主义，在日本的德川时代便已经准备好了。因此笔者可以说，近代日本的发展动力，早就存在于德川时代的普通民众的生活方式中。直到今天，笔者仍然认为，所有这些论点都没有什么不妥当的，而且值得我们做进一步的思索和提炼。

本书的弱点，正如丸山真男所说，源于笔者不愿意直面日本模式的缺陷，或者说，是对日本现代化发展的代价的估量过于粗疏。事实正是如此，笔者的目光仅仅限于对德川时期加以观察，因为本书的目的是分析日本现代化的根源而不是观察全球的现代化过程。不过，当我们试图探究日本的发展取得成功的根源时，可能也就看到了这一过程中缺陷的根源所在。也许在20世纪50年代中期的那个历史阶段，日本因为刚刚才从其遭遇的大灾难中缓过气来，还谈不上什么崭露头角，如果与那之前和之后的时代相比，我们的研究工作也就更容易忽视日本在现代化发展中曾经付出的代价。

不过，本书最大的缺点说起来同日本并没有什么关系。它只是与笔者所采用的现代化理论自身的不足有关。笔者当初没有看到的是，财富与权力的无尽积累并不一定就能建立一个良善的社会，它也是有可能完全摧毁一个有活力社会的必然基础。笔者所遭遇的挫折，是目标与手段之间的错置，或者说是因为把手段当成了目标。这一点才是现代化理论的病理根源。笔者曾说过："在对日本宗教的'功能'说了这么多以后，我们最后还得用宗教的术语来斟酌这些功能的含义。"（本书边码第196页）那句话后边的叙述，意思并不是很清晰，但我似乎考虑到了两种情形：一种情况是宗教被当成实现（现代化的）手段，另一种情况是宗教又设定自己作为目标。这等于是说，宗教坚守了它"对终极价值本源的责任"，亦即说它"仍为宗教"（本书边码第197页）。丸山真男在对本书评论的末了指出的问题一语中的——由于笔者不愿意从字面上"将日本宗教解说成宗教",事实上致使本书最基本的主张变得暧昧了。

也许,笔者在这里可以趁此机会,尝试一下我在1957年没有做过的努力,虽然当年我也多少对此有所触及。当年,笔者也许只是从表面上(也可以说只是非常肤浅地)看待了日本宗教的价值观,所以才显得过于幼稚。不过,现在笔者愿意再做尝试,将一组非常复杂的现象约减为一个单一的公式。笔者想要说的是,日本宗教从根本上讲,其所关心的是和谐——人与人的、人与自然的和谐。所有的传统都会对和谐持有不同的看法,但都会提出自己的和谐之道。同时,所有的宗教传统,也都会殊途同归地将生命观转换为仪式、戏剧、舞蹈等,从而通过后者表达出它对宇宙万物的同情与爱护。神道教要礼敬的神祇有八万个。所有那些神祇都寓居在自然物上面或存在当中,并从那里注视着人类的活动。神道祭祀的顶峰是节日,这称作为matsuri(祭り)。每当这种时刻,神人相聚,欢乐喜庆,所祈求的是人类的幸福。所有这些祈愿通过舞蹈来表达。因此,舞蹈便是人生的表现程式。佛教当中也有这么一种信念:万事万物当中皆有佛性。无论是人类还是动物,也不管是山河大地还是瓦砾土块,甚至路上的尘埃,也都具有神性或佛性。人若具备这种认识智慧,他便能够在事事物物上体现出佛性来。到这个地步,无论是喝茶吃饭、行住坐卧都成了纯粹而自然的活动。每一种活动都是适意的、自如的，与别的任何事物达到内在共鸣，因而在整个宇宙当中，所有的舞蹈者都共同组成了一个完完全全融洽的大网。在儒教，它认为天地的秩序与人类的秩序是相同的。整个人生就是一组仪轨模式（礼），通过仪式，人人体现出自身对于他人的关爱。实现礼的仪式，便是在履行一个体面的人（君子）应有的行为。本书第三章第一节描述了日本宗教的两个基本侧面：对一切养育者的感恩，并且与存在的大全整体达成同一。而这两者都是笔者这里所说的共同模式的发挥与演示——同理同情的舞蹈的和谐。

对人生若达到这样一种基本的理解也就足够了，剩下的只是享受欢乐的人生。这样的认识态度，日本人如此，在其他任何别的文化也是如此。不过，我们也许会有疑惑：在这种人生的欢乐的表面，通过日常生活的方方面面呈现的习俗的美丽形式，真的就可以表征出社会的终极目标吗？如果可以，那整个实在的全景，会不会显得支离而遭到破坏呢？一个人的尊严难道应该这么轻易地由于集体的需要而被牺牲掉吗？视万物为一体的同情心会不会显得过于低下呢？积累财富与追求权力，如果就是社会行为的动机，会不会又显得太过高迈呢？相比较这样的人生目标，同理且同情的舞蹈模式似乎可用于其他的目的。它的作用在于将个人加以社会化，使其了解集团的需要，也使个人可以不加掩饰地逃避建功立业和对集团忠诚的压力。这样的情况正好同西方的情形相似：基督教常常就是这样的一种治疗方式。它可以使现实世界当中不堪忍受压力的个人"得以放松"。(因此它不仅不是对待日常生活中的非基督教解压形式的挑战,反而是一种加强。)同样,在日本,宗教也有从生活压力当中使人得以逃避的美学功能。(无疑,我们应当承认,当代日本宗教具有的社会心理治愈"功能",特别是神道教与佛教,在19世纪后期和20世纪初期,当其建立军国主义和民族主义的体制时,便是从社会心理方面来实现操控的利器。)

我们如果把这种宗教功能实用化的过程加以颠倒,把终极的目标转化为手段,情况又会怎么样呢?如果把宗教设定目标、攫取财富与权力作为取向的手段,转变成为现实当中的实用工具,它又会呈现出什么模样呢?这样的改变会不会也是一种"现代化"的形式呢?或者,它会不会也说明这么一种归宿:现代化一旦超出某种极限,它内部的自我解构也就展开了?

笔者提出这些问题,并不都是无缘无故地忽发奇想。但凡有点思想能力的人,多半都不会同意那位美国名人的话:"发展可以说是没有极限的。"真的如此吗?就最低的限度而言,至少经济发展并不能解决人生的意义问题。经济发展在这里就已经遭遇了极限。我们就像是巫师的学徒,虽然学会了释放魔力,但我们却不能控制这种魔力。这就是日本的现状。日本传统当中,人们本来富于变通的技巧。今天它也仍然有待于勇气与能力二者兼备的人才出现,以突破行政制度化的社会结构。有了这样的人才,才可以另辟一条发展的蹊径。

本书的写作目的，并不是想发掘出日本传统中可以突破框框的资源。因此，笔者之强调宗教信念和行动产生了日本的现代化社会及其经济成果，也就没有什么违背情理之处。只要认真地阅读本书，就可以看出：笔者并没有丢掉对传统的整体性的关注。我们相信，越是谈论具体的事例，越可以透彻地显示出优劣兼具的整体性。

笔者对于石田梅岩的研究——迄今为止这种研究仍然是英语世界关于此人最为全面的研讨——就是一个例子。梅岩本人对商人的身份尊严具有非常肯定的态度。他坚持认为，商人同武士一样，对于整个社会都做出了极富价值的贡献。但笔者自己却没有看到，梅岩本人虽然"凭借其道以求致富"的主张，但他自己的一生是一个热忱服务于他人的例子。他的生活非常简朴。终其一生，家无长物。他提出了当代日本的人生评价标准，他也是这套评价标准的先行者。他的言行，在前几十年似乎显得有些古怪，在今天恐怕正是我们要学习实行的。面对现实，重新动用日本的思想资源，是一个目标不断前移的不断展开的任务。其中，本书应该可以提供绵薄的贡献。

罗伯特·N.贝拉

1985 年 7 月

注　释

1. 丸山真男评《德川时代的宗教》的文章刊于《政治学与社会学杂志》（*Journal of the Association of Political and Social Sciences*）1958 年第 4 期。马龙夫为该文做了英译，英文打字稿有 50 页之多。该文未正式出版。
2. Kato Shuchi: "Competetive Groupism in Japan, in the Japanese Challenge and the American Response: A Symposium", *Research and Polity Studies*, Number 5, Institute of East Asian Studies, University of California, Berkley, 1982, 9, pp.9-14.
3. Shimazono Susumu: *Two Frameworks for Future Study of Japan's New Religions in Comparative Perspective*, unpublished,1985.

第一章　日本的宗教和产业社会

关于德川时代（1600—1868）的宗教，对其各个方面已经有过不少研究。若没有前面这些有价值的研究，本书是无从说起的。但在此前，尚无用英文撰写的德川宗教的研究著作。似乎也没有人关心过德川时代的民众在多大程度上受到宗教的影响。本书的研究就填补了这方面的一个空白，虽然这对于日本史上的德川时代这么一个重要时期，本书看来还是太显得粗疏了一些。这个时代之所以重要，就因为它直接开启了后来的现代日本，或者说为它做了准备工作。

要想理解一个民族和他们的宗教，不能仅凭规范着其生活的宗教形式。即是说，光了解宗教信条和教义是远远不够的，只是知道它们所寄身的宗教组织之形式结构也是远远不够的。这些东西虽然重要，但都只是宗教的外壳。涉及宗教的内核，当然需要先了解外壳。但所谓内核——如果我们所指的是宗教的内在含义的话，它应该就是个人的人格结构。理解内核对于把握一种宗教是至关重要的功夫。一旦把握了内核,哪怕这样的把握并不全面,我们至少可以大致了解宗教在人的思想感情和期望中的地位。因此也就能够了解人们的宗教义务感是如何形成的,知道宗教如何影响了人们全部的生活。不仅如此,反过来,我们也可以了解,日常生活是如何影响到宗教的。本书尽量去做的是,在考察德川时代的宗教时,让当时的日本人的生活状况来说话。只要可能,尽可能引用他们的原话。

对生存意义的关心,决定着我们讨论的教义形式的组织方法。而教义本身则是日本宗教传统的组成部分。例如,我们并不关心佛教、神道,甚至儒教它们自己的声称、它们对其教义的理解和解释。我们要讨论的东西,仅仅活跃在日常生活中的宗教情感。事实上,我们也可以看到,在德川时代,这些宗教的教义对于民众的日常生活有着重要的影响。须知,公元前3世纪的中国儒教思想家孟子,对18世纪的日本而言,就绝不仅仅是一个古代人的名字,他的言教在现实生活中有着强大的力量。正因为如此,尽管他只是千百年前的一个外国人,我们仍然要考察他的学说。同样,我们还注意到,中国隋唐时代发展起来的禅悟方法,在德川时代仍然被人们沿用并有所发展,当时的商人与武士都尚好习禅。这就使我们不能不关注禅悟本身。对于前现代时期的宗教传统,如果我们能够把握其对于普通民众的影响力,我们所获得的,就不仅仅是对日本史和日本社会的深入了解,更是对宗教学说的观念意义的充分认知。而在西方读者的眼中,像这样的东方

第一章　日本的宗教和产业社会

宗教学说，大都只是一些抽象的表述，是一些来自异国他乡的语句。

研究我们传统之外的任何宗教，了解它们对于其信奉者的意义，是一件非常耐人寻味的事。它可以拓宽我们关于宗教及其在人类生活中作用的理解。不过，当我们的研究以日本为对象时，意义更加不同了。作为一个绝无仅有的非西方国家，日本能够主动从西方取得自己所需的东西，改造自身，跨进现代工业社会的行列。这就使得越来越多的日本研究者，深切地感受到日本所取得的成功，并非像有些人说的，是因为他们有超强的神奇模仿力，而是因为日本在前现代时期就已经准备了诸多有利于发展的因素。正是这些因素促成了后来的现代化发展。在所有那些经常被研究者讨论的优势因素中，也有许多是西方工业化国家所不具有的。受到马克斯·韦伯经典著作影响的社会学者[1]，大都熟悉他所论述的宗教与西方现代社会的关系，特别是他关于宗教与现代经济制度的关系论述。自然，这些学者会感到惊异。他们往往问道：就日本的情况而言，宗教因素会在多大程度上影响到它的工业化呢？如果更为直截了当一些，问题便可以表述为：在日本宗教当中，有没有类似基督教那样的伦理功能？从这里便出现了本书的讨论重心和中心问题。我们尽可能清晰地梳理日本宗教对于普通民众的实际意义。特别地会要关注那些有可能促进日本现代工业化产生的宗教因素。

为澄清我们研讨中使用的专业术语，这里先要对"现代工业社会"和"宗教"的含义做一定的解释。我们所说的现代工业社会,是说这个社会具有这样一些特征:经济对于社会制度关系重大,经济价值观对于整个社会的价值体系也有着重大的决定作用。这里,我们所说的价值体系,关于它的内涵意义的说明也很重要。首先,我们说的这种价值,并不是指它对利润的渴求,也不是攫取利润的本能,也不是追求享乐的消费冲动。关于"资本主义"社会的许多讨论,大都纠缠在完全站不住脚的种种假定中。而在许多情况下,"资本主义精神"就是用上面的这些描述来界定的。[2]

毫无疑问,追求利润的动机是工业社会中存在着的。(其实非工业社会中又何尝不是如此?)但是,用这些东西来界定资本主义社会及其特征却没有什么意义。

我们所说的经济价值观,首先指的是经济手段之合乎理性化(即理性化或合理化)的发展进程这一特征。在社会学理论中,这些价值观既指普遍主义的主张,也指其实践上的行为。这两者都是行为理论上说的"类型变量"[3]。在手段之理性化过程中,或者我们也可以称为在工具化行为(instrumental action)当中,行动的目的是当下自明,唯一需要做到的是,如何实现最大限度的效益以及最小限度的能耗?这首先要求的是适应当下种种随机出现的紧急情况,因为在达致目标的过程当中,如果没有任何障碍(如果没有任何需要解决的困难)的话,那也就根本没有了采取手段的必要性。这种根本没有工具性或者适应性的行为,完全不用关心具体的目标本身。在当前环境中，每一个目标之所以具有意义，只是因为它会产生需要适应的问题。因此，我们说，在适应性的状况下，无关目标的性质问题。在这种场合，重要的并不是目标为何，而是行动为何。如果把社会整体当作我们的参照性框架，可以说，经济制度本身就是与此适应性最为相关的体制。因此，我们可参考那些规定了适应过程、范围的价值观，即是说，把"普遍主义"（universalism）和"功业成就"（performance）这二者看作"经济方面的"（economic）价值观。在我们的社会中，主要的价值观就是用这样的语词来表达的[4]——"为更多的人民（提供）更多更好的东西"或者是"一种富足的经济"。实际上，就是在非经济领域，也有相同的价值观表达。人们所普遍关心的会是成就或者"作为"本身。无论商业界，还是娱乐界应当都抱有这样的价值态度。只是因为"普遍主义的-功业成就的"价值观规定着社会制度的适应维度，以及协调经济制度的适应维度，所以我们才理直气壮地大谈"经济的价值观"。

尽管美国作为一个典型的现代工业社会，其特征可以先用上面说的经济价值观来界定，但这样的特征描述也不是必然的非有不可的。要知道，当某个工业社会如果使用另外一套价值观来描述其特征时，上面所说的经济价值观，虽然也是必需的，但它却成为了次要的特征。离开了这样的价值观，就不可能有高度分化的和合乎理性化的经济制度，从而也就不会有工业社会本身。如果要有高水平的理性化形式，这种价值观就必不可缺。按韦伯的意思,这是一个合理化的持续过程。这个过程中,手段的合乎理性化,在于挣脱传统的束缚,只接受理性化形式规则的制约。当然,根本不存在一个绝对不受上面所界定的理性法则制约的社会。完全的经济理性也是受到政治、伦理、宗教和其他方面的制约的,即令是在那些据称经济价值观优先的社会中也不例外。不过,与受到严厉管束而活动范围狭小的传统社会不同,经济理性在工业化社会当中必然会有着非常广阔的活动空间。一种理性的经济制度具有这样的特点:它摆脱了导致传统经济静止和沉寂的诸多限制。它不会满足于现状,而必然会向着新的领域推进其合理性的进程。这正是工业化社会始终保持其动力而又缺乏稳定性的原因所在。可能的情况就是:这种经济制度的不断理性化进程,也许会在整个社会当中制造出紧张,以至于可以为理性经济活动提供合法性的价值观。

当我们考虑一个社会从非工业化向工业化转变时,那最为引人注目的转变指数之一是基本价值观的形态改变。因此,在欧洲中世纪,其价值观特点主要是政治的与宗教文化方面的[5],而现代美国的特性则表现在经济价值观上。当然也存在着这样的可能:一个社会的发展并不体现在基本价值观的转变上。而如果是这样的社会,其更可能经历这样的过程:它的经济价值观在某些领域的权重会有上升,整个经济活动会有一定的分化,从而它的利益考量会有合乎理性的发展。总之,经济活动仅仅受到最低限度的制约。大多数欧洲产业社会，其发展过程都显示出，它所经历的是后面一种发展模式。与此相似，日本也属于后面这样的发展模式。

日本有着政治价值观优先的历史特点，国家政治总是先于经济生活的。如我们说到"经济价值观"时，意思是将经济生产放到首位。在日本，当我们说"政治的价值观"时，它所涵盖的领域非常广大。表面上看来，政治价值观的特征是强调特殊主义（particularism）和功业成就这样的模式变量。它的关注点在集体性的目标（而不是提高生产率）上，在强调忠诚这样的品质。在权力看来，控制与被控制的关系要比"做事"更为重要。统治者对权力的关心要高过对财富的追求。这里用不着进一步详细地发挥这样的价值观内涵。本书在后面还会有不少篇幅一再谈到它。显然，从一般归纳的角度来看，这里所说的"政治价值观"，就算在西方也是很重要的参数，许多时候它是被放在首位的，虽然有时候居于次要地位。

塔尔科特·帕森斯最近指出，（在发展中）有一个同经济理性化差不多的政治理性化的过程[6]。因此，一个对政治高度关注的社会，会形成这样的环境：权力随处可见，而且它几乎不受传统势力的约束，只接受理性法则的指导。当然，比起经济理性来，政治的理性不可能完全不受制约，如果社会作为一个整体始终这么运行的话。但在这里，它所享有的相对自由，就有可能产生巨大的发展成果。在此我无意断言，究竟这一过程对于西方工业社会的形成有多大的推动作用。

6

但我相信，这种作用力无疑是非常强大的[7]。促使西方工业社会出现的过程当中，当然有多种因素在发挥作用。文艺复兴时代的国家——它们在政治领域和其他领域都挣脱了传统主义，朝着现代社会建立理性法治国家的方向发展。这一进程中，民族主义的崛起，以及相关联的其他发展成果，都会成为重要的力量。在这一政治理性化进程中，我相信，日本树立了一个特别生动的榜样。只有对此有所了解，才会懂得它的经济发展的特殊意义。在日本，经济发展观已经表现出它具有极其重要的意义，但它同时又仍是从属于政治价值观的。关于这一点，我们有必要在后面几章当中，回过来再加以详细的讨论。

在一般性地界定了我们所说的产业社会并对走向产业社会的不同进程加以说明以后，我们现在有必要回过来谈谈宗教，以及宗教和这种产业社会发展的关系。

按保罗·蒂利希（Paul Tillich）的看法，所谓宗教，指的是人类对于终极关怀的那种心怀敬意的态度和相关的行为。这样的一种终极关怀，它与把什么当成最终的至高价值和意义是相互关联的。我们以什么东西为终极价值，决定着归根结底我们所关心的究竟是什么东西。这也从根本上决定了我们会把什么视为对价值和意义的威胁。宗教的社会功能之一，便是提供一整套有意义的终极价值观，以形成一个社会可以立足其上的道德基础。这样的价值观，在被制度化的情况下，就成为了那被称作社会核心价值观的东西。

第一章　日本的宗教和产业社会

另一方面，终极价值观也与人们会受到的终极意义性质的挫折相关。人所遭受的挫折，只要是可以明确知道其成因的，例如或认为它起于可以驾驭的自然因素，或认为它是社会违背了道德规范而遭受的惩罚。这两种情况下的遭遇就不算是终极挫折。但是，人在生存状态中，不免会遭遇某种内在的挫折，它不是人力可以驾驭的，或者它并没有道德惩罚含义。最典型的是遭遇，这就是终极的挫折。宗教的第一义的功能是终极的关怀，其第二义的功能便是为终极挫折提出适当的解释。解释的目的，是为了让个人与社会能够接受这种挫折，而不至于因此而排斥核心价值，以核心价值观为无意义的东西。由此而做的解释，使人仍然能够直面挫折，继续在社会中生活下去。这一功能的实现，要借助某种形式的断定与陈述。例如，它可以宣称终极价值观比起终极挫折更为强大，因此前者可以战胜后者。这样的表述也可以有各种各样的象征表达形式。例如，上帝会战胜死亡，爱会战胜死或者真理会战胜虚妄等。

终极关怀的"对象"，也可以说就是终极价值以及终极挫折的根源。这种对象必然是被抽象化的，因为它只能存在于思想当中。我们可以说，作为象征，它代表着"神圣者"或者"至高者"。宗教行为就总是指向这个神圣者与至高者的行为。原始宗教或者咒术宗教当中，神的观念还多半是弥散性的。如果要象征性地描述神的性质，我们会用"无所不至的力量"或者"寓居在万事万物中的力量"，或者是"众神、众灵、众鬼的集合"这样的说法。神灵无所不在，分布在日常生活的方方面面。这导致人们形成这样的观念：人在社会生活当中，其大部分的行为都会带有神圣性或者半神圣性。生活中，稍有不慎或者某种行为失当，都会形成道德上的错误，或者是冒犯了社会的禁令，或者冒犯了神灵，背弃了神的诫命。因为动辄获咎，人们蹑手蹑脚，于是使得传统社会陷于停滞与僵化，宗教便成为社会凝固僵化的根源之一。

今天的世界性大宗教是在原始的宗教传统中发展出来的。标志着世界性大宗教出现的是有关神圣者与宗教行为的新观念。而所有这些宗教观都体现了高度的理性化特点。韦伯相信，所有这些观念的本源性的理性化发展取向，对于后来的宗教传统有着巨大的、某种意义上可以说是决定性的作用。如果我们概略地总结这些进一步理性化了的宗教的特征，可以说，新宗教所持有的神灵观通常会更加抽象，在某种意义上说，显得更加简单与质朴。它不再像原始宗教当中那样，弥漫性分散在四面八方、上上下下的任何空间处所。人们看待神灵的属性，倾向于认为他在各种场合有单独纯然的存在，也会更加执着地相信神是"他者"的存在，因而在很大程度上将他从与世俗世界的纠葛中剥离出来。与神共存的宗教行为被简化了，不像往昔那样依附于自然物而场景化。而宗教仪式则把注意力放在人与神的直接关系上。信仰，或者体现为人之实行神的命令，或者只是寻求某种方法以直接地把握神性。挫折，被视为人生的普遍属性，而不再被当成生活环境中秩序失范的结果。在某种相当强烈的程度上，人类觉得是被疏离了（alienated），因此强烈地需要得到救赎。这些新宗教的实质所在，就是提供人得以获救的手段。

在社会学者看来，这样的宗教观的理性化走向，其重大作用便是改变人们的信仰态度，由此也改变了人们的信仰行为。传统宗教也许会用某种整体性的禁令来对待千差万别的分散在生活中的习俗，以此来约束社会，令其放慢变化，甚至根本杜绝社会的变化。救赎性的新宗教则剥掉了这些社会习俗的神圣性（马克斯·韦伯称此为"给世界袪魅"），而代之以某种普遍性的并不依赖具体环境的伦理行为原则。这也就将人们的行为导向了理性化。行为的合乎理性化过程，其所产生的影响远远超出于宗教领域之外。当然，我们在此所描述的两种模式，并不会以完全的纯粹的形态呈现出来。理性化的成分在许多原始宗教当中也是有所存在的。这就像理性化的救赎宗教中也还有巫术性的成分存在一样。尽管我们不应忘记，日本宗教其实是与种种巫术的传统主义交织在一起的，但我们所关心的，仍然只是它的那些合乎理性的成分。

通过以上对宗教的这些思考，我们清楚地看见了那些对日本近代以来产业社会形成有着重要意义的因素。在经济理性化和政治理性化能够发挥其影响力，促成近代产业社会出现之前，两个理性化过程还需要有一个前提条件，使它们能够摆脱传统而获得自由。实质上，要想获得这样的自由，只有重新定义"神圣"的观念。如此，有利于理性化进程的价值观和动机才能有运行的合法化，才能克服传统宗教对社会的约束。[8] 就韦伯而言，他认为新教就是对传统宗教神圣观的重新界定。人神关系的新观念，把对"世界的理性主义把握"当成一种宗教责任，从而形成一种趋势，令普遍主义的价值观和功业成就的价值观向着制度化发展。韦伯认为，这一发展进程中的特点是其"世俗界中的禁欲主义"。在这样的情况下，我们可以说，新教直接促成了经济的合乎理性化的实现。本研究的目的之一是，揭示从哪些方面可以看出，日本宗教的理性化倾向便是日本经济与政治的理性化的成因。

说到1868年之前日本之取向于产业社会的发展，我们将主要论述日本的宗教领域，尽管我们始终认为，影响日本现代化的还有其他的重要因素。但既然我们主要地采用了经济观来界定产业社会，我们便只需要揭示宗教观念与经济价值观念之间的联系，由此也就揭示出宗教与经济理性化之间的过程和联系。由于从根本上看，日本社会所强调的是政治的属性，因此，我们的讨论就不能不从日本国家政治结构的方面来看其与宗教及经济发生的关系。如果缺少了这一部分的详细讨论，也就看不出宗教对经济的影响。简而言之，我们关注"神圣者"的定义，其实是关注人对神的宗教义务如何地影响到了他们的价值观，尤其是那些有利于经济理性化发展进程的价值观念与动机，以及政治理性化进程作为一种过渡中介可能发挥的作用。

我们用一章的篇幅大致描述了德川社会，为它的社会生活勾画出了宗教的背景。接下来，我们要浏览的是德川时代

第一章　日本的宗教和产业社会

的主要宗教现象，并将这些宗教状况联系于它们所依附的社会阶级，以及它们可能具有的政治与经济的理性化思想。经过这么一番概览性的观察，我们还要具体讨论当时的心学运动。心学运动发生在18—19世纪，是当时商人阶级中的宗教伦理运动。最后再交代一句，在本书末尾的总结那一章中，我们还会对序言中讨论的问题再次加以考量。

注　释

1. 特别参见其著作（*Gesammelte Aufsatze zur Religionssoziologie*, three volumes, Tuebingen, 1920-1921）。其中以下部分有英译：The Protestant Ethic and the Spirit of Capitalism, Ancient Jadaism, The Religion of China. 此外，《马克斯·韦伯社会学文集》(*From Max Weber: Essays in Sociology*) 一书中，论述宗教的有三篇文章。另外，可参见：*Wirtshaft und Gesellschaft*, two volumes, Tuebingen, 1925. 该书中以下部分有英译：The Theory of Sccial and Economic Organization, Max Weber pn Law in Economy and Society. 请参阅《马克斯·韦伯社会学文集》一书中论权力的部分：Essays in Sociology. 参考文献可见完整引文。
2. 下面引文显示了不同的观点："……我们可以说，资本主义精神的果实之一便是：一个人宣称，当财富仅仅是满足个人的和利他的所有人类需求的手段时，他所采取的对待财富、获取财富和使用财富的态度便受这样的精神支配，他在获取财富时将在合法的范围内不择手段，他心安理得地利用这些财富，并不担心结果会逸出某种限度。他利用财富以寻求个人快乐，获取与享受物质财富时，他只承认一个唯一标准——满足享乐。"（Amintore Fanfani: *Catholicism, Protestantism and Capitalism*, p.29.）"在这种意义上，完成使命的个人的'人生事业'观念，也是一种道德义务。在很大程度上，这也是近代世界的特性。需要指出的是，在这里尚不包含利润的攫取与高度

重　视。"（Talcot Parsons: *Introduction to Max Weber: The Theory of Social and Economic Organization*, p.81.）关于这个问题的一般讨论，可参见：Talcott Parsons: "The Motivation of Economic Activities", *Essays in Social Theory* (revised edition).

3. 在此有必要介绍几个社会学术语，一般人未必熟悉它们。因此，我们会在需要时特别指明其在上下文中的含义。不过，这并不等于我们要详细加以讨论。意义，只能在一定的概念框架中获得。概念只是框架中的部件。而要说明整个框架超出了本书的目的。我所使用的这些术语，塔尔科特·帕森斯和斯梅尔瑟（Smelser）都有很好的阐明（*Economy and Society*, 1956; Parsons, Bales & Shils: *Working Papers in the Theory of Action*, 1953），特别是其中的第三、五章，更是如此。此处的图示可以表明本书中所用的术语间的关系：

类型变量	普遍主义 A	特殊主义 G
实践作为（功业成就）	经济制度 "经济价值观"	政治制度 "政治价值观"
社会出身（身份属性）	动机的 或 核心的价值体系 "文化价值观"	整合性的 或 制度性的体系 "整合的价值观"
	L	I

图 1　社会系统中功能性的子系统[①]

---

① 此处的两个社会价值评定变量，一个是实践作为（Performance），另一个是成分归属（Quality），这实际上是两个衡量人的社会价值即社会地位的标准。前者所考察的是社会成员在社会中的贡献，以其成就来评价其社会地位和应享有的尊重；后者所着眼的是与生俱来的社会地位，也就是阶级出身。后一标准或者价值评定变量，对在东方社会中生活过的人绝不会感到陌生。——译者

　　另外，表格四角代表的四个维度指的是：A. 调适机制　I. 整合机制　G. 目标达致　L. 潜在功能

4. 这种说法基于塔尔科特·帕森斯对于美国社会的分析,尤其是他在这门课中的观点。
5. 如同我们在上面使用"经济的"这个词的情况一样,当我们使用"政治的"和"宗教文化的"说法时,其中也包含了广泛的一般的意义。这里我们仅仅是试图指向一个更为普遍的价值观。它们都是聚生在中世纪欧洲的"封建主义"和"天主教"下面的。这样的分析衍生出来的其他问题都不在本书讨论范围。
6. 参见其在社会系统理论研讨会上的发言。
7. 韦伯多次指出这一点,尤其是在他关于官僚体制的著作中。有许多不同意他观点的作者在自己的著作中都强调了这一点,例如:Amintore Fanfani: *Catholism, Protestantism and Capitalism*, Chapter IV; H.M. Robertson: *Aspects of the Rise of Economic Individualism*, Chapter III.
8. 结合宗教的诸因素看,这里的断定并不是非宗教"片面的"因果关系的论断。这一论断对重新界定"神圣者"会有帮助。我们想说的是,不管总的说起来有哪些原因,但因为这些原因必然会导致对神圣者的重新界定。

第二章　德川时代的日本社会结构概貌

关原之战（1600），德川家康击败了敌对的联军，从此称霸于日本。以此事件为标志，也就开启了德川时代。同样，标志着德川时代结束的时间点，则是德川家最后一位将军庆喜的陨落，此后是明治天皇直接亲政（1868）。当然，两个事件都只是不间断历史之流中的两个时间节点，但这两个时间节点却画出了一个意义独特的政治、文化的时代和社会。这个时代之有别于它之前和之后的时代，是因为它所具有的平和性（它结束了刀兵战火），以及它同外部世界的相对隔绝。所有这些特点，加上它在政治社会和文化上表现出来的静止特点，使人们觉得日本社会在268年间一直悬在动画片一般的半空当中。直到1868年这个咒语被打破，原先在16世纪呈现的强劲活力一下子被释放出来，它才回落到这个实实在在的世界上。但这样的印象，恐怕任何一位研究过德川

第二章 德川时代的日本社会结构概貌

时代的学者都不一定会认同。人们知道，就是在德川时代，日本也已经有了全国性的市场，货币经济也已盛行，城市也正在发展。当时的通信制度也已形成；社会上的武士阶级正走向贫困化，商人却变得富裕起来；与公家、僧侣以及武士相比较，适合町人（市民，通常他们是城市里的工匠和商人）胃口的新的艺术与美术文化兴隆起来；以天皇为中心的国家主义宗教热情正在高涨。新的宗教派别正在一个接一个地冒出来并在日本传播。这些都显示出那个时代正在发生巨大的社会变化与文化变迁。种种变化导向了1868年的维新及那之后的新日本崛起。不过，研究日本的人也都不会否认，在这个时代，仍然有德川时代的许多东西继续下来，例如日本家族的结构特点、国家与社会中的阶级，还有种种的价值观念以及思想观念。稳定而持续不变的事物，正是我们用以区别于一个时代与之前和之后的社会状况的标志。然而，我们在这里的分析，并非是要不分轻重和没有主次地讨论这些稳定的特征，以至于遮蔽了正在发生着的意义颇为关键的变化。[1]

我们认为，要勾画出德川时代的社会结构轮廓，就要从价值体系的描述开始。分析核心价值体系，就会使用我们在前面（第一章注释2中的图示）已经给出的术语。它所依据的是这么一个假定：一个社会的核心价值体系，其中首先要强调的是它的社会结构这一维度，虽然在这当中自然还会涉及社会的四个维度。前面我们已经指出，在日本政治的价值观是居于首位的。也就是说，该图示表格中的"目标达致"

具有特殊的意义。按照它的说法，目标达成这一项应该支配了社会结构中的其他三个维度的价值观，后者被认为衍生自支配性的领域，并受到它的强烈影响。[2]

　　叙述了这个价值体系，我们将要讨论这个社会体系当中的四个功能性子系统。我们在这里所做的分析，仍然依据的是前面图表中的基本范畴。这些功能性子系统都被看作是分析性的实在，而不是具体的结构物。即是说，一个像德川幕府这样具体的结构之物，尽管其主要功能是政治上的，但仍然会有经济上的整合性，以及提供动机的功能活动。而我们在后面的行文中提出的具体事实，目的并不是要显示它们的特殊性，而是想说明这些基本功能得以实现的方式。最后我们会用一节的文字来专门讨论那些作为环境要素的既定的结构单元，亦即，疆土、血缘关系、文化传统等这样的状况。其中，我们还会讨论到基本功能可能遭遇的紧急状况。虽然我们相信，这里所讨论的功能性的价值子系统，从整体来看，内容可谓相当简明，但也已经是很详细了。虽然我们在这里讨论的结构单元，只是总体中的一小部分，对它们也只能作简略的讨论。

　　本章在结论部分试图指出，在社会体系中，哪些区域是宗教可能在其中产生重大影响的。

价值体系

　　我们先前已经有这样的主张：日本的价值体系具有"政

治价值优先"的特点。在考虑这样的价值观时，可以结合特殊主义和功业成就观来加以界定。特殊主义与功业成就观是考察社会模式的变量。或者，要确定日本的价值体系特点，也可以考察那些适合于达到目标的社会制度中的价值观。[3] 当我们说到一个社会体系优先关注的目标时，已经暗示了它的特殊主义价值观。在此，被加以考量的正是一个特殊的制度当中或者集体当中的一员，这里它相对于个人的，或者家庭（家族）的或者藩的或者全日本这样的整体。[4] 对所有这些整体竭其所诚、忘我尽忠，是先于任何形式的普遍主义责任的，例如特殊主义的忠诚是压倒真理与正义的。德川时代的日本当然也还有它的普遍主义与更为普遍的责任和义务。我们要说的是，它的责任观是特殊主义的。集体的重要性以及个人服从集体的首要性，象征性地表现在对集体首领的服从上面。无论是家长还是藩主，或者天皇本人，都优先享有其特殊的尊上性。首领的重要性体现在他们代表的集体性质上，而并不在于他实际上具有什么执行功能。例如就藩国而论，藩主并不需要具体去做什么，实行行动功能的是他身边的藩老或家老。因此，人们同其所从属者的任何关系，也就象征性地表现在对首领的忠诚上。在日本，对于忠诚的高度重视，体现在那些要求人们置于首位的价值观的实行。关键是要注意，这种忠诚，是指个体对于所在集团的首领的效忠，而并不在乎这个首领具体是谁。这种忠诚从属于首领的身份，而无关其首领究竟具体是谁。当然，个人对于某一首领也有私人之间的感情，而且有时这种感情还非常深厚。如果联系到政治的合乎理性化过程，这一点是很重要的，它意味着有这么一种可能性：个体对于与自己没有任何私人关系的某人——他是天皇也罢、将军也罢，都可以做到忠心耿耿。因此，强大的政治影响力就有可能远超过单纯的人际关系的影响力。这种放大了的特殊主义，在有的情况下，因此也就可以发挥类似于普遍主义的功能，起到理性化以及权力向广度延伸的作用。

同样的道理，当我们说到把权力当成优先关注的对象时，这里已经包含了涉及实行程度（即对成就的重视）的价值观念。这样的关心，主要涉及了体系的目标而不是体系的维护。它意味着体系的目标是一定要达到的。这样一来，实现目标或获得成就，就只是重要的价值考虑。前面我们说过，由于社会身份在日本备受重视，因此社会成员的属性和归属性在价值体系当中也就被摆在首位。事实上，这样的价值观被置于优先地位是不容怀疑的。如果我们考虑到，身份本身并不是明确可把握的东西，而优先考虑实行度即行动的成就则是更容易做到的。在实现体系目标的过程中，真正可以明显加以判断的、易于把握的证据，只有实行度（也就是得以实现了的功业成就）。即令是那些在具体的团体中做首领的人，在一个超越性体系中充当了重要代表的角色，比如天皇这样的，很大程度上也只能从属于他应该努力完成的目标。例如，他要为自己的祖先负责，应当向列祖列宗述职。联系这一趋势来看，在社会生活中，并不是每一个层面都只看身份。也就是说，身份并不是一经获得就永远可以自证自明的（相形之下，倒是在中国的士绅阶级，他们的社会生活才是身份型的）。实行度（成就）作为价值标准，其重要性更可以在家族内部得到显明。正常情况下，家族被置于优先地位的归属性。而对于家中的孩子，对于他们所作所为的实行程度的要求，达到了非常强烈的程度，如果他们在行动上达不到某些要求，或者有某种缺陷，是会被取消继承权的。[5]与此相对照，我们可以看到，在从事艺术或者工艺的匠人当中，常常会接受一些有才能、有禀赋的年轻人，当作自己行业的继承人。在日本，忠诚并不仅仅意味着被动的奉献的态度，而更要看其积极的服务和工作业绩。应当注意的是，对于实行度的某种高度重视，其实包含着对所完成的业绩的比较，也包含了某种可以用来做比较的客观标准。而标准则一定是具有普遍主义性质的东西。这一层面的思考，再加上前面我们提及被放大了的特殊主义，以及后者隐含着的准普遍主义（Pseuda-universalism），使我们得到这样的推论：可以看到，（这里的）普遍主义价值观明显存在着，虽然它尚居于次要地位。

必须说明的是，尽管在价值体系当中，目标达致是第一性的，但所欲达到的目标内容却是相对可变的。自然，这些被选定的目标，被认为有可能提高集体的威望与权力。不过，集体威望的增长方式可以是多方面的，例如，由于内部的和平与繁荣，也可能因为对外的战争获胜，或者通过帝国主义的扩张，还可能通过自身的高级文化与经济繁荣而为其他国家树立榜样。因此，目标达致的价值标准，当前意义上的"政治的"价值观的优先地位，并不取决于被选定目标的内容究竟是什么。因而，即令这种目标内容真有什么急剧的突然转变，核心价值体系也不会因受到严重破坏而瓦解。[6]

上面分析的核心价值观，把目标达致这一维度置于优先地位。这样做，自然会影响其他三个维度的价值标准。[7]至于价值调适的问题，为适应集体目标的实现，所有的适应性行动都是受到高度肯定的。按我们前面提出的理论框架，军队就是国家制度的适应性力量。因此，在日本，军方享有很高的声誉和威望，是毫不奇怪的事。这个例子中显示出典型的价值调适行为，亦即行为本身完全服从于体系目标。经济的行为，因为其并不是从属于目标体系，而是从属于子系统的目标，所以容易受到质疑，容易被指责为"自私自利"。但是如果就经济行为可以增进体系目标而言，在此程度上，它又是完全具有合法性的。一般而言，工作本身并不是价值观，但如果工作中表现出无私奉献而有利于集体目标，那它就体现了价值评定。不过，在一个致力于集体目标的社会中，与一个为自己的利益而工作的社会中，工作的动机都同样可能是强烈进取的。

整合性的价值观虽然强有力，但它往往从属于目标达致的价值观。在团体内部必须维持和谐，因为内部成员的冲突不仅会导致对于首领的不忠，更会破坏内部和平以至于无法实现集体目标。因此，和谐、愿意妥协、驯服而与人无争，这些都会受到高度的评价,而其他的任何破坏性的行为,例如好争论、喜指责、骄傲自大、野心勃勃,这些都是被强烈指责的行为。为了避免内部的摩擦,日常生活大都被规范起来。如果一个团体的内部能够严格地遵守许许多多制定出来的行为规范,就会极大地减少冲突,确保该团体的生活井然有序。稳定和谐、维护集体总是受到强调的天经地义的事。因此在一定时期,在一些团体当中,整合性价值观压倒目标达致的价值观。[8] 尽管在这一过程当中,社会体系的基本模式仍然显示的是目标达致这一维度。要求人们忠于集体的首领,忠于优胜的体系目标,这样的强调有可能不再顾及和谐,从而也为突破旧的社会形式而提供动机,打破了旧的团体,并且抛弃了以往沿袭下来的行为规范。日本之有别于其他社会的地方,在其并不破坏核心价值观,而是为社会快速发展提供动力及能量。在别的社会,其放在首位的价值观自始至终都只是强调"制度-维护-整合"。

最后,"文化的"价值领域似乎包含了两簇不同的价值群。一簇紧密地依附在我们刚才讨论过的基本价值观下边。另一簇则似乎是对一个与核心价值体系不同领域的说明,尽管这一领域在某些方面只是核心价值体系的补充。

能够说明第一簇的价值观念的是对待学术——研究与学问(gakumon)的强烈的价值态度。这样的态度关系到它如何看待文字、书籍,如何看待老师以及一般的教育活动。它的价值评定还不仅仅止于此。它在很大程度上还关心的是学问导致的行为结果。如我们已经看到的，为学问而学问的态度，是受鄙视的。一个人如果仅仅是饱学之士，并不值得人们尊敬。凡是学问，最终都应该转化为实践。真正有学问的人是那些能够践行"忠"与"孝"的人。这同样的功利态度也适用于判断一个宗教。当然，我们不能把宗教与宗教自身的目的分割开来。宗教不可能完全剥离其宗教的彼岸性。这里已经潜藏了这样的倾向，或者我们可以说，潜藏了要将宗教结合于世俗目标的态度。即是说，要将宗教价值与社会价值观的目标达致的变量结合起来。关于这一点，我们会在讨论宗教的章节中详细谈到。

可以说明这种倾向的实际例子之一是禅宗。人们评价一种宗教，所依据的是宗教行为导致的结果，而不仅仅是用宗教态度来说明宗教的价值。历史上，日本的武士阶级都偏爱佛教禅宗。德川时期的禅学或禅道，差不多完全地变成一种训练和培养人格的方法。它帮助武士通过培养自我克制的品德以表达对主君的忠诚。忠，仍然是核心价值观，宗教则是忠君的价值立场（或者也可以说忠于主君是包含在其中的一个价值项）。对于任何文化现象的这种价值评估态度，其总的倾向是强调价值观作为可实行的手段，而不仅仅是规定了一种目的就算完事了。这种态度可以通过人们之"尊实行而抑理论"的习俗显明出来。在传统日本社会当中，似乎看不到那些单纯的哲学探索甚至科学理论的研讨取得了很大的进展。从另一面观察，我们看到的是，社会上对于西方科学有

第二章　德川时代的日本社会结构概貌

很浓厚的兴趣，哪怕有的时期，人们很难接触到西方文化，甚至与西方文化沾边都是一件危险的事。但即令这样，人们仍然对西方实用的事物有着浓厚的兴趣。西方科学当中，日本人最先关注并认真学习的是医学。医学是当时"兰学"（荷兰学问）的一部分。最先认真对待"兰学"的日本人都是医生，深深打动他们的，并不是西方文化中理论系统的复杂，他们最感惊奇的是西方科学所记载的信息材料的准确性，以及学科的强烈的实践性质。

与第一簇价值明显不同的第二簇，代表了可称为"美学-情感"方面的价值态度。它们与前面我们讨论的第一簇的不同之处，在于其并不从属于核心价值观。它们自身便是价值目的。它们之被允许表达，只是在某种明显地划定界限的领域内，而且有相当严格的条件制约。[9] 不过，也不能就因此低估或轻视这一组价值观。轻视也是一种错误。对许多人以及对这些人在一定时期内必须效忠的团体而言，存在着第二类的价值观，也许始终就是对于核心价值观的某种威胁。这一类价值观的中心并不是集体目标，这种价值完全局限于私人的体验。它规定了个人的情感宣泄的以及享乐的区域。这种个人情感也许是指对于自然以及艺术的欣赏，或者指的是茶道上细致精美的仪式，或者是能乐等的戏剧形式中感受到的兴奋，或者是在花街柳巷体会到的升华了的快乐，或者是感伤的虐心的爱与友谊这样的人际关系。诸如此类的行为与活动在日本是合法的，在许多场合也是得到公开肯定的，但它们又不免带着这样的阴影——因为它总是奢侈的靡费钱财的，也是享乐主义的行为。它们之所以能够得以实现，只是因为社会是存在着有钱的同时又想要满足色身之欲的社会阶级。人若处在这样的情景中，其所要满足的自然是个人的目标，而不会是集体的目标。而我们知道，核心的价值体系以集体的目标作为首要的重视所在。因此，社会有必要动员最为强烈的情绪以反对寻求个人满足的价值态度。这种享乐主义行为，其本质上就是一种"私欲"的流露。当然也就是某种大恶，而与大善的行为相对立。为了抵御私欲造成的结果，美学情感的宣泄须被严格地限制在被规范了的领域。在消费领域得到提倡的只能是一种被称为禁欲主义的朴素。然而享乐主义的倾向仍然会竭力展示它的力量，它发展出某种极精致的敏感的常常是很昂贵的简朴。这种行为所要展现的与其说是炫耀奢侈，不如说是要在一定社会圈子内取消奢侈。

至此，我们尚未说到传统日本生活当中至为重要的家族（或者家庭）。家族之所以如此重要，因为其本身便是一个小型的政治体。实际上我们在前面讨论日本社会时所论及的价值体系的评估标准，都完全可以使用在家族讨论当中。家族当中最高的价值观就是"孝"。这当然与"忠"不同。但其实从功能上看，两者是一样的。孝之对于家族（家庭）的首脑，与忠之对于某个社会集团的首领，其服从与追随的态度并无不同。对于尊上者的服从与服侍，强调的是同样的核心

第二章　德川时代的日本社会结构概貌

价值。在使用"家族"这个词语时，我们既指宗族，也指核心家庭。在日本，家族被认为由某个远祖开始，一代一代地不断衍生而延续下来的。尊重父母的观念包含在敬畏祖先的观念当中。在这一章，我们将在后面简略地讨论日本家族的结构特点。不过，我们在这里先要说明一下，我们在宗族谱系的关系连接上，使用的是"本家"和"分家"这样的术语。本家是直系家庭，分家是旁系或支系家庭。推而广之，家族（家庭）与国家是同样的。天皇是本家，所有其余的日本家族都是旁系，即分家。不过，理想形态的家族（家庭）总是有父母以及长子的。长子继承家业。长子及其妻子还会有自己的儿子。这样两代人之间便形成了孝道这个主要的价值焦点。重要的是这里要指出，在居于统治地位的价值体系当中，"孝"是从属于"忠"的。与此相应，"国"凌驾于"家"之上。在任何情况下发生冲突，忠于主君的第一责任是先于家族的。这与中国的情况显然不同。在中国，放在第一位的责任刚好不同。不过，也不能就因此将忠与孝视作对立的价值。比较恰当的是将二者视为相互加强的。孝子才会成为忠臣，家庭是培养社会品德的基地。再者，家庭更多地属于社会单元而非个体。家庭首脑的地位是双重的，在内部他是核心，在外部他是国家系统中最低的"官员"角色。家庭并不是与国家相对立的，它是被整合到国家体系内的一个单元，在某种意义上，是被国家渗透了的存在。家庭并不是另外一套价值体系的实践场所，本质上它与国家是同一的价值实践场地。

45

以上我们讨论了在社会制度层面上举足轻重的价值观。在某种意义上，这些价值观的制度化便规定着社会的结构。我们所关心的，并不是这些结构后面的形而上的基础，我们也不去考虑时间、空间和人类的总发展取向。以上的讨论可以视为下一章的铺垫。在随后的一章，我们会讨论上述价值观与更前面说到的社会价值观之间的关系，也会讨论它与宗教体系之间的关系。

本节所论述的价值观大致流行于整个德川时代。我们之所以要讨论它们，就因为这些观念，随着那个时代向后推移，曾经引起过强烈的争论。我们相信，从那以后许多宗教的、伦理的与教育的运动，都因它们而发生。至少在一个理想的层面上，所谓武士阶级就体现了这样的价值观。但在德川时代的后期，武士阶级中的人们也沦落了。还有，享乐主义价值观虽然在城市当中，在那里所有的阶级内部，都成为一种理所当然的品质[10]，但它却始终未能完全取得合法地位，一直饱受其他社会阶级中的道德主义者的批评与指责。在真正的意义上，社会的核心价值观得到加强而不是被排斥，并且达到鼎盛状态，是在明治时代（1868—1911）。这些价值观取得强势地位，又从那时保持到现代。现代日本，部分地因为这些核心价值观解体，也因为企图复兴这种价值观的努力，引起了诸多的紧张与冲突。自然，这些都是本书将讨论的内容。

第二章 德川时代的日本社会结构概貌

政治体系

如忠诚在价值体系中的核心地位所显示的，德川时代的国家体系获得大量的忠诚输入。[11]德川的统治代表了权力在日本普遍化和扩展化的一大步伐。但当时尚未成功地创造出如明治时期那样的理性化了的统一权力结构。德川政权在普遍化方面遭遇了两个局限：其一是它让封建领主，尤其那些外样大名[12]——外藩的诸侯和封国成为比国家更重要的政治单元。诚然，幕府直接控制着许多城邑以及重要的农业区域。后者也的确构成了国家牢靠的基础。但事实上，仍然有不少重要的区域与城市落在核心的外边。另一个局限是将军本人的合法性问题。虽然幕府将军是日本事实上的统治权力中心，但名义上说天皇才是中心。将军只是一名官员。天皇所具有的克里斯玛始终威胁着幕府的权力。事实上，天皇的克里斯玛身份周边，始终聚集了一大股对立的力量。这样的情况一直持续到明治时代，最终以倒幕撤藩和大政归还天皇作为结局。至此，皇政成为中心政权，算是打破了权力普遍化所遭遇的两个局限。所以，明治政府才是德川时期就已经存在的国家观念的逻辑结果。

由于上面所说的权力普遍化遇到的局限，德川时期备受推崇的忠诚观，其实总不免有模糊含混的地方。这种含混性来自以下的问题：所谓"忠"是对谁而言的忠诚？关于"忠"

的道德说教，都会说应该忠于"君"。然而，君又指的是谁呢？仍然有含混性。那个时代自上而下的命令，也有不少是要求武士效忠于自己藩主的主君的。至于一般民众，是要求他们忠于将军家；就全体日本人而言，要求他们忠于天皇。尽管在关系到政治权威的大事上，这样的含混影响极大，有着深远的影响。但无论怎样去表述它，倒也不至于改变个人对集体、对集团的政治权威的服从，无论这个权威的实际内涵是不是受到质疑。我们在下面大致描述的轮廓是符合历史事实的。无论如何期待发挥忠诚的政治作用，但它总是受到了限制，虽然对忠的预期从来就没有消失过。首先，对待政治权威必须忠诚的要求是强制性的也是压倒性的，这种要求必须放到"恩"这一观念的背景下考察。政治权威有向下属施与恩惠的义务。比如，身为武士身份的人，从藩主那里领受的俸禄就是"恩"的例子。再如，将军给全国人民带来的和平，也是一笔最大的恩惠。尤其后者，在德川初期，天下初定时更是人们所常常附在嘴边的话。在那之前的150年间，战祸连年，因此能够消弭战乱的确是天下人所得到的大恩惠或大恩泽。事实上，正是这一点构成了将军家政治合法性的意识形态基础。还有一种恩惠，这就是无论幕府还是藩国，经常性地会在荒年实行赈济，平时也会倡办兴修水利、防洪筑堤、开荒垦田之类的工程。这样的社会项目通常都会造福于民间。这也就是对人民的恩泽福惠。一般说来，凡对民众有利的经济或者政治措施，都属于政治权威所施的恩惠。当然,从理论上讲,人们的"忠"并不以政府的"恩惠"为必要前提。尽忠,本身就是绝对的责任和义务。但可以毫不怀疑地说,如果"恩"不能物质化,"忠"就会受到破坏。而不断恶化的物质待遇,尤其是武士阶级的不断贫困化,在德川晚期极大地削弱了幕府的权力。

与"恩"这个观念相联系的是"报恩"。报恩涉及尊重与服从政治权威的命令。这本身就是总的义务的一部分。遍布全国城乡的布告板,随时都会在上面张贴幕府的"高札"[13]——人们对这种布告的称呼。高札是宣布行政命令的手段。这个名称的存在,说明全国民众,即令处在社会最低层的也都要顺从权力,也都有着效力尽忠的义务。在相对高一级的公共秩序中,如果与中国的情况相比较,还可以看到另外一种服从关系。仍然以武士阶级来说,只要受到上级要求,他们都会服从剖腹[14]或流放边地的命令。诸如此类的例子可以说明,当时的社会控制在很大程度上是通过贯彻政治权威来实现的。政治影响力的贯彻,其实也就是对情感心理的操纵控制。幕府与各藩国的政权当然有力量实行强制命令,但从社会学角度来看,所有这些控制也有自愿服从的一面。分析到底,这种现象所依赖的是这么一个事实:民众与国家是同一回事。民众自己觉得自己是"国体"[15](国家政治体系)的一个部分。国体的观念,在明治时代乃至以后,都仍然有很大的象征意义。民众因为将自己同一于国家而获得很大的满足,从而也分享了国家的威望和意义,他们因此也就自愿地服从国家政治权威的要求，觉得国家的利益就是自己的利益。当国家在努力争取某种明确的体系目标时，当这个目标被明白而卓有意义地告知民众时，由此达到的统一步调和同心同德的场面就会是非常热烈的。而当政治权威表现了纯粹的保守态度，一心一意只是关心自身统治地位时，缺乏进取目标便会将这种统一的步调拖进一种非常危险的境地。这时，如果仍然希望用操纵人们情绪的手段来获取高输入量的效忠，以实现高度控制，就会遭遇很大的困难。在这样的背景下来看后来的幕府，人们也许可以说"德川政权已经收拾打扮停当而无处可去"，尽管它已经将政治理性化过程推进了一大步。德川政府成立的头几十年，它终止了战火，恢复了社会秩序与繁荣，但它也逐步陷入了停滞不前的保守主义。无怪乎那个后来推翻幕府的运动，要以两个鲜明而有力的政治口号来标榜自身，倡行"尊王攘夷"。

在德川时期，国家政治体系与经济体系之间存在一种令人苦恼的关系。许多麻烦也就是这样才层出不穷的。国家机器的运转靠的是税收。税收则主要来自农民的土地收益。当时的税赋在土地收益中占了很高的比例。幕府的财赋软肋是，它只能从自己的领地上收取税赋，而不能染指外藩诸国的领主们的土地收益。幕府还有另一个软肋，当时除了农业税，征收其他的任何税赋都根本没有章法可循。商人们因为其所得的垄断性行业特权，往往会被课以重税。他们还得为自己所在城市中的用地而缴纳捐税，只不过这种土地捐税一般说来还不至于很沉重。他们还要遭受政府强行借贷，甚至财产也可能会被政府没收。不过，在正常情况下，所有这些遭遇都还是可以避免的，只要花钱便能了事，并不至于完全歇业破产。因而也不至于给整个社会经济造成破坏性的影响。

例如，在长崎这个地方，政府可以对从事对外贸易的商人抽税。但这种政府收益，数额相对较小，几乎可以忽略不计。地租是以谷物形式缴纳的，但国家既然已经有货币经济，这就会导致米价贱而商品贵，这样一来，政府的收入又打了一个折扣。[16] 所有这些因素加起来，使得政府总是经年累月地手中缺钱。由于资金短缺，政府不得不常常采取一些只顾眼前的措施。但这种措施，归根结底，又使它进一步削弱了自己的地位。有的时候，政府不得不让货币贬值。但即令这样，也只救得燃眉之急。而为了渡过难关，甚至将军的家臣们也被削减俸禄。当然采取这样的行动，则是一种更具危险性的救急法。因为它直接伤害的是维持权力稳固所需要的忠诚团体。藩国的大名，除极少数外，一般都处在一个更糟糕的境地。他们可使用的救急手段更少，于是许多人只得向高利贷者告帮，从而沦入后者的钳制之手。

不过，虽然有这么多问题，仍然是国家而不是别人在花销用着日本的大部分钱财。财政的花销，当然也都主要用在维系政治权力的安全上。通过仔细观察，这当中也有少数的几个藩国，因为实行了鼓励工商实业和优惠农业的政策，大致能够实现藩国政府的收支平衡。从某种意义上看，后来的明治政府，其用意就是要取法这样的藩国治理之术。明治政府花大力气要使税收制度合理化，想为政府建立良性的财政基础。

德川幕府千方百计想要做的，也就是保持自己对于经济领域的高度控制。这么做的结果，看来也是有得有失。最有标志意义的失误，也许便是它通过官府下令来规定物价。政府保持其对于株仲间（同业行会）的控制，监管货币和商品交换的进行，颁发证照以允许形式上的用工自由。政府还保辖了道路交通以及漕运。政府甚至规定着人们的消费活动，制定了细密的消费章程。所有这些控制手段，其背后的思路就是政治权力压倒一切；权力至上，在经济生活中也不许例外。但从总体上来看，幕府的如意算盘并不总是稳操胜券。政府维持秩序，规定获利的预期行动，可能是有利于经济发展的，但因为它始终在维护特权和多半又是固守成例，所以专断地干预经济，于是遭遇了严重的财政困难。不过也应该看到，幕府之所以这么做，它的目的虽非推动经济，但也并非是为了阻碍其发展。其所作所为，无论如何都只是一味地维护自己的现行地位。

幕府掌握了立法权与执法权二者。[17]它制定了一系列条例或命令，其中甚至有专门对付朝廷贵族（皇族公卿）的——尽管从理论上讲，这一贵族集团本来享受着最高的权威。同样，还有的律令规章是针对封建大名甚至德川家的家臣的。一般的老百姓，只要求他们老老实实地俯首听命，按

第二章　德川时代的日本社会结构概貌

布告栏上的高札执行也就行了。管理民众的法律，不会让老百姓知道它是如何制定出来的，又是如何运行的。作为地方官（称"奉行"），每人手中有一本指导性的小册子，称作"手引"。上面载有幕府的法令。奉行官员在执行公务、援用"手引"时，享有很大的自由度。必要的时候，幕府还会专门颁发一些文告对于法令作具体宣布。但整个说起来，法律实践中非常重视的东西，便是以往的先例和成文的纪录。有关财产所有权的法律，所关注的要点，是斟酌权利人的要求是不是合理，是否违背人情又不符合法理；考虑的是相关各方对于契约是否如实履行，如是等等。整个说来，法律最关心的是看幕府的命令是否切实得以执行；进一步，则看老百姓的道德水平是否有所下降。由于尚不存在所谓理性化了的司法制度，解释法律的基本原则，也便成为看人们的所作所为是不是符合道德性的常识。而在许多情况下，民众的行为是否符合道德，又完全只是官员说了算，所依据的是官员的见地与理解。不用说，所有的奉行，首先都忠于幕府，而不是忠于法律，更不是忠于"人民"。不过，幕府有它自己的信条：社会的稳定在于一切论事断案，都要遵循以往的先例，涉案的双方只要能够和解与达成妥协，远比硬性的判决要更合乎理想。因此，幕府所支持的和所依赖的，是一种相对稳定的和有持续性的法律制度。

被法律明文规定的世袭阶级制度，是德川时代的特点之一。这套制度的主要轮廓从这个时代的价值体系就可以看出端倪——社会尊重是与政治权力直接关联的。决定人们社会身份的是权力而不是财富。我们后面还会讲到，这样的一种标准会导致什么样的社会紧张。依照这个制度，处在社会顶端的是天皇、公卿、将军、大名，再往下则是武士——武士之所以拥有较高地位，是因为他们在政府中担任的管理职能。这些人或有官职，或有军职，或者履行行政事务，或者履行军务。整个的统治层与社会下层之间存在某种"沟壑"。沟壑的这边是官员统治者，那一边则是被统治的百姓。普通老百姓的社会尊重（声誉、面子、脸面）因他们的身份而分别被给予，而重要的依据则是他们在生产活动中的业绩和成就。居于首位的是农民，因为他们要向统治集团缴纳大部分的劳动所得；第二位是"职人"工匠，他们也主要为统治者提供劳动服务；商人的地位排在最后，因为他们被认为并不从事生产。可以看到，对商人的这种评价，整个社会都没有异议。社会中除了上面说的士、农、工、商，还有一些"无种姓"的人群（日本人称为"人外之民"）。但因为这些群体人数相对较少，所以在此不再讨论。社会各个阶级之间有一定的流动性。曾经有商人被赏给武士的身份，那是为了表彰他们为幕府做出的特殊贡献。也有武士会放弃他们的身份而去经商。农民也有进入城市成为职人或者商人的。但总的说起来，流动性只发生在阶级的内部而不在阶级之间。这里特别需要说明的是，官僚体系录用办事的吏员，拔擢的途径通常只在世袭的武士阶级中间。日本没有中国那样的科举制度。在日本，

第二章　德川时代的日本社会结构概貌

富商的儿子仍然只能够是商人，与中国的情况不同。在中国，成功的商人的后代，可以通过花钱买到官员的身份。因此，中国商人转身而成官僚一员的例子往往可以见到。

值得注意的是，随着时间的推移，财富占有的情况会发生变化。富裕程度的变化会使财富占有者与其原来的阶级身份相背离。但在德川社会中，商人再变为巨富他也仍然还是商人。这种情况持续下去，就会使阶级之间关系紧张：有的人虽然广有财富，但限于阶级身份而不能有光鲜的"体面"；有的人虽然身份体面，但却缺衣少食，穷苦潦倒。发人深省的是，从商人与武士这两个阶级当中，几乎就没有听到有人批评该核心价值观体系。没有哪个商人会站出来呼吁，说自己在社会上从来忠实有信、做事勤恳，必须享受到名实相符的尊重，理直气壮地要求社会肯定他拥有的财富或经济"成功"。实际上，这些人已经为社会整体服务，履行了他们不可或缺的职能，本当受到尊重。在德川时代，尚未看到直接批判"封建"意识形态的"资产阶级"观念。其实，就是后来1868年的维新改革，也不能算是"资产阶级的革命"。如果说没有商人会站出来抨击当时的核心价值体系的话，那些日趋贫困化的下层武士也不会有人这么做。他们所争取的虽然也是改变社会结构，但他们之所以想改变现有的社会结构，是要让它更符合原来的价值体系。他们对幕府的批判，并不是指责后者的所作所为与核心价值观不相符。他们之大声疾呼要效忠天皇，正好反映出他们所要求的是要强化而非削弱

26 原来的核心价值。可以说,导致德川幕府最终倒台的历史根源之一,正是人们的社会尊重与社会成绩(贡献)这二者之间,相互背离的现象日趋严重。

经济体系

塔尔科特·帕森斯曾说过:"使用货币实现交换的一般化过程,是某种典型的状况。在那中间,经济活动被整合为一个体系,同时它与社会体系中的其他子系统明显地区分开来。"[18]因而应该注意到,在德川时期已经首次建立了全国范围的以货币作为手段的交换体系。可以断定,日本经济在这一时期已经发生了实质性的持续扩张和分化。

在整个德川时期,农业仍然是日本国家基本的经济来源。家庭经营的小农业才是生产的基本单位。"资本主义"的农业即令存在,也只是微乎其微的现象展露。农耕方法仍然是传统的,尽管单位面积的产量比以前有了较大的增长。但那也只是投入大量人工才换来的。这也正是东方水稻种植的一般特点。农民养家糊口的作物,大部分都以纳税的名义被拿走了。因此,总体上看,农民都非常贫困,只能勉强糊口,自给自足。也许作为一个整体,他们还没有进入当时的货币经济体系。武士阶级的薪俸是以禄米的形式支给的,其中只有很少一部分可以变现为钱,让他们以购买口粮之外的生活必需品。大多数的劳动营生都是不会让武士阶级插手的。因此,

第二章 德川时代的日本社会结构概貌

除了那点薪俸口粮,他们也不能指望有别的收入。他们同货币经济的关系相对较密切,但由于稻米的价格起伏不定,他们在这个经济中的地位也是很脆弱的。城市当中的工匠(职人)与商人阶级,当然已经完全地被纳入了这一套货币经济体系。最后还有一个刚刚冒头的"农村资产者"群体——通常这指的是较富裕的农民。他们的致富之道是酿酒或纺织的生产活动。

由于绝大多数的企业都只是小规模的家庭行当,因此用工也就多半限于家族内部的亲戚当中。非家庭的劳动,无论是农业耕作还是城市中的行业,一般都实行契约制。这指的是所谓学徒制或年季奉公制之类。雇主与被雇佣工人之间的关系,多半会朝着亲戚关系转化。这种情况可能与欧洲同一发展过程的情况差不多。城市当中的确也已经有了短期的契约工。契约期多半就是一年或者半年,也有的是按一日、一周或者一月来结算工钱的自由劳动工人。打短工的多半不属于技术工种,当然也有的属于技术工。雇佣关系完全是由现金买卖建立起来的,不再只是那点"忠诚的关系"。雇佣新型的关系当然与前面讨论的价值体系相冲突。因此,这种关系受到阻碍而得不到发展,也就是意料当中的事。首先,政府非常留意这种形式上看来很自由的劳工。所有"自由"工人,必须定期向幕府指定的管理人登记。为适应这种行政管理政策,雇主与雇工之间产生了一种称为"亲方制度"的永久性雇佣关系。在经济活动进一步复杂化的情况下,对于某种形式的更自由劳动力的要求会增强，也就会无视政府的规定和限制。

可以预期的是，商品与服务的供应方与顾客之间的关系，从发展的趋势看，总是要走向持续的特殊主义形态的。拉夫卡迪欧·赫恩（Lafcadio Hearn）注意到，即令在德川时代，要买房屋的人，也有义务将那房屋原来的清扫工和维修工的服务都购买过来。他有义务继续使用原来的清扫工和木工、瓦工和花匠等。换言之，买了房子而不雇用原来"与那房子绑在一起"的工人，是一件"不讲理"的事。[19] 这种情况下，契约条款的含义自然很宽泛，多半要服从人际的情感关系，因而有很强烈的传统性质。不过，这里再次显示出：在一个如此复杂的经济体系当中，所有关系到产品销售、劳动力报酬的问题，都不可能依据特殊主义的机制来加以解决。到了1800年，江户城（即今东京）有名的三井吴服店（今称三越吴服）的雇工已经达到千人。这家店已经建立了价格统一的现金销售制度。虽然此前稍早一些时候，我们知道还有这样的规定：商人们做生意喊价时，不能因人而异。无论顾客是生人还是熟人，都只能喊一口价。一般而言，商业活动当中，最基本的底线要求就是童叟无欺，日本人称为"正直"（shōjiki）。只要买卖之间的关系还停留在特殊主义的和固定的水平上，买家的信任是建立在对多个卖家的选择上的，买卖之间的约束就多半可以奏效。而一旦这种关系成为零碎的、偶然的、一时的，顾客的信任就只能来自一个信念：卖家必然会遵守诚实的原则。而商业上的诚实原则之所以得以坚持，就是因为它得同高度分化的经济体系发展相联系。两者互为前提与结果，诚信促成发展，发展要求坚持诚信。对商家与顾客之间的偶然性与一时性交易关系的思考，同样适用于思考雇主与自由劳工的关系。这两组关系当中的普遍性法则既是功能有效性所必需的，也是实际上产生出来的。

就德川时代的经济规模而言，日常生产中对资本的需求也已达到相当高的程度。贫困的农户在青黄不接的时候往往就用光了积蓄，为渡眼前的难关他们不得不向高利贷者借钱。这种小规模的借贷，是当时日本城乡都随处可见的现象。不仅如此，大名[20]和武士也常常会落入不得不借高利贷的境地。为了维持他们寅支卯粮的生活，放印子钱的钱商，是他们不得不求助的对象。那个时代的富商也有一些是专门向大名藩主做放贷生意的。有时，借贷的数额也达到相当惊人的地步。以上几种情况的借贷，因为利息很高，对有钱拿出来放贷的人，是相当有吸引力的。不过，从经济的总体来着眼，这样的放贷其实是一种浪费。本来可以用在扩大生产上的资金，实际上则多半被花在非生产性的消费当中了。其实说起来，把钱借给武士们是很有风险的事。武士们在这个时期还掌握着政府权力。在德川时代，不止一次地由幕府宣布，取消所有本应该偿还的债务。被取消的债务，也就被当成了对大名将军和武士们的某种经济赞助。不仅如此，有时，大名将军还会对富商发布赤裸裸的征收令。而商人们对此是无可奈何的。有好多富商昨天还家财万贯，一夜之间便因为家产被没收而沦为赤贫，成为一文不名的穷人。因此，商人们也意识到了，向大名们放贷，结局很可能会是糟糕的事。因此，他们反复叮咛，警告自己的后代，切勿向人放高利贷。三井家的主要家训中，有一条便是说"不要借钱给武家大名"。当然有时，在政治压力下，也很难信守这条家训。相比较而言，真正有钱的人愿意向商家放贷，帮助后者用这笔钱去扩大经营。因此，虽然有很多钱财是流向非生产领域的，但像三井家这样的一些商人，由于类似的高利贷政策，事实上也提供了生产性的资本来源。

有些大商家，特别是专门经营银钱兑换的富豪之家，发展出一种可以开办银行业务的制度。他们可以吸收存款、发行钱票等。当时也有了票据交换的业务，特别使用于大阪和江户之间商家的支付汇兑。这种业务免除了银锭的长途运输，免除了费时费工的高成本及沿途的危险性。所有这些业务制度都有牢靠的法律制度作为保证。遇有银钱支付方面的纠纷，诉讼可以由大阪奉行所受理，这一类的处理是被当成首要的急务看待的。而且官府也很重视判决以后的执行力度。高度发展的金融信贷促成了灵活的金融政策。这些当然也是该时代的经济得以发展的原因。日本是一个自然资源不算丰富的国家。但即使是可以利用的资源，在德川时期也远没有达到规模性的开发。土地是集约化耕种的。在德川时代，大量的土地才被开发成为农用地，因此直到现代，日本的农业用地几乎没有明显的增加。农村中能用作磨坊的水利资源并不多，要到下一个历史阶段，水力发电才会被大规模地开发出来。采煤与采矿都不存在规模性的生产。伐木业也主要是为了房屋建筑或别的一些需要。日本山地的森林覆盖面积相当可观。就技术而言，日本手工业与工业都停留在传统的相对简单的水平上，主要分散在农村当中。手工业工匠（所谓职人）的技能往往都很精湛。但实际上并未呈大工业式的展开。有意思的是，许多行业当中已经形成了统一的标准。比如制席或其他一些室内用品的生产，都同成衣业一样，有着世所公认的标准与规格。这种统一的标准，显然有利于最初引进的统一价格体系。

如我已经指出的，大多数制造业的规模都不大，而且往往是家族企业的形式。其中即令有非家族的雇工，也都处于某种向家族内成员转化的同化过程。除了个体经营的特点，各行各业都有行业公会性质的组织。最有意思的是那些涉及行业批发的公会，极类似西欧早期的商业公司。这些公会的成员是业内的大商人，他们垄断着某些专门的市场。许多这样的批发商联合起来，建立了大阪和江户之间的供应基地，江户则成了主要的消费市场。此时已经出现了保险行业，共同分担海上运输风险的是联合的多家商社。

依据上面的价值体系，人们可能会觉得，日本尚未形成高度重视"自由竞争"的经济体系。整个经济领域中广泛存在的仍然是特殊主义性质的协作与合作。上面列举的情况都证明了这样的结论。同行公会（株仲间）制度被完全废止是在明治时期。明治以后经济领域内，类似行业公会的组织联合才完全绝迹。事实上，整个近代时期，生产商之间的行业联合是司空见惯的。许多情况下，政府也鼓励这种组织与行为。尽管这些行业联合会往往滥用权力，在许多情况下阻碍了经济的发展；但质疑归质疑，在日本特有的经济价值体系下面，如果它们被视为产生过什么有害作用的话，那只是从纯粹西方的观点来观察的结果。假如我们强调日本价值观的实行效果的话，所有这些特殊主义特点的行会联合，也在一定程度上提高了有效生产的水平，提高了商业贸易的诚信度，并非一律只是对经济发展的阻碍。

整合体系

德川时代的日本社会生活，在很大程度上完成了形式化过程。有多大程度的形式化，也就在多大程度上受到传统的约束。这样的制约，意味着不允许标新立异的事物。因此，它实际上拒绝了任何的变化。形式化是整合的统一社会体系得以建立的重要因素之一。在许多场合，形式化才能取消可能的冲突。支撑这种对先定的形式固守态度的，是集体责任感这样的原则。遵守传统的法则，不允许有疏忽失误，不仅仅是个人的责任，更是家族的、五人组的[21]，甚至也是全村的乃至整个地区的责任。这样一来，处于社会行为

第二章 德川时代的日本社会结构概貌

中的每一个体，都担任了一个角色。它首先的身份是集体中的一员。稍有不慎，不仅会使失误的个人置身于困难的境地，甚至会连累他所在的那个团体。多数情况下会使其所属的群体遭受轻视或者嘲笑。不仅如此，每个群体也往往认为遵守传统的规则，要比它的任何一个个体更为重要。这样一来群体中如果真的有人没有履行责任、犯下严重的错误，惩罚他的不仅是外部社会规约，也有来自集体内部的谴责，不守传统的个人不可能得到无论是外部还是内部的支持。这种情况也就导致了个体同集体的同一化。次一级的集体总是倾向于支持整个集体的道德规定，无论其个体成员将要付出什么样的代价。这种现象与迪尔凯姆所说的"机械的抱团性"（mechanical solidarity）非常接近。这是社会能实现整合的强有力主要因素。

相形之下，"有机的抱团性"（organic solidarity）的力量要弱一些。这个概念指的是不同团体中的个体之间，和各个团体之间的互利关系；这种关系是功能上的互补关系，而不与特殊主义的利益相关。这样的关系也许只是理论上存在着，但在实际生活中并不重要。[22] 这样的环境中，当个体与下属集体的同一化被强调，这种强调比个体与社会整体同一化更为重要和优先时，显然就有可能出现紧张的关系，导致社会内的小集团分裂。实际情形表明，无论是德川时代，还是现代日本，这样的诸多集团的分裂是随处可见的事。这整个的情势表明这样一种社会现实：就其价值体系而言，其中的特殊主义是先于普遍主义原则的。

基于人们对制度性宗教的共同信仰的抱团性质，这样的宗教的整合机制，相对而言，就会显得薄弱。这是因为多个宗派分立的现象，致使每一个相对单一的宗教集体当中，都只能团聚人数不多的信徒。这同时也就意味着立足于这样的基础，整个宗教往往有分裂主义的倾向。另一方面，一定程度上，社会中的主要集团——包括家族与国家，本身也就是宗教性质的团体（这一点后面还会讲到）。这种特征的宗教，其目的似乎主要在于加强"机械性的抱团"。事实上，这种作用机制似乎很有成效，因为在信奉共同宗教的基础上，它能够把抱团的各个成分拉到一起。

财产制度虽然已经有了相当的发展，但理论上讲，土地是不可以转让的。当然，常识告诉我们，所有法律都不免会留有某种后门。不许转让土地的规定实际上已经行不通了。事实上，土地买卖并非罕见的事。不动产继承是主要的财产占有变动方式。这一时期，日本的租佃制度有了相当可观的发展，尽管地主们通常只占有少量的土地。换句话说，小地主作为一个阶层壮大起来了。真正意义的大地主数量并不多。不单是土地，还有其他的财产，实际上也都是可以让渡的。例如，行会的成员身份就可出售。这就像股票交易者的座席可以转让一样。随经济情况的好坏，行会成员身份的价格有时涨有时落，依据这个原则，所有的权利与身份都可以标价，

第二章　德川时代的日本社会结构概貌

甚至幕府将军们的近臣（例如称作旗本①的）也都可以明码标价。有的人买下了许多将军家臣的身份，然后凭此身份再向将军家领取禄米。在当时，虽然这种情况也被认为是一种舞弊现象，但政府仍然做不到完全杜绝它。过继到武士家当儿子也是一种买卖，它也有公开的市场价格。而且在不同的时期，价格也会有涨有落。所有这些事实说明，货币经济已经侵入了封建社会的制度结构当中。财产让渡观念的引入，在有的领域可能为社会身份带来灾难性危机。实际上，这是在经济膨胀的社会中的一种流动机制，它在一定程度上突破了原来的理想类型的身份凝固。也许这是一种必要的手段，借助它才能打破过于僵化的身份界限。要说它有什么不良后果，至多也就是在促使德川幕府最终倒台的诸多因素中，再增加一分助力罢了。

早在德川初期，已经有了近代类型的职业体系的萌芽。当时人们的意识中，并未清楚地分别身份和职业（shokugyo）二者。主要的身份团体是士、农、工、商（武士、农民、工匠与商人）。在一定意义上，这些也都只是不同的职业。因此，在这样的封建等级社会，每个人在履行自己的身份责任时，几乎没有渗入到其他"日常工作"责任领域的可能。这一点我们后面还会讲到。不管怎么说，在德川时期，也已经

---

① 旗，指战场上大本营中的军旗。旗本，专指将军周围或身边的亲信。在江户时代，旗本指"御目见"以上的武士，也即俸禄接近一万石的"直参"。在江户初期，直属将军的青年武士称为"旗本奴"。——译者

有了远比士、农、工、商这种四分的社会身份制度复杂得多的职业体系。在当时已经有了发展了的幕府的以及藩国的官僚集团，虽然主要人才来源于武士。但是，它的外延并不简单地等同于武士阶级。许多役职（职务）安排都是依据军功来授予的，这一点与普遍主义价值原则下的授职标准并无不符。不过，挑选什么样的人出来接受役职，实际上仍然受到特殊主义的关系原则支配。幕府在江户办有一所"大学"，许多藩国也都有类似的学校。这些学校专门培训被选送来的武家子弟。教育的内容实际上还是传统的和儒学性质的。官吏常常也就是这些学校中生产出来的产品。因此，在一定意义上，这些教育机构的职能也就是再次"筛选"符合普遍主义价值传统观念的人才。

在大城市最先以社会团体形式出现的是某几种职业阶层。这类职业主要是医生和私塾学校的先生，还有一些印刷通俗读物的大印社的从业者。也许从事这些行业的人也多半来自武士阶级，而这些人又多半是些丧家失主的武士。某一位武士向自己的主君要求放弃身份以脱籍的情况并不罕见。提出这种要求的人是想离开家乡，到城市中另谋新职。这个时期的好多作家或学者都是武家出身。后面我们将会看到，石田梅岩（1685—1744）就出身于武家，先是做学徒，后受雇于某商家，最终自立而开馆办学。也有一些学者是出身于町人（商人）之家的。德川初期，所有这些"专业职能"显示了一种倾向，职业本身的选择才是重点，选择职业的人是什么出身并不重要。有了职业也就有了顾客。而与顾客之间的关系，取决于后者有些什么样的服务要求。这中间并不存在特殊主义的身份纽带。不过，可以设想，有的关系——例如师生关系，一经出现便很有可能是扩散性的、特殊主义的。这是与西方社会不同的地方。这种情况一直继续到日本的近现代，甚至西方教育制度被完全引进之后。

至此，我们大致描述了上面这些职业中发生的"近代性趋势"。这些都不是经济领域的事，主要属于"政治的"或者"文化的"角色。在经济领域一种相对来说更为复杂也更分化的职业结构，自然是隐含在前面出现的经济讨论中。

动机体系

我们在使用动机体系这个术语时，所关心的是个人与社会体系之间关系作用的场合，以及动机对人格的规范作用。这包括了两个方面的内容：一方面是对社会体系的价值观和功能需求的遵从；另一方面，对人与人之间内部产生的紧张的调控。通过这种调控，个体可以充分释放其紧张，而不至于破坏社会体系的功能活动。

如我们所知，动机体系当中，有一个非常重要的功能，叫作"社会化"。作为一个过程，社会化使个人的最初信念发生内化，从而服从社会的制度模式。所有的社会当中，家庭都是社会化的核心，尽管因为缺少第一手的材料，我们很难复原德川时代的家族的社会化状况。但我们依据现代日本社会中仍然保持下来的保守因素，凭着可以使用的社会化证据，作某种回溯性质的推导也并非没有道理。依据我们的推导，尽管是尝试性的努力，我们仍然可以得出一些有根据的论述。一般说来，孩子在幼年时期总会多少受到娇惯或放纵，因此，与成人相比较，他们就会表现出一些任性、桀骜和贪婪。我们也许因为这个受娇惯时期的性格倾向，断定这导致了他们日后的人格扩张和历来被认为潜藏于日本性格中的享乐主义。另一方面，也有不少规矩的形成，是因为孩子从很早就被严格要求以培养习惯。最为人们所熟知的是日本孩子上厕所的习惯。在有的地区，孩子们从很早就理所当然地被认为应该像大人一样，遵守那些非常琐细的苛刻的礼节。等到他们长成少年，要求恪守的规矩也就更为严酷了。进入成年之后，他们也就进入了一个完全需要循规蹈矩的礼仪社会。他们的整个成人生活，社会时时处处都充满了对其言行规范的期待。当然在不同阶级之间，所接受的行为要求也还是有差别的。总地说来，社会上层要受到比下层更严格的规范要求。我们在这里谈的也多半是对社会上层的礼仪要求。社会期待人们的言谈举止、待人接物符合礼仪，督促其变为实践的压力主要是心理上的，而不完全是体罚。虽然对于行为不端的孩子，各阶级当中都普遍采用艾叶灼烧当作惩罚方式。但对付不服管教的孩子，最为根本的心理施压便是"放弃养育"。在日本最有象征意义的这一类威胁称作"勘当"。在江

第二章 德川时代的日本社会结构概貌

户时代,它指的是断绝父子的、师徒的、主仆的关系。对于浪荡的儿子,父亲宣布对其实行勘当,便意味着后者失去了继承权。勘当是正式的法律处置行为,需要到奉行所去办理,需要得到政府的认可。在日本这样的社会,如果做儿女的遭到弃养,没有亲人可以依靠,会是很悲惨的事。

对于家庭当中成员的礼仪要求,也是家庭之外的社会对同样对象的行为规范。例如,在学校主要宣扬的也都是这样的东西。在学校中的多数时间,学生被反复告诫的,都是做到哪些道德规范行为要求。这些东西同孩子在家里听长辈说的并没有两样。江户时代的"五人组"[①]、乡村和地区逐级所经常宣扬的也还是这样的东西。总之,社会成员必须遵守社会风俗伦理,如果有人不肯身体力行,违背了这些规范,谴责他的不仅是家人,也会是邻里街坊,他就不免受到社会的"报复"。

对生产与消费的选择指导,便是管理规范动机的第二个领域。上面说到社会成员的行为举止受到社会高度的预期约束。在许多场合也都可以看到这种伦理预期在调节性领域反映出来。社会舆论鼓励的是生产性的劳动动机。具体而言,无论是职人(工匠)还是伎人(艺术家),人们所器重的是他的技能或技巧,尽管尊重他的程度,会因为他世袭的阶级

[①] 类似保甲这样的基层行政单元。它以五家为一组相互制约担保。所以说,日本的"五人组"来自中国西周时的治安管理法。它在平安时代称为五保制,江户时代则称"五人组"制。——译者

69

身份而打折扣。在总的社会体系中，其各个部分之间、各个部分之内，权力控制是有差别的。在相对来说更为狭窄的场合，人们所受的尊重程度，可能更直接地与其技术高低和生产能力大小紧密相关。反过来，人们受尊重的程度也可以通过其享有的权利地位而看出来。例如，商号的某位雇员，如果被主家雇用了20年，这中间他一直兢兢业业，又熟悉本行专业，那他就可以得到允许自立门户了。技术这样的东西，尽管本身有价值也可以带来价值，但它更有可能成为具有宗教含义的事物。真正掌握了一门精湛的技术，如同获得宗教开悟。在这种情况下，对生产与劳动的价值评估，主要是看它对于集团目标的贡献，而不仅仅是劳动生产本身。它受到的重视是因为它体现了责任与义务。我们很难否认，对日本人而言，工作自身既有价值也创造价值，但这恐怕还只是在次要层面上的动机吧。像下面这样，用这么一个事实来表述也许更加妥当一些：日本男性会在年龄还不算太大时便从责任岗位上退下来，专心致力于唯美的甚至是享乐的活动，而把工作的重担转交给年轻人。这与西方社会显然有很大的不同。在西方，工作本身就是价值重心所在。因此，许多人觉得退休在心理上是件很痛苦的事。还有一点特别有意思，尽管退休的这些日本人已经卸下了工作重担，但他们常常依旧对控制权执着而不舍。这一点又表明，这是一种以控制权力、行使权力为中心的价值观，相对有别于为生产而生产的价值观。

说到消费，在许多领域都充斥着禁欲色彩的态度。不过，

第二章 德川时代的日本社会结构概貌

人们的消费观与生产观也有相似的地方。我们有这样一种感觉，禁欲主义之所以受到重视，其出发点并不是从工具角度来看待的，并非采取禁欲的本来意义。既没有把它当成达到集体目标的手段，也未当成个人精神锻炼或宗教修证的途径。在许多时候，当人们不考虑其社会意义时，他们也会采取相反的态度，一定程度地纵情于声色欲乐，也是寻常可见的现象。

如果我们在这里的分析不错，则可以认为，那实际上支配着人们的生产与消费动机的，并非什么十分严酷的、完全出离世俗的驱动机制，而是紧密地依赖集体和个人所欲达致的目标，并对所处现实境况适度调和的态度。它依不同的时间和不同的环境而发生相应的变化。

动机规范的第三方面是个人与公共的利益平衡。国家的中心价值以及对尊上者的服从，虽有其时代烙印，但其最终主张仍旧是公共利益先于个人利益。正常情况下，这种主张会被表述为每一社会身份团体都应该保持各其得宜的行为。这就是所谓的"知本分"。知本分，意谓着每个人都应该履行其身份所要求的行为尺度与习俗，绝不可侵害他人合法的尊严。只要这一前提得以满足，个人如果寻求私利，便完全是合理合法的事。只要不是这种情况，比如说，如果集体的利益可能因个体的行为受到损害，或者有的情况下，因为要顾虑集体的利益而需要取得集团尊上者的允准，这时，集体的权益就会走到台前，其重要性不仅是压倒一切私人利益的，甚至远比个人的生命更加重要。不管怎样，传统的礼仪规则或个人的身份责任都是应该保证遵循和履行的。显然，对公私利益的轻重权衡，随时需要依据集体目标模式的调整而作出适当反应。

不过现实当中，如何摆正个人利益与任何利益的关系，远不是上面分析得这么简单。个人利益得以增进的过程，常常也是集体服务相应增进的过程。此外，哪怕是一个十分团结的集团，其内部仍然会有剧烈的权力争夺，这样的情况下，就会发生前面说的集团分裂。导致集体内部分裂的原因，有的是出于个人的权力欲望，也有的是为了集体的利益增进，两者在实践中往往是难以分辨的。说到底，人们之所以如此期待获得权力，正是因为在其生活的社会中，政治权力备受重视。有野心的人必须掌握权力才能控制别人。而有的人哪怕出于对财富的觊觎和贪婪，如裴泽所说，也不过是把财富当作手段，用以争取获得权力。正是在这样的社会中，寻求权力的争夺活动也往往披上了忠诚与工作的外衣。虽然这样的外衣有的时候表现得有如同无，其动机几乎一丝不挂、昭然若揭，但在权力政治中，无论什么人都不会轻易赤膊上阵的，总是要有冠冕堂皇的旗帜和口号才算得体。

迄今为止，我们一直讨论的是，当事关价值服从和社会制度的功能需求时，对价值动机的约束与管理。下面我们简略地看看，当社会体系中的成员在人格心理上出现紧张时，价值机制是如何加以调节的。一个要求其成员对社会目标高度尽责的体系，一个高度关注其成员的行为是否符合社会目标的体系，无疑是会对社会成员的心理结构产生压力并引起紧张的。这一机制当然会严重影响到社会功能的运行，为此社会中一定会有模式化的制度化的处理紧张的方法。集体对于个体行为会有高度严格的要求，在后者达不到要求时也会有严厉的处罚。例如，像前面说到的"绝缘"（断绝关系）就是将不合格的个体从集体中开除出去的手段。因此，一个人的言行和作为，在某种程度上总会引起争论，这也就会在社会成员的人格心理结构中引起严重焦虑。日本人在其社会交往中，特别关心其行为的"几帐面"（一丝不苟、周到精确，或者无可指责、无可挑剔）。也就是遇事总要求自己做到妥当不误，使一切都在控制当中，决不令其失控。正是这样的态度造成了事务处理中的高度紧张。对于"几帐面"的追求，表现出人们面对混乱和威胁而希望做到有条不紊的内在需求。与此相似的证据是德国社会对于井然有序的高度关注。不过把德国与日本两相对照，很能说明一些问题。对于前者，其普遍主义远较特殊主义要显著得多。因此，德国的秩序是普遍主义性质的。这种秩序是理论性的、理性哲学的或者说是科学的，已经体现出某种对社会本身的体系性和理性的关心。同样，也可以从建筑或者艺术当中抽象出同样的精神。然而，日本人的有条不紊与秩序追求，却反映的是日本体系中居于统治地位的特殊主义。这种追求是审美性的而不是认知性的。从本质上看，这样的追求并不是要透过自然的最一般化的抽象属性去寻求秩序，而是想在人与自然的联系中，在外在形式与内在感受的联结上，通过创造自我灵魂与宇宙灵魂的和谐共鸣而找到秩序。在社会上日本人不是通过系统性地运行一般性的既有规定或原理去寻求秩序，而是使个人在行动中尽量符合各种特殊关系里的"本分适恰"而达到和谐。我们仍然以艺术为例说明，日本人在艺术生活中，关心的是把握对象的具体性、个别性，而无意去揭示对象的所属关系，即并不关心对象应该属于什么样的普遍范畴。在西方人眼中，日本的艺术不是抽象的东西。即令日本的禅画师，他们的表现力也是玄学性的，他们力图通过一瞥之间灵光闪现，而揭示出整个世界的本质。因此，这样的世界本质，只是某种当下的、具体的特殊性而已。而每一特殊性，本身便是整体性。许多西方人说，不应当把禅的艺术解释成意欲揭示绝对观念的企图，这是因为在日本人看来，眼前的一切实在背后并没有这么一个黑格尔似的绝对观念。事实上，铃木大拙所反复强调的也正是这一点。

可以说明日本人对于混乱失序的焦虑的，还有一个领域——他们的养生观念。这种对于健康的强烈得几乎可称为忧虑症的关心，在日本催生了一个巨大的医药产业。看看近代以来日本的成药销售是何等地普及民间，就可知道失序的焦虑已经伤及身体，因此日本人亟欲通过药石达到秩序与控制。

记住这点非常重要：德川时期的日本家庭，从这方面看好多都是社会的缩影。每个家庭都同那个社会有着大致一样

第二章　德川时代的日本社会结构概貌

的价值体系，也深为相同的紧张与焦虑所困扰。因此，它不像今天的美国家庭，家庭不是社会的避难所。[23]在某种程度上，家庭可以成为今日美国社会为人们提供情感宣泄或释压的避难所，使人们可以回避社会的严厉要求。而在日本，因为其高度严重的焦虑，正需要一种类似的可以释放压力的场所。在这样的背景下，日本社会中形成了青楼和酒肆这样的欢乐场，就是可以理解的事。人们可以在此释放压力及紧张。酒与妇人、各种演剧、男人们的吵吵嚷嚷以及对诸如友谊等的感情抒发，都起到了缓解紧张的作用。

以上是我们讨论的动机体系。在做一小结之前，笔者还想回到宗教上来说几句。我们之所以认为宗教关系到社会成员的人格和人格危机，是因为二者的关系受到终极价值观的影响。人们对责任和义务的态度，关系到宗教价值观，也关系到他们对终极挫折的认识。后面一章，我们会详细地讨论德川宗教。在此我们仅仅需要对它交代几句，表明我们一般性的看法。对于社会的核心价值体系，宗教提供了终极意义的背景。事实上，社会中基本的集体（国或者家），都被认为既是宗教的也是世俗的实体。对这些集体和它们的首领的忠诚，不仅有现世意义，也有终极意义。履行对于它们的责任和义务，在某种意义上也是宗教徒的责任。这些都会是我们在下一章要讨论的。人的行动要严格遵从社会的政治价值，即是说，他要效忠的是某种具体化了的上级；他要为集体目标所做的贡献，得经过自己的积极而一贯的实践作为。这样，

75

他才能获得神的赞许和庇护，或者才能达到与最高实在的和谐或者融合。除非获得了这样的觉悟或者得到了神的赞许与庇护，才能解决根本的挫折和人生的焦虑。虽然在德川时期日本宗教的功能侧面反映在国家与家庭的信仰上，但那个时期仍然有独立于体制之外的宗教派别与宗教运动。其中的一些派别与运动，我们在后面还会论及。它们因为极为强调终极的意义，也强调恪守基本的价值观，因此产生过很重要的社会作用。反之，它们也造成了国家宗教和家庭宗教的内涵变化，从而强化了宗教性。由于强化恪守终极价值，宗教也就影响到了我们在本节所讨论的动机体系的其他方面。换言之，宗教加强了人们对主要关系到社会化过程的制度模式的忠诚，也加强了生产先于消费的信念，强调了公共责任大于个体责任的道德观。在涉及以上这些问题时的动机调整，既然已经受到宗教的影响，也就间接地触动了社会的其他子系统。恪守制度模式的力量，在统一或整合这些模式制度时发挥了重大的作用。有关生产与消费孰轻孰重的信念，决定着子系统中的适应性经济内容。最后，公共利益与个人利益之间孰轻孰重的态度，也决定着社会目标的实现或者子系统的政治内容。受到影响的并不只是动机性的子系统对其他子系统的作用，还有这一影响所导致的结果，即其他子系统之间相互的影响。在本章末节，我们还会回到这个话题上。从整体上说，本书打算梳理和研究的，其实也就是诸如此类的价值观的影响与作用。

具体的结构单元

前面我们已经简略地勾画了日本社会中四个功能各异的价值子系统。显然，以本章的篇幅，我们无法完整地叙述全部的结构单元。但几个重要的单元是事关全局的，因为它们标示了德川社会的总体轮廓。所以我们不得不在此先作讨论。对这几个已经挑选出来的单元因子，我们先暂时作简略的处理。

地域单元

在日本农村，基本的地域单元是村落（mura）。村治的第一人则是村长。日本人称为"庄主"（shoya）或者"名主"（nanushi）。村长通常由役人（政府的低级官员，犹如中国人所称的"吏员"）所指定。而役人则都是当地村中的几个大户人家（称为"高户"）的吏员。村长是世袭的。协助村长办事的是村中的几名年长者（称"年寄"）。年寄是村里声望很好的长者。村长的责任是同地位比他高的役人打交道。乡村里一年到头若有什么活动，或者官府要向村民征税，都是村长的责任。村长也是一个村庄里的裁判官，涉及法律的事务都是他说了算。比如说有哪一块土地要转让，有哪一家孩子被"绝缘"等。

村落中的各家各户被按照每五户一组划分为一级单元，

称为"五人组"。组头通常是这五家人中最有钱的或者最有声望的。五人组的组合并不考虑各家的贫富与地位（要考虑的是地域接近）。无论什么样的活动，若要有合法性，先要取得五家人的同意，然后得到村长点头认可。五户中哪一家想要借钱，也要得到另外四家人的同意。日后如果无法偿还，其余四家都有责任。

相对于整个社会，村落便是基层的单元。自然，家庭是更为基础的单元。每一家的头领是户主。户主要为一个家庭（家族）所有成员的行为负责。因此，在家庭中，凡事必须经过户主同意认可。

在乡村社会中，总会有一些身份特别的人。有的地方，这些人称为"乡士"（gōshi）。乡士也都是农民。以往他们是负责地方治安的人。1600年德川幕府建立以后，这些人仍然负责地方的安全和管理。但他们与武士不同，他们不需要像后者那样一律迁到领主的城下。他们也不从领主那里领取俸禄。乡士在有的地方，日后变成了乡绅这样的农村社会阶层。德川幕府或者各地藩国大名也都认可他们的身份。乡士是可以转入武士阶级的。有的地方，乡士就被当成武士。1868年以后，明治政府取消了封建等级，剥夺了大名和武士们的"不动产"（estates），即取消了他们收税和领取薪俸的权利。但乡士仍然保留了自己的土地，因此在近代"乡士"作为农村士绅阶层中的重要成分而保存下来。[24]

农村中的人各有身份的差别。比如地主（自己拥有土地

第二章 德川时代的日本社会结构概貌

的人）、佃农和雇佣农等。但只有前面两个群体（地主与佃农）可以参加村里的事务。至于佃农，其为短期租佃土地，还是租佃期已经过了 20 年，享有的权利便不会一样。后者因为长期佃租时间长，已经拥有某些权利，所租佃的土地不能随便被地主收回，人也不能随便给赶走。同是村民，还有在本村居住年限长短的标准。一户人家，如果在村中居住的时间很长，便成为"原初的"家族，在村落里拥有最高的地位。所有这些特别的家族身份，大致又依据其占有土地的情况再划分，分为不同的层级。当然，这样的区别标准也不是永远不变的。

村落有自己的公用草场、林地和山地，还可能有一些其他形式的公用土地。能够使用公有土地的，仅限那些在村落共同体中拥有正式身份的社会成员。这一权利不会自然延伸到全体村民身上。

有意思地方在于五人组可以直接从幕府接受文告和指令。其所有成员在形式上都必须服从这些指令。这就表明政府的控制力已经相当强了，向下延伸到了最基层。村落、五人组以及各家族都要为其成员向政府负责。从另一面看，任何个人如果被家族取消了继承权，也就意味着他被从五人组和村落的全体开除了。[25]

关于城市的地域单元，我们以大阪城为例。大阪城守是幕府任命的"被①官"（hikan）。城守，是一个全权负责军

---

① "被"，意味着其对上级即幕府的从属性。——译者

事保卫的职位。大阪城中有两町（chō，machi，相当于里或坊）。其行政长官或称町奉行（machi-bukyo），是幕府从上层武士中拔擢任命的。他们才是大阪城上的管理者。町奉行的下面有一套吏员班子。这些人是武士身份的役人（吏员或职员）、裁判官、商务官、寺社（寺庙）官以及户籍官等。

在町这一级还有一个长老议事会（成员至少有 21 名，以后减至 14 名，幕末时仅有 10 名）。议事会成员来自町人家族（chōnin-kanzoku）。这一资格也是世袭的。长老议事会的功能是监督商业贸易、监督町长、监督税收及税金使用，同时也负责任命町长。

全国共有 620 个町的单元。不过并非每一个町都有"町长"。有的时候，一个町长管辖了二至五个町。如果町的长官职位有空缺，由全町的人商量并选出町长。他们先得推荐四五个预备人选，再由町的长老议事会确认其中一人。不过町长并不是专职的。这个职务仍然只是类似乡村中的村长。它们都属于兼职的性质。每个町有自己明确的地理界线。边界是围起来的墙栅。每天夜里要关上墙栅的大门。町长掌握全町各家的户籍，负责町内的治安、秩序，并要倡导优良的风俗。[26]

同乡村的情况一样，町的下面也是五户一组的基本单位。

尽管在德川时期已经出现了人口集中的几个大城市，但从前面所说的城市情况看，民众的组织形式与西方近现代的模样是很不同的。主要的差别在于日本的社会关系主要还是

第二章 德川时代的日本社会结构概貌

特殊主义的。即令在城市中，出于社会控制的需要，基本的社会关系仍旧缺少普遍主义的特征。城市仅仅在很有限的水平上代表着某种新的社会组织形态。这是因为新社会组织形态同市场有一定的联系，也有着一定程度的经济分化。从许多功能看，这个时期的城市，仅仅是一个比较紧凑的地理区域内的许多"村落"组合。当然对许多社会而言，通常的城市组织形式也都不过是这样的。例如，它的很多特征很像拉丁美洲的"巴利欧"（barrio/村）制度。

藩国作为一级地域单元，有的大，有的小。从某种意义上看，德川家的统治地区也不过就是大一些的、更复杂一些的藩国而已。最小的"藩国"便是村落。在农民的眼里，直接可见的最大官员便是"代官"（daikan）。一名代官所管理的区域，通常大约为产5万石米的土地。代官的职责是负责户籍管理、催收租税、监督公益事业、管理公共财产、裁定民间纠纷。但若涉及诉讼案件（尤其涉及土地的诉讼案），他只能向上一级奉行所呈报。代官也没有军事责任。他基本上只能算作财务及处理法务的官员。如何拣选代官，各地的惯例不太一样。有的地方，这个职务属于世袭，由几家高户包揽。在德川幕府的管辖区域，代官算是流官，其薪俸由政府发放。

藩国的中央政府的职能，由一批武士来履行。这些人就居住在藩主的城堡中或紧邻城墙，称为"城下町"的地方。仔细观察一个藩国的武士集体，可以一般地了解德川时代日本武士阶级的状况。为此我们主要依据福泽谕吉对他的本藩——中津的奥平藩——所做的描述来判断。[27]该藩有武士1500人，分为上级与下级两层。三分之一是上层武士，其余的则为下层。在武士阶层中，依地位与职务，可以分出百余种名称。

在上层武士中，地位最高的役人是大名重臣或近臣，他们是儒师、御殿医、小姓组①等。在下层武士中，首先是称"笔头"（hittō）的祐笔（yūhitsu，意为长于文笔的文官）职务。接下来的称为"中小姓"（nakagōshu）。中小姓这一层有许多职业，例如有马夫或管马厩者。福泽谕吉的父亲就是大阪城中藩主家的司库人，称"仓库番"。大名的近侍，有称为"供小姓"（tomokoshō）以及"小役人"（koyakunin）的。这属于很低阶的职务，担任的是巡更、看门这样的差事。最为底层的武士群体是充当步兵的"足轻"（ashi garu），有时，他们根本不被当成武士。这些人的籍贯属于五人组，通常被视为普通百姓，同上面的武士阶层显然不一样。

上下层武士之间流动的可能性极小。在德川幕府250年的历史中，能够从笔头挤进小姓组的不过区区四五人。但在武士上层，从小姓组往上晋升的则不少。同样，在下层武士中地位有提升的也不罕见。在农民阶级中，可以担任武士随身的仆人，经这样的"中间"（shugen）身份而可以进入下层

---

① 小姓组包括大名将军的近侍，它好比将军的"御林军"，参与将军的所有活动，担任警卫。所有近侍的职务名又叫"世话职"。——译者

第二章 德川时代的日本社会结构概貌

武士行列。阶层的明显界限存在于上下层武士间。下层武士对待上层，必须保持毕恭毕敬的态度。上层武士出行时骑马，下层的出行时只能步行。上下层之间不能通婚。哪怕通奸也只能发生在同一阶层当中。有的时候，下层武士哪怕想去外藩求学也是不允许的，理由是"先进的学识与其身份不相符合"。

上层武士的俸禄，其丰裕程度已经可以养家了。下层的可没有那么舒坦。后者因为发到手中的禄米过于微薄，而不得不靠在家纺绩种地、做手工活来补贴。上层武士可以养尊处优，下层武士得精打细算，但仍然入不敷出。上层武士极尽风雅，尽炫才艺。下层武士从小要学书写誊录和学珠算记账簿一类的技能——这些都是上层的武士所鄙夷的本领——才能在日后凭薄技糊口谋生。由于这样的社会风气和社会差别，下层的武士通常擅长于行政管理实务。当然也由于他们熟稔章程，有时也能蒙骗上司。

我们之所以用这么大的篇幅来描述当时的阶级状况，主要是因为下层武士集团日后成为了明治维新（1868）时的人才与动力资源。其所发挥的作用也超过了其他阶级。明治初期，围绕在天皇周围，组织联军对幕府方面发动攻击的主要是一批武士。武士还是当时在好几个重要藩国策划政变、实施夺权的行动者。在明治维新的过程中，下层武士取代了上层，并且将政务大权夺到了自己手中。明治政府成立时，其成员大多来自下层武士集团。正是这样一批人领导了维新事务，促成了经济、文化、政治的改革，开辟了一个新的时代。

因而，清清楚楚地了解武士在那之前的社会地位，对于后来历史的认识特别重要。这些人并不是西方人通常所说的"贵族"，只是在面对平民时他们才有法定的社会管理身份。但对于那个阶级划分严格且僵化的旧制度，他们确实不会有什么可以依恋的东西。他们没有土地，甚至并不享有可以果腹的俸禄。但另一面他们又担负着行政管理的责任，有实际而干练的办事能力。因此，这些人的付出远远大于收入，贡献远远超出奖励。这样的社会结构和这种社会中的思想观念，都是我们在后文中还要讨论的。若非详细了解，就不能说明这些人在日本近代化过程中的特殊作用。

家族

日本人的亲族关系相当简单。所谓亲族，本来出自因纽特人的血亲的结构类型。它同我们西方人的类型不同。主要的地方在于上一代与下一代年轻的兄弟姐妹必须区分开来。这一类型当中，不存在clan（氏族）或者sib（血族）这样的旁支别系的亲族。直系亲族和核心家庭是它最重要的基本结构单位。法律上明确承认的家长地位，连同大部分的家产，通常依据长子继承权，由最大的儿子获得。没有长子身份的儿子，可以分家出去，称为"分家"（傍支家庭），与它相对的则是"本家"（指父亲或者长子为家长的那个家庭）。分家是独立的单元，它对于本家有"忠"的义务，也有相互帮助的责任。本家与分家之间的纽带关系可以延续好多代。不过大多数情况下，在两三代之后，分家-本家的关系会变化得相当淡漠。如果某个分家有朝一日发达成功而有显赫的声名，它便可以自视为主要的家族（于是成为本家）而与它相对的其他家庭便成为了分家（分支的亲族）。

家族可以几代聚居（同堂），但通常它的规模不会太大，因为每一代都会撇出那些旁系的亲族。即是说，每个家庭当中，只有长男与父母生活在一起。其他的从弟迟早是要分出去自立门户的。这种情况下，赡养父母的自然也只有长男，因为只有他无需分立出去。在一些极端贫困的家庭中，赡养父母是所有兄弟的事，但至少长男要承担大部分的责任，因为父母的财产都是他继承的。应当指出，在整个德川时期，人口数量是相对静止的。没有长男身份的儿子们，或许会被过继到没有儿子的家庭当中，或者会娶一个无子嗣家庭的女儿，成为"倒踏门"的入赘女婿。因此，所谓"次男（生计无着落的）问题"，虽说在德川时期的许多家族中已显突出，但整体上看，并无太大的社会学意义。明治维新以后，日本人口大增，这一问题才显得严重起来。

所谓"倒踏门"的女婿入赘算是例外情形。而且入赘是要改姓妻家的姓氏，所以并未改变这家人的父系血脉的延续。父系家族制是社会的主要模式。这样的家族模式中，子女的婚姻安排由家长做主。在上层社会阶级，婚姻的作用是加强政治纽带。在下层，则是为了让父系家长制家庭增加劳动力。

这样一来，婚姻便成为重要的家族事务，而并不考虑个人的情感。离婚这样的事完全是夫家可以决定的。他们任何时候都可以打发媳妇"退回"娘家。过继的事极为普通。被过继的儿子与入继家庭中生养的孩子，权利上没有差别，其所受待遇一视同仁。过继制有两方面的意义，既保存了家族的香火（谱系），使之不至于因绝嗣而消失，同时也为现存的极受重视的继承权，提供了一个变通的维护方法。

家族当中，地位最高的是一家之长。他必须享有最大的尊重。他们的话，全家都要服从。他可休妻，也可以打发儿媳妇回娘家，可以取消任何一个儿子的继承权。换句话说，他具有同任何一个儿子"绝缘"的权力。因为他的这一潜在的财产处理权，家族（家庭）的首长也就拥有充分的权威地位。显然，他通常无需动手施暴——在日本很少听说家长要用体罚或者什么暴力手段来下命令的。家长被期待会考虑其家庭成员的感情与意愿，因为他是有最终决定权的人。家长的意志决定着一家的事务。

理想的妻子，其所担当的角色总是沉默寡言的，遇事总是站在丈夫一边。不过，妻子倒也不完全是丈夫的陪衬。在上层阶级中，家族的主妇被期待能够履行重要事务的管理，维护家族的声誉。勤恳持家，善作筹措安排，这些都是她的本分。当然，我们也可以毫不惊异地看到，有的日本妇女并不只是满足于恭顺驯服与忍让，她们的实际力量要大得多。在许多场合，她们就是"垂帘听政"的指导者。

一般来说，家庭当中的男孩比女孩地位要高。年长的要比年幼的有威信。男孩在家族中的威信主要取决于他是不是有资格成为家族的继承人。每个家庭的长子，因为是预期的继承人，所以会受到有意的培养。与家中其他的男孩相比较，他也更应该有担当的责任感，表现出谨言慎行、稳重严肃。至于其他的男孩，则主要培养他们独立、勇敢、进取和机敏。对于未来要做家长的孩子，并不强调具有机灵一类的品质。但它们对于那些注定要到外面世界去闯荡打拼的孩子却是有利的。[28]

女孩的教育培养主要服从于这样的思考：她们终归是要嫁出去的。所有对女儿的培养与训练，都是为了有朝一日让她体面地代表其所出身的家庭，所谓"不辱家风"。她的归宿是到夫家生儿育女、操持家务。在有公婆健在的家庭中，儿媳妇无疑会面临很大的压力与紧张。这就出现了平时人们常常说起的"转移性的欺压"（tandom aggression）——而一旦熬成婆婆，长辈的妇女会把自己早年做媳妇时所怀的不满，转移到现在的儿媳身上。

商人之家

我们已经看到日本的国家价值观，其特点就是强调主君与臣下的关系，同时赞扬在下者的自我牺牲和侍奉精神。这是一种集体目标至上的态度。这样的态度也是渗透到日本的家庭中的。在商人的家族中也不会有例外。在政治领域最能体现这种精神的是武士阶级。不过，在町人（商人）阶级中，这样的态度也有制度化的表现。当然町人们常常会受到社会的抨击，说他们奢靡腐化。其实这种现象也并不只是商人所独有的。武士阶级往往也未能免俗。没有理由认为所谓的不道德，是只有哪个阶级具有的品行。町人身上所具有的双重性，究其根源，我以为来自他们与武士阶级不同的价值观，他们的组织化程度比武士要散漫一些。但从整体上看，他们的道德还是可称严谨的，他们价值观也没有什么特别的不同。

道德的双重性，主要来自对集体性优先理解的差异。武士阶级的价值取向是克己奉"公"，随德川时代走到那个时代的末期，它也转变为克己奉"国"。而对于商人阶级而言，对他们的指责或者辩护，都在于其牟利的态度。为町人辩护的人也说，他们克己所奉的是要争取商业的利益目标。

  商家的雇佣行为通常开始于招收学徒。学徒（detchi/丁稚）的服务（奉公）行为开始于10岁左右。商家若要招收学徒，首先要考虑的劳动力来源是同自家有亲戚关系的某分家中的孩子，然后才会考虑关系更远一些的家族或者朋友家庭。当然，如果前面这两类家庭中都没有合适的人选，也会接受跟自家没有任何血缘关系或者熟识关系的家庭的孩子。丁稚如果来自分家，就不用考虑再订立契约和合同。否则，作为本家的商户就会同丁稚所来自的家庭订立契约。契约中写明该孩童从哪家来，到哪家商号做学徒。对于来做学徒的孩子，

第二章 德川时代的日本社会结构概貌

商户的主人家要给予培训，教其读写和计算的技能、提供食宿。但丁稚的消费也是有规定的，比如不能佩烟袋、不能穿着丝绸的衣料等。一开始，丁稚要干的都是粗活，若洗衣、拖地、打扫庭院、洗烟碟、在厨房中打下手、听主家或主家成员的使唤等。等他到了十五六岁，丁稚在"差不多半成人"时，便具有了"半人前"的身份。他现在可以担任一个成人雇员（称手代/tedai）的部分责任了，例如可以订货、销售、付款收银等。但他还是学徒，不能支取工资。做学徒是重要的学习阶段。即令是很有钱的商家，也要把孩子送到别的商号做学徒，以便让他掌握做生意的技能，日后才能经营自家的生意。

从做学徒到出师，要到十八九岁。出师以后，他才成为了真正的"手代"。学徒要是满师了，他的父母会与商家重订合同。在此期间他的职务仍然同之前的"半人前"（haninmae）差不多。但断断续续地主家会委以其更多的业务。他也可能担任了记账或管库房的工作，也可以接待顾客。在让他负责的业务中，他具有一定的自主决定权。如果他因此犯了错误，也不至于受到太过严厉的斥责。主家觉得容许其犯错，有可能使其长心眼。而过度的斥责会让他缩手缩脚，因而挫伤其主动性和责任心。但如果他所犯的错误，性质上属于行为不端，主家便会不假颜色地加以严惩——行业的规矩是不可破坏的。有的时候会干脆将其开除。开除则意味着此人在整个商业界再也不能立足。雇员若被开除，会将这事通告行业公会内的各商家。

  手代若获得晋升，上面一级是"番头"（bantō，即店长或领班）。做番头的，或者是地位特别重要的店员，或者是负责店中某一方面总业务的人。番头的手下有许多称"手代"的职员。一家商号上面最重要的顶端人物是"支配人"（shibainin），也即总经理。支配人可以独立管理商家分号，其地位仅次于商家的家主。他不仅在生产经营活动中有最大的主动权，也可以像主家的成员一样参与主家的家庭事务决策。在很多情况下，比如主家嫁女娶媳妇这样的事务，他都有话语权。遇到有的情况，比如主家的行为放荡，支配人还可以对主人加以规劝甚至控制约束。目的在于保证商号的生意不失控。这里我们看到了价值观更重于身份地位的现象。集体的目标是更高的原则。针对这个目标，如果遇上更为主动的支配人，他在经营过程中从实际出发甚至会取代家主，发挥决策作用。支配人最终可能成为这个家族的女婿，或者是这个商家分号的家长。

  商号店员"俸公"时间若超过20年，他可以要求主家让他单独负责一个分号或者某一方面的总业务。主家应该提供资金、房产和设备，让他单独成立一个新的商店。实际上，主家通常还会同时把一批顾客关系也转给他。本店与分号之间的紧密联系，因为礼仪或者业务关系，往往会持续头几代人。有的情况下，这种关系随时日久远可能疏远。但作为商业分张网的一部分，它仍然有较强的生命力。

如果某个分号在本店主家遭遇危机时出过大力,那它便与本家有了特殊的关系和地位。分号的成员在本家人眼里成了贵客,被引为患难与共的嫡亲。这样的习俗很显然与封建家族中的交往之道是相似的。

最后,我们还要提及被称作"中年"(chūnen)的身份。中年,指那些没有经历过学徒阶段而直接受雇于商家的成年人。相比较于做过丁稚的店员,中年在商家中间不那么受到信任,因此其在家中的威信要低一些。通常不会让中年承担重要的业务和责任。他也永远达不到支配人那样的地位。这也是一个说明了特殊主义的考虑优先于普遍主义计算的鲜明例子。[29]

宗教组织

我们还要简略讨论的最后一个部分,是宗教组织这个社会结构单元。这里我们所关心的仅仅是它与社会结构相联系的内容。至于宗教的其他方面,我们在随后的几章仍会论述。

德川幕府为了抵制基督教,实行的措施之一便是将所有的日本民众一律纳入佛教的各个宗派当中,让他们登记属籍。这就意味着大部分僧侣也都同时被置于幕府的控制权力之下。这样一来,日本人的佛教宗派属性,也便成为政治属性,而不全属宗教信仰。受到政治权力控制的宗教,在整个德川时期,呈现出暮气沉沉的样子,失去了创造力。当然,日本宗教的沉寂，远在1600年之前便已经显露出来了。无论从哪一面看，那个时代最有朝气的宗教都不是佛教。大部分日本人，只在极有限的场合才会上佛寺参加宗教仪式。寺庙僧人的主要宗教功能，也只限于承办丧家的葬礼。佛寺中被延请的和尚，通常应该有做过沙弥的资历。大致说来，做沙弥与当学徒也没有多大的分别。除了真宗的和尚可以"带妻修行"，其他的日本佛教宗派都是主张僧人独身的。只是在德川时代，对这一点要求不甚严格。至少持戒马马虎虎的宗派有好几个。

所有的佛教宗派，各自都有明确的承传谱系，常常也会有选择地尊崇某一部或几部经典。一些大的佛教宗派，内部还会有小的门派分流。从教义上看，各个门派几乎说不上有什么不同。其间的分歧要么来自内部各寺庙间的分权，要么来自某几位祖师的权力之争。每个门派都会有一个本山或本寺，控制该宗派僧侣组织的中心权力在本山或本寺。

其次，相对于上面说的佛教宗派，神道教在民间社会中的组织要复杂一些。神道这个名称涵盖了很广泛的宗教现象。首先它涉及乡间农民一年四季的农事仪式。虽说实际上被称为神道的"民俗"宗教也并不乏佛教的和来自中国的内容，但从社会结构的角度看，这是社会下层的宗教活动的差异化。因为这些仪式都是农村社区的文化功能，它们不可分地同乡村生活联系在一起。

其次，我们可以清楚地区分它们对于不同神祇的崇拜。比如，这是对地藏菩萨的崇拜，那是关于稻荷神（狐仙）的。

第二章　德川时代的日本社会结构概貌

这些崇拜也可以称为民间信仰。因为它们并无专门的祭司，也没有特别的信众团体。在某些特别的祠祀地点，也可能有司祭人员，但这样的民间崇祀并无完整的组织体系。它们更多地只是依存于日常的生活与仪式。这些民间崇祀活动又是相互渗透的，共同形成了民间宗教的一部分。

　　第三，我们不妨思考一下那些有着固定祠祀中心的崇拜活动。比如在伊势或出云地方的信仰活动，也想一想那些专门崇奉神道神话里的大神的信仰。在神话故事中发生过重大事件的地方，都有这种神社。所有这些神社都有世袭性质的神职人员，责任是维护神社或主持宗教仪式。这些崇祀中心同国家神道相关，也分属不同的神道派别。这两者我们在后面还会讨论。当然神话的内容，讲述了神道中诸神与天皇家的关系。这是万世一系的谱系。因此，天皇有责任保持对自己的祖先神和神道诸神的祭祀。特别说明承担这个责任的是伊势的神社，它所崇奉的便是天皇家的原始之祖——天照大神。从另一面看，一些大神也成为了神道派别发展的中心神祇，像伊势和出云大社都是这种情况。这些大社的世袭神官也创造了相当复杂的神学理论。当然，这些理论也吸收了不少佛教与儒教的内容。比如，伊势神社的神学体系早在13世纪便已经形成了。在德川时代，既是神道体系继续发展的时期，也是神道派系形成的时期。伊势神道的神官（称为"神职达"的御师）通过在全日本行脚而在各地的乡村和城镇都建立了本系统的宗教团体（这种团体被称作"讲"）。它的目的便是组织人们参拜伊势神宫。这种活动也就可以视作崇祀活动向分宗立派的活动转化。

　　国家神道的中心是朝廷和天皇本人。它的宗教经典是那种渗透了国家神话的"历史"编纂，以及天皇家族的最初历史。如我们在前面就注意到的，大的崇祀中心至少部分地融进了国家神道的体制。它表明这个结构体制当中的神职人员已经有了分化。但这种分化并不是根本性的，因为天皇和朝廷的某些部门仍然具有较强烈的神职功能。德川时代的神道，从结构功能上看，作用比较薄弱。其组织和活动都仅限于朝廷亦即皇宫的圈子。这种情况到明治维新时期才发生了戏剧性的改变。中央政府竭尽全力地宣扬国家神道，通过教育和别的渠道加强这种思想宣传。不过，在国家神道初期就存在的制度结构上，尚不足以让我们同意张伯伦对神道教作出的结论：神道，不过是明治时期几位聪明的倡导者的发明。无论德川时代还是明治时期（事实上还包括更早的时期）日本的国家主义，每有表现，一定与国家神道的扩张密不可分。也许，国家神道就可以看作国家主义的神圣形式。从这个意义上说，国家神道在整个德川时代，地位一直在上升。等到了德川晚期，它确定地在日本形成了一个普遍的共识，诸如"日本之诚为神之国度"，形成了一组所有宗教流派都奉为皈依的基本教义。从这里看日本神道教对于国家主义的塑造之功，是其他任何宗教都不能比拟的。这也是明治政府后来断定"国家神道并非宗教"的理由之一。

第二章　德川时代的日本社会结构概貌

我们对于神道的分类，第五类别为教派神道。它指的是那一类从神学体系来看，对与其并无共性的佛教、儒教和神道也兼收并蓄的宗教运动。仅仅因为历史的原因，将它们归入神道一类。组织上它们都以神职人员为中心，领有一批明显的信众团体。它们看上去像是相当新颖，虽然其根子相当古老，比如来自伊势或出云地方的祭祀崇拜。教派神道的根子并不在德川时期，尽管它的确是德川晚期才出现的。

至于儒教，长久以来人们一直在争论它究竟算不算宗教。有人认为，它至多只是一套伦理箴言，算不得宗教。也许早期的儒教可以不作宗教看待，但对宋代的儒教，即称作新理学或新孔学的，恐怕就不能作这样的论断了。我们所认为的"宗教"定义，是指人类对其终极关怀的态度和表达这一关怀的行为。新孔学[①]已经发展和形成了一些成熟的形而上的主张，它有明确的关于人的终极关怀观念与态度，而且它还形成了相当精密的、获取宗教觉悟的方式和方法。这些方法看来并不仅仅是认知理解的，而是在某种意义上类似佛教的达到终极性宗教和解的手段。日本的儒教基本上属于新孔学，尽管新孔学也有好几家代表[②]。不过，儒教中没有教士集团。从组织结构看，它更像古代哲学派别，其承传延续于师弟之间，有的时候多多少少又像是学校的延续体制。德川时代的儒教（朱子学），其影响之功，在于塑造了居住在城下

[①]　这里指的是朱子学。——译者
[②]　至少有朱子学、阳明学。——译者

町的武士的文明化成。不过儒教的重要意义，远非某种单独的分化的宗教运动可以概括的。在好几个百年中，它深深浸透了日本人的意识形态和社会风俗。诸如"忠""孝"这样的价值观，虽然是日本化了的，但其基本内涵并未丧失，儒教传统中这样观念的根本意义是保留下来了。无论佛教还是神道，其实践伦理的根源都在儒教这里。至少，日本的儒教受到了朱子学形而上理论很大的影响。当然，它也是佛教与道教强力作用的结果。就我们的研究目的而论，指出这一事实是特别重要的：德川时期出现的每个宗教运动，无不受到儒教的强烈影响。

最后，我们必须注意到日本的家族宗教（其主要以"祖先崇拜"为中心）多少整合了佛教、道教、儒教和神道各家的传统。每个家庭都有一个神龛，日本人每天都面对它举行简单的仪式。这里，我们就日本国家的神道来说，这种家庭祭祀可以说明国家神道绝少发生分化，或者更恰当地这么表述：它在日本社会中的宗教功能和世俗作用，只是部分地发生过衍化。

以上我们对于德川社会的描述，意在为后面讨论的宗教问题做一个背景材料的铺垫。这一描述也可以特别地视为某个社会研究的工作模型，以使社会中宗教与其他领域的关系清楚地呈现出来。我们已经讨论过了宗教动机体系中的作用，以及强化宗教的虔诚态度对这个体系的影响结果。对于制度形态的宗教热忱的增加，将会增加整合了的或制度化体系的

第二章 德川时代的日本社会结构概貌

控制能力以及导向社会行为的能力。换言之，它可以加强社会纪律。日本的制度体系，其特征在于强调上下之间的纵向关系，相对地并不重视横向关系。也就是说，制度结构的维护，主要通过加强下级对上级的忠诚。这种体系的强化意味着忠诚度紧张化，从而也会波及政治体系与制度结构体系间的关系。如果高度的忠诚靠得住，则政治体系针对结构体系的协调权力便得以加强。联系到日本的现代化与工业化，显而易见，社会政治的这种高度控制权力，与人民的服从态度肯定具有重要的优越性。

厉行节俭、尽力生产、禁绝消费的动机，对于经济体系而言，具有明显的促进作用。经济活动合乎理性化的先决条件，正是尽力生产而不肯消费。此外，能够促进经济活动的，还有国家的强有力管控。前面我们已经指出，国家对于经济活动具有相当大的调节机能。在后面第五章，我们对此还会有进一步的详细讨论。这里只是指出要点：从权力优先的观点看，国家有可能成为推动经济发展的强力因素。

最后，强化公众利益先于个人计较的责任感，有利于为政治权力合理化提供动机的基础。这方面特别明显的是1868年的明治维新，它将这种理性化发展带至一个新的水平。明治政府从许多方面实现了强有力的政治革新。显然民众的侍奉于公共的责任感才能保证维新活动的开展。相比较于中国，那里的改革之所以失败正在于缺乏这种责任感。政治的合理化对于经济合理化发展及现代化发展的重要意义，前面虽然已经指出，但后文中还要详细地讨论。

　　社会子系统之间的种种关系当中，显然宗教只是影响因素之一。讨论总要从社会模型的一个方面开始，然后再推及与其他分支各方面的关系探讨。我们的论证方式不能是片面的或单一因素的因果联系。不过，有效的方法似乎仍是先选择宗教这个单独的因素加以考察，然后才系统地扩展开去，寻求它的影响及其结果。日本这个现代化工业国家的崛起，是一个相当复杂的历史过程，尽管我们尚不能确定从量的方面看宗教究竟发挥了多大的作用，但只有先对其作一单独的研究分析，才能透彻地了解它对其他相关方面的作用与影响。

　　在后面一章，将对日本宗教作比较详尽的探讨。这样的讨论将揭示宗教与核心价值体系的关系，以及宗教之调控人们动机的方式。第四章讨论的是宗教与国家的关系。第五章则讨论宗教与经济的关系。在对一个宗教运动及其在社会如何展开作用的过程的案例研究之后，对于宗教在近代日本崛起过程中的历史作用，我们才能做哪怕是最粗略的评价。

注　释

1. 本章属于概述性介绍，其中罗列了我关于德川时代的全部阅读材料。此处不可能一一列出我曾参考过的文献，也不能对引述过的文献一一致谢。关于德川时代的一般性研究有如下这些：Somsom: *The Western World and Japan; Japan: A Short Cultural History*. Murdoc & Takekoshi : *The Economic Aspects of the Hostory of Civilization of Japan*, 3 Vols.,London, Allen and Unwin,1930. 所有这些搜罗了主要的基本事

第二章　德川时代的日本社会结构概貌

实，其中还有许多我参考过的文章与书籍（并未列出），它们都对那个时代做了全面或局部的讨论。至于有关这些材料的解说，鲁思·本尼迪克特（Ruth Benedict）和裴泽对我的影响可以说是随时随地存在的。如果观点得自这些作者，我会指明引文出处。但我肯定总会有所遗漏，存在未加说明的地方。特别要提及的是裴泽的一篇文章（The Small Industrialist in Japan），读到这篇文章时本研究已经完成。我非常清晰地看到该文对日本社会的各个方面的整体把握及对它们之间关系的清楚论述。这也是本章的开篇起点。它强调了日本政治权力的重要性。特别有意思的是它的两种分析：一种依据的是差别甚大的经验材料，另一种来自完全不同的理论前提。至于从社会学角度来说明日本，特别是对中国与日本的比较研究，我多得益于马礼巡·丁．李维（Marison J.Levy）的已经出版或尚未刊行的著作。

2. 对美国价值体系的分析，参见：Talcott Parsons："A Revised Analytical Approach to the Theory of Social Stratification"，in *Essays in Sociological Theory* (revised edition)。

3. 建议读者参考书中图 I，其有助于说明这些术语之间的关系。

4. "藩"是日本语所表达的"封地（封国）"的意思，常常也译为"族"。但这里它并无氏族或亲族的意思，只是表明地域概念。

5. 最能说明这点的是二宫尊德的弟子富田高庆的故事：一天早上，他离开家乡前往江户去某私塾求学。他听到后面有大脚步声赶上来。回头一看，原来是自己的母亲。他问母亲是什么事。母亲告诉他："你若求学不成，不必还家。"（Armstrong: *Just Before the Dawn*, p.153.）

6. 鲁思·本尼迪克特在其《菊与刀》（*The Chrysonthemum and the Sword*）中所说的话。

7. 这里的价值观分析方法用方阵配列显示。我们讨论的这些价值从根本上讲，并非无问题。我们使用的术语，广义上看，任何社会制度都有它的政治价值。但对日本社会而言，只有它才这么将政治价值放在第一位。其他社会中放在首位的那些价值，日本社会中也有，但仅居于次要的地位，并且常常受到政治价值观的支配。

8. 依塔尔科特·帕森斯教授的看法，这也许是因为用语不同的缘故。图I上的四个维度如果从时间长短来看，可以看作四个阶段。致力于目标达成的基本选择中始终存在着内在的紧张。它会导致对于整体性价值的强调发生周期性转移。这种转换的价值强调，我以为也可以在中国历史中看到。不过，在中国始终受到重视的是整合性的价值。如果有向目标达成价值的转移，似乎更像是临时性的。
9. 此观点可以见鲁思·本尼迪克特的《菊与刀》。
10. "町人"本义为"城邑中的人"，它可以指商人、工匠，但多用作商人的同义词。
11. 这四个功能性的子系统之间的关系联结，被认为是通过一种系统的"输入–输出"调节机制来完成的。即是说，每一个子系统均作用于其他的三个子系统。反过来，也会受到其他三者的影响。忠诚，就是相对于来自整合性或制度性体系的国家的输入项，而相应的输出项则是调节的作用力。
12. "外样"（指非德川家嫡系的诸侯），是德川家康取得"天下"以后才归顺的大名。他们全都不在德川集团的内圈中。对他们有种种的限制，不过还享有不向幕府纳税的权力。其在自己的领地上仍然享有自主权。
13. "幕府"字面的意义就是"帐篷里的政府"，所指与"将军家"是同一回事。
14. Seppuku 与 Hara kiri 是同一个意思，即切腹自杀。不过西方人熟悉的是后一种说法。
15. 第四章会详细地讨论"国体"。
16. 关于德川时代的税收制度，可以参见：Honjō: "Views in the Taxation on Commerce in the Closing Days of the Tokugawa Age". 依据他的估算，1842 年幕府的税收情况是这样的：农民纳税占 84%，武士纳税占 12%，町人纳税占 4%。
17. 对德川时代法律的有意思的讨论，可以参见：Henderson: "Some Aspects of Tokugawa Law".
18. *The Integration of Economic and Sociological Theory*, p32.

19. *Japan: An Attempt of Economic and Sociological Theory*, pp.441-443.
20. "大名"指藩国的领主。
21. 本章中后文会讨论到"五人组"。
22. 裴泽指出了建立本质上地位平等的各方面的互利信用和其他生意关系的种种困难。重要的商业来往，几乎没有例外地都与地位低下的商人阶级与高高在上的权力相关。这样的关系本质上就是保护与被保护的关系，很难看到有真正的生意上的伙伴关系。参见："The Small Industrialist in Japan"。
23. 这里我们需要再指出，阶级之间的差别相当大。我们在这里所谈的是上层阶级中的典型情况，但这种情况也会发生在武士或商人阶级中间。
24. 关于土佐地方的"乡士"，参见：Grinan: "Feudal Land Tenure in Tosa"。
25. 关于德川时代的地方制度，参见：Asagawa: "Noters on Village Government in Japan After 1600"; Simmons and Wigmore: "Notes on Land Tenure and Local Institutions in Old Japan"。
26. 关于大阪的政府结构，参见 Simmon and Wigmore 的上面所引书，第52页及以下。
27. 参见福泽谕吉《旧藩情》。
28. 这是裴泽的看法。
29. 关于町人的组织，参见胜部真辰的《石门心学试论》以及 Simmon and Wigmore 的同上所引书。

第三章　日本宗教概览

59　　　如本章标题所示，日本的宗教尽管有千姿百态的呈现，但如果说它仍然是一个整体显然是正确的。特别在德川时期，各宗教之间内容上也相互吸收，以至于这些内容都可以抽象出来，冠之以纯粹的一般性名称，谓之"日本宗教"。儒教与神道撷取了佛教形而上的哲学与心理学内容。佛教与神道又借用了儒教的伦理学说。儒教与佛教的日本化相当彻底。尽管具有强烈的同质性，但各教中的许多宗派都仍然声称自宗的学说教义与他派不同。实际上，各宗派只是使用了差别并不太大的语句来叙述实质极为相似的信条。其结果便成为这样一种状况：在许多情况下，各家宗教只是自说自话地讨论其宗教思潮。

　　　在着手描述性的材料之前，我们还需要对作为本书研究基础的宗教理论说几句话。笔者认为，宗教的最重要功能，是为社会的核心价值观提供某种背景性的意义，以缓和人们在社会环境中所感受的终极挫折，并应付价值观因此所受到

第三章 日本宗教概览

的威胁。这两大功能都引导人们的价值取向指向某种超越性体系。这一体系的特征也就正是它的终极属性。超越性体系为核心价值观提供了形而上的背景或基础，因而它实际上构成了核心价值的根本基底。它同时也是某种终极力量的意义之来源。在面对终极挫折时，它支持着人们的动机并使其化为现实。针对社会体系的那些威胁，在一定的限度内看，是不可能在现世中得以解除的。这就会导致社会紧张积蓄起来而不可能释放。然而，宗教的机制活动可以通过仪式、理性化解说、赎罪等行为而化解紧张。但如果这种紧张流于过度而不得化解，宗教体系自身的制度化过程便可能遭到破坏。旧的形而上的观念会让人觉得不能再为新的社会状况提供意义的说明，从而旧的力量来源也不能处理社会体系遭受的威胁。在这样的条件下，有关超越性体系的旧思想就会发生变化，新宗教组织就会发生，从而将宗教动机导向新的方向。这种环境中发生的变化，也有可能会部分地丧失其维系社会价值模式的力量，也不能发挥其补偿倾向以调节紧张。其进一步的结果便是社会更严重地失落，社会紧张更上一个台阶，最终也引起对非宗教性社会机能的损害。若超出一定的限度，这些发展倾向就会引起社会破坏；也可以继续发挥其机能作用，而其失范的程度和社会紧张都会更加严重，甚至有可能同上面我们说的相反，一个紧张的社会环境中虽然有变化产生，但未出现新的宗教组织，则可能导致旧的宗教制度得以加强。宗教努力维系原有的价值模式，调节社会中的紧张。

这种努力因此也就会转身为一些非宗教的子系统,而不只是消失。

后面的这种情况,似乎就发生在德川时期。实际上,当时并未真的出现宗教转向。因为回应社会的紧张,当时现存的宗教制度得以加强,所导致的结果便是宗教分流与衍化。这里所指的社会紧张,部分原因在于当时社会的阶级分化和复杂化变迁。本章目的在于介绍德川初期的宗教状况。接下来的两章则讨论宗教在德川时期发生的强化与分化。

本体基础

关于神灵的本体基础,日本宗教中有两种观念、两种看法。第一种指的是超越界的实在。他给人类提供食物、保护和慈爱。例如,儒教中的天地,佛教的阿弥陀或别的佛菩萨,神道的诸神,各地方的守护神,以及家庭中的列祖列宗。这个神灵范畴模模糊糊地涵盖着政治上的高位尊上者,以及父母亲。这后面的两类,至少部分地被认为是有神圣属性的。对待所有这些神灵之属,人们的宗教行为特征便是:尊重他们,为所受到的福惠而感恩,对其奉祀供养。[1]

第二种神灵的状况不太容易说明。也许可以说这些神灵是全部存在者的基础,或者就是实在的本质。例如,它们可以指中国人说的"道",新儒学中的"理"(通常它也可以译为"理性",reason),它也可以指"心"(即情感之心/heart,

或者意识的心 /mind）。从哲学观点的解说来看，它也可指佛教的"佛性"，神道的"神"。对这些神灵存在者的宗教行为，部分地是以感应形式而试图与之结合起来，或者与之同一。到达这样的境地，也就是同存在或实在的本质达成融合。下一节我们会讨论各种类型的宗教行为。

这两种神灵观，其间并无高下之别。任何一个宗教派别当中，都会有这两种神灵观的身影。它们相并存在，并不会让人觉得二者间有任何相互排斥。两种神灵观念之间的任何潜在冲突，都被真理可以化分为相对层次的理论给化解掉了。也许，第二种神灵观看上去要深刻一些。不过，也只有主张极端之论的佛教禅师，才会激烈地斥责前一类型的仙佛鬼神。另一方面，佛教的净土宗理论，则强调以一种并不排他的态度，而对属于前一类型的阿弥陀佛热忱献身。虽然如此，对于这些神灵的形而上解释的大门，却是始终开放的。这扇大门于是可以通往第二类型的神灵态度。在上述两个极端的神灵态度间，大部分宗教派别和宗教运动，都主张将两种神灵观融洽地结合起来。

这两种神灵观都影响到了日本人对待自然的态度。大自然被当作慈爱的和养育的力量。人们应该对她心存感恩之心。人们可以通过对某些自然景观的欣赏而达到对实在的颖悟，与实在的同一。自然并非外在于神的，而是与人神二者结合一体的存在。

人只是卑微的受恩惠者。无尽的恩惠来自神、自然以及高高在上者。若非这些恩惠，人将是孤立无援的。人又同时是"自然的"与"神性的"。人是微观的神与自然。神与自然是宏观的人本身。人是一个"微小天地"，他的内部包含了佛性、道或理，也可以称后者为真心或本心。心与理本来是一回事。显而易见，依据这里说的这些可以知道，人的本性就是善的。孟子关于人性本善的说法，是流行于德川时代的标准观点。不过，应当指出，说人性善，指的是根本的本初的人性是善好的。在实际生活中，人性可能因私心和贪欲的污染而变得晦暗。

无论是人、是神还是自然，都没有极度的恶。大奸大慝通常被认为并不存在。恶，被解释为或者相对性的，只是看上去仿佛不善，若放到一个更大的背景下，就算不上是真正的不善；或者它只是伴随日常生活而来的"摩擦"，或者是因我们的肉身存在而带有的未除尽的"沉重"。这些摩擦与沉重使我们偏离了自身真性的轨道。如果我们能够完全剔除自己的私欲，本然状态的自我便可以不受羁绊而得其所宜、得其所当。德川时期另一个流行的有关罪恶的观念与佛教的业报观相联系。佛教认为现世的恶来自前生积累的"业"。

这里所说的人、神与自然统一，与其说是静态的同一性，毋宁说这是紧张中的和谐。[2] 处在超越界中的仁慈的存在者，人对他有感恩的义务。但这种义务不是轻而易举的责任，它可能要求人们当下奉献，牺牲自己最深最大的利益，乃至生命本身。人同存在根源的合一，不可能在昏睡的失神状态中实现。它往往是日常生活中遭遇的突如其来的休克状态的结果。合一是某种意想不到的东西，它甚至不能说就是和谐的东西。它通常并不以教义宣说的形态出现，而是直接呈现其真实本相。日本人的艺术与审美，也往往是同某种意想不到的东西相关，这就涉及了高度紧张的某一瞬间——即对象在一刹那之间，完全以具体而个别的形式呈现出来那内在的生命。

日本的三大主要宗教，对于历史的态度都坚持认为"今不如昔"，即始终认为古代的情况比现今要好得多。对于儒教，它认为古代曾有圣王治世；对于佛教，则认为当今是污秽的末法时代，人们根本无法理会佛法教导。作为儒教竞争对手的神道教，则主张回到原始而质朴的古代，那也就是天皇统治的时代。佛教与儒教都宣扬某种历史循环论：光明之世与混乱之世永无穷尽地交替着在历史过程中出现。今天人们所处的时代只是治世与乱世之间的低谷时期。神道的历史观不算循环论的，而是直线式的单向的推移。日本主要的宗教传统中，只有神道教有它的创世说。虽然在形式上看它是很原始的神话叙述，但这个神话把日本历史当作神之意志的展开。而日本人的使命，就是在时间过程中通过历史展现来实现宗教目标。日本的日莲宗的历史观，采用佛教的叙述形式来呈现这种历史观。而在德川时代，神道教有多个运动，也都是这样来表述其宗教历史观的。[3]

以上是对基本的神灵观、自然观、人及时间等观念的扼要说明，这些说明可以当作后面讨论的引言。

从巫术到形而上学

本节将对德川时期以前的日本宗教发展作一简略叙述。这种发展显示出日本的宗教信仰如何摆脱巫咒之术，并通过哲学与伦理而获得理性化的发展。这么一种发展，是宗教动机适应于现实世界的理性化前提，它所改变的世界实则是非宗教的俗世社会。理解我们在此所作的交代，对下面的研究而言，具有头等重要的意义。

初期神道最为关心的也许莫过于生殖这回事。祈祷丰收、感谢丰收的仪式，是古代日本人年中行事的最重要的活动。那些在乡村中举行的男性生殖器崇拜仪式，就是为了以交感的仪式来增进生殖、达到丰饶。即令在国家祭祀大典的重要场合，人们所祈求的也仍然是人畜兴旺、五谷丰登，或者感激天神垂顾，赐给下界的人民以丰足的收成。以一份10世纪的名为《延喜式》的仪式祈祷文为例，它告诉我们，承担祭祀职务的是朝廷的中臣家。每年二月四日他都要主持京都举行的丰收祈愿。从这份给上天的祈愿文书，我们可以看到早期神道的特点。该文告说：

> 余在至高的五谷之神御前作此宣告：至高的神明，求汝赐下稻谷，每个谷穗都有多头。求汝垂顾，因我两臂汗珠滴下，因犁从我两腿之间泥土犁过，生出丰饶晚

稻。于丰收时余以酒樽赞叹，排列御前，感谢所赐再作赞叹……[4]

早期神道仪式中，许多奉献给神的文告，目的都在消灾弭难，祈求免除风灾、火灾、虫灾等，或者讨好和安抚鬼怪凶神。祓除和净洁的仪式在神道的宗教行为中占很大一部分。人们认为可能带来污染和凶险的，或者是触犯了禁忌，或者是居心不良，或者是对神有怠慢和疏忽，为了补救就必须通过举行祓除、斋戒，或禁欲或忏悔这样的仪式来除染还净，恢复安宁。麻风、溃疡以及"瘸跛聋瞎"之类的疾病，杀生害命、乱伦兽奸这样的事也都会造成污染，因此也都需要用仪式来祓除。若非如此，不能获得安宁与吉利。

从古代延续到现代的仪式，除了上面所说的祈求丰饶与祓除灾难的仪式外，还有其他的种种祭祀与祓除仪式。这些仪式都带有"原始的"性质。但在13世纪初，特别是那种以天照大神为崇祀目的，以伊势为中心的宗教活动，当中出现了一种新的思想。新的思想引起了哲学的以及伦理的理性化发展。无疑地，这种新思想的出现，是因为受到佛教的影响。不过它又并不仅仅是佛教发展的余波，而是神道宗教的自我改造和发展能力的体现。

显示这一观念发展的，是一部叫作《神道五部书》的文献。它的编纂者很有可能是13世纪伊势神宫的神官。它的部分内容可能早在那个时代之前就已经存在了。关于对神的供养，该书说，"神灵不贪图财物，他所希冀的是正直与诚实"[5]。对于清净，该书又认为"为善最为清净，为恶便是污浊。神不喜恶行，恶行不洁净"[6]。梦窗国师（1271—1340）曾经记叙自己的一次伊势神社之行，其时大约在《神道五部书》成书后不久。梦窗国师说：

> 伊势神宫，不许供物，亦不许诵佛经及念咒。余至伊势时，居停于外宫，值遇一神道祭服名弥宜（Negi）职者。余就此问其人，而彼答曰："凡有来伊势参拜者，无不是或外清净或内清净。外清净谓其进食不染，能谨守祛除仪轨，因此得清净。内清净谓其内心不着任何野心欲望。"寻常之人于神社供物，献上神乐等，心中所愿，无非从神得到加惠，此利求之心与内心清净两不相干，故其致此道之衰落如斯也。[7]

在这里我们看见以往对神的供献和祛除仪式，现在已经被赋予哲学与伦理的意义。这里说到的内清净，其中所含的人神关系，另外一位在14世纪也来伊势神社的参拜者是这么说的：

> 该神宫有一个植根深厚的习俗，其特别之处在于其不许携佛教念珠入内，亦不允许携带任何供物。（参拜者）心中不得怀有特别的祈愿。如是皆称为内清净。海

水中沐浴，洗去身体的污垢，此称作外清净。若人内外清净，其人之心便与神的心两无隔碍。若吾辈能与神合一，何须祈愿、何须仰求？吾于神宫闻此参拜真谛，不禁感激涕零。[8]

早期的神灵观，即直到近代还一直被人们奉守着的对待神灵的态度，逐步被后来的态度所取代。这后面的一种态度，便是我们前面讨论的两种基本神灵观当中的第二个类型。对此，14世纪的神道学者忌部正通在他的《神代中诀》（1367）中进一步这么发明道：

神（日本人称其为kami）之称号来源于"镜"（kagami）一词的略称。神之心明如镜，其本性便是无物不照。神心所行，无有偏颇，亦不能容忍纤微之尘。其在天为神，在自然则为灵，在人则为诚。自然之灵，凡人之心，若能清净，则俱为神矣。[9]

有了上面一番议论，我们要回过来讨论一部广为人知的德川时代的神道著作。它叫《和论语》，也即是《日本论语》。下面的引文中，可以看出这里也依然有两种神灵观，依据这两种观念，也有所谓内清净与外清净的说法：

神不喜不洁。即是说，心中不洁之人令神厌恶。

人心若诚直，便无不洁。此人虽不行祭祀亦为清净。

人于神前，至要莫过内心清净，不可只是形貌恭谨。神乃根本廉直忠诚，神之天谙，人之笃行。人生诚实欢喜，即与神间相符。

若人心净，无虑心中无神。时时感应，与神相随。[10]

与神道教相似，日本的佛教也经历了差不多的发展过程。尽管我们完全可以毫无疑问地宣称，从外部世界传入的佛教，从一开始就有不乏名副其实的学问僧人。他们完全地透彻地把握了深邃的佛学道理。但我们不能不说，佛教最初来到日本时，它多半还携带着巫术的性质。例如，7世纪的日本，多有佛教僧人作法祈雨的记录。《大云经》(Maha-megha-sūtra)就曾被认为是最灵验的祈雨的佛经。不仅天旱可以作法，对待淫雨久作，水涝为害，为求驱退洪水，佛教中也有相应的禳灾经典。此外，为了回应当时日本宫廷贵族的信仰要求，佛教僧人也会操作相应的法事，或求为他们本人或者亲属禳灾祛病，或求为他们延年益寿，或为已经死去的人祈福。每逢这种时候，和尚都要斋戒净袚，诵经祈祷。那些大型的法会，都有必须诵唱的特定经典，得要设立戒坛，选定方位，烧香礼拜，按照固定的念诵之法，连声音也有大小、刚柔的讲究。总之，非如此不能达到行法术的效果。那些大型的法会多半要用的经典是《仁王般若经》。此经的主要功用在于为国家祈祷平安与繁荣。其他的场合，遇有所谓三灾七难,此经也都是退洪水、止淫雨、除天花与霍乱等瘟疫的利器。《仁王般若经》还用在遇日蚀、月蚀、彗星、地震等不祥之时举行的禳解法会。凡有祛灾除难,还要有相应的积功累德的措施,比如大赦天下,从牢狱中释放罪囚,或者由朝廷批准一些有德望的人出家做和尚。举行法会的理由比比皆是,除了遭遇旱涝和大风的灾害,天皇或者皇家女眷久病不愈,都是举行法会的时节。[11]

在日常生活层面,早期佛教也往往为民众施符咒之术。此外,作为修持和增进功德,也会向某些菩萨特别地皈依,以取得他们的庇护。可以肯定的是,直到现代所有这些祈愿手段一直都在广泛地被使用着。但就日本佛教而言,巫术性的佛教在13—14世纪经历了明显的变化,结果在很大程度上摆脱了对于魔法的依赖。特别能够说明这一新的发展方向的是三个新生的佛教宗派。它们是禅宗、日莲宗与净土宗。

日本临济宗的创始人是荣西(1141—1215)。荣西法师的修证法,是让人们通过坐禅入定去了解自己的佛心。他认为离开了禅悟之法,其他的手段,无论烧香、拜佛、诵经或别的行法都是无济于事的。他主张,人的肉体并不足以表现或表达佛心。人只能通过禅定而证得自心——"佛在汝心中,自心便是佛",这是他的宣告。[12]

禅宗倒也没有把所有旧的宗教当作"破家什",它仅仅是认为旧的教法达不到效果,但并未主张要消灭旧的宗教。不过,在佛教禅宗的信徒中,从来不乏出身上层社会的天资高迈而富于战斗性的人物。正是这些人的努力,破除了旧的巫术或迷信,成为新宗教思想的决定性人物。

日莲(1222—1282)是日莲宗的创始人。该宗主张,只需要崇拜释迦牟尼佛这位《妙法莲华经》所盛赞和期待的现世佛。日莲宗认为,人若崇拜释迦牟尼以外的任何一位佛,不仅无济于事,而且还是实际上"弃真佛、背真教、行邪法"。以此为根据,日莲号召消灭其他佛教宗派。日莲的教义主要在伦理方面。他并不主张人们实行仪式或冥想坐禅,他认为这些都不是奉佛行道的恰当手段。他教导人们,对佛要有坚定不移的信心;他赞叹,《法华经》只需要念诵一个简单的句子;他认为《法华经》高于其他的任何佛教经典;从某种意义上说,《法华经》就是释迦牟尼佛。他说,人若奉佛教,最重要的是要做到"礼敬国王、法师和父母"。[13]

从许多方面看,净土佛教的各个宗派都可以认为是佛教中最激进的源流。其发展的总方向就是摆脱咒术迷信以及那些鄙俗的仪式。亲鸾(1173—1162)是净土真宗的创立者。在所有净土宗派中,亲鸾在否定巫术之法的路上走得最远。净土真宗不仅是日本最大的净土宗派,也是日本最大的佛教派别。以下我们专门谈谈净土真宗。

这个宗派的教义核心,就是宣称唯有归信阿弥陀佛才能获救。亲鸾说:

> 信心有二根本。一是深信自身有罪,若非去除罪行

不能得解脱；二是将无依无怙的身魂完全匍匐在阿弥陀如来圣力之前。至心诚恳坚信弥陀四十八愿：但有众生笃信彼佛不疑不惧者定当得彼救拔。如此，罪魂一定能够往生彼佛净土。[14]

只需坚信弥陀，一定可得往生。除此之外，一切仪式、咒语，一切对他佛的皈依都属枉然，绝无功效。亲鸾又说：

> 欲知世间退堕每况愈下，但看今日之僧俗不守佛法。彼诸人等外现佛法，内实信奉伪教。
> 彼之追求吉辰，礼拜天地鬼神，看相测字，卜知吉凶，行诸符咒，一何可悲！[15]

因为强调"唯有信心"和"恶人亦得往生"的信念，他把以往的佛教禁戒都变成了迷信。他取消了佛教中僧人不得婚娶的禁戒，放弃了佛教僧侣不食荤腥的戒条。结果，以往备受佛教质疑斥责的行业，现在成了无罪无过的清白职业。亲鸾说：

> 世间之人，若在海河撒网垂钓度世，若在山野狩猎捕鸟为生，或以经商耕田过活，都只因前因所致（完全不碍从事这种行当的人也可以凭一念正信而得往生净土）。[16]

净土真宗的二祖往往被认为是莲如上人（1415—1499）。因为他对该宗的发展做过巨大贡献。莲如大大地推进了亲鸾的事业。莲如是反对修习苦行的，他也反对参禅打坐。他认为那些都不过是徒然的作为，只会给人心增添胡思乱想的机会。他主张在日常生活中贯彻儒教的伦理观，要求真宗信徒应该外则服从国家，内则完全皈依弥陀。莲如不许信众膜拜神道教的诸神。因为他的强烈主张，直到今天真宗信徒的家中仍然是不设"神棚"（kamidana）（神龛）的。

这里我们只需对儒教简单提及。在中国，此前数百年，它就已经同上面所说的真宗或佛教一样，经历了类似的理性化过程。阿瑟·沃利（Athur Waley）把这个过程称为由"占卜－祭祀"阶段向"道德"阶段的转变。这一转变过程开始于公元前4世纪，或许更早些。真正完成这一转变的是儒家的荀子（公元前298—公元前238）[17]。因此，就日本而言，最先传来的儒教就在伦理上影响了日本社会。以后，当朱熹（1130—1200）的新理学出现后，禅宗僧侣们把朱子学和别的思想都介绍到日本（这一过程的起点在13世纪）。因此，儒教也影响到日本的哲学、心理学等。在德川时期，儒学盛极一时，新理学的哲学传遍全国。不用说，与这样的庙堂之学相对应，日本民间的民俗信仰也都深受中国的道教和其他民间宗教的影响。

我们在这里所说的理性化过程，意味着这一过程，使人们的宗教行为进一步适应于更广泛的社会背景，而不是仅仅满足于宗教本身的几个因素。在早期,处在巫术阶段的宗教很少顾及伦理的或玄学的一般意义。因此,人们的宗教行为也就仅仅表现为一堆零零碎碎的、常常是自相矛盾的规定与禁忌。所有这些规定与禁忌,都具有自命的强制道德合法性,而与普遍性的宗教义务没有关系。以下我们要仔细地审查相对来说高度理性化了的宗教。然后,我们将厘定这样的宗教行为与别的社会领域中种种行为的关系。

宗教行为的主要类型

前面我们已经说过巫术性质的宗教类型,其传统的信仰行为,始终存在于整个日本历史中。像西方的基督教新教运动那样挣脱旧的传统,在日本这是不可想象的事。虽然净土真宗也是某种新的宗教运动,已经可以算是这方面的极致了,但它也没有同过去的传统完全决裂。从许多方面看,真宗的宗教仪式属于理性化发展的类型。不过,我们的目的并非要进一步挖掘巫术型的宗教行为,虽然我们在后面还会一再提及这样的行为。这里我们所关注的,仍然是与前面说过的两种宗教神灵观念相联系的行为类型。

如果把神当成仁慈的超越性的存在,那我们可以认为,与这种仁慈之神相关的宗教行为就属于报恩类型的。神用某种方式施"恩",而人们的宗教行为便是报答这种恩惠的形式。

"报恩"的说法最初来自佛教。在中国,六朝之前显然还未有"报恩"一说。佛教传播开来以后,才有这样的观念。"恩"的说法,《礼记》与《孟子》都数次出现。而从《论语》和《礼记》中可以看到类似的说法,那称为"报德"。报恩之说似乎自佛教而兴,算是佛教伦理观的重要内容。它强调的是对善意的回馈。早期佛经《增一阿含经》引佛陀的话:"所谓恶人者,谓其不知感谢。心中不记别人对他所做的好处。心中不怀善意,不知作报。"[18]《增一阿含经》中还有一段非常有意思的话,它显示了"惠"起初同"孝"是相关的。因为它认为"恩"并不是完全可以报答的:

> 若复比丘,有人以父着其左肩上,以母着其右肩上,至千万岁,衣被饭食、床褥卧具、病瘦医药,即于肩上放于屎溺,犹不能得报恩。[19]

《大乘本生心地观经》(*Mahayana-mulajata-hridayabhumi-dhyana-sutra*)(《南条文雄目录》,第955号)中佛陀宣讲了佛教徒应该要报四重恩:父母恩、众生恩、国王恩以及三宝(佛、法、僧三者)恩。

有关"恩"与"报恩"的说法,在日本佛教中非常醒目。尤其是那些出现在12—13世纪的"改革"的佛教宗派运动,对此尤其强调。13世纪的日本禅曹洞宗的开山祖师道元,在给弟子的《手引书》(指导手册)中这样说道:

我等诸人，今日能见佛智、能闻佛法，全因前代祖师之慈悲，肯把教法施舍于我等。若无祖师放手施法，我等诸人何能有今日？以是我等当深心铭谢祖师之一言一句之法。不惟如是，当回向无上大法之慈悲。同雀不忘恩谢，三师相续莫过此证。溺龟不忘恩谢。养父之印莫过此恩。禽兽尚且知感恩，而况为人乎？[20]

　　日莲在其《报恩抄》中主张，伦理之最高意义，即是人生意义。人生于世，要知恩报恩。他相信，人世间之真正社会秩序，便是始于世间人能够报四重恩[21]。在其《开目抄》这部大书中，目莲圣人自《法华经》中引了下面一大段：

　　世尊大恩，以希有事，怜悯教化，利益我等。无量亿劫，谁能报者，手足供给，头顶礼敬。一切供养，皆不能报。若以顶戴，两肩荷负，于恒沙劫，尽心恭敬。又以美膳，无量宝衣，及诸卧具，种种汤药，牛头旃檀，及诸珍宝，以起塔庙，宝衣布地。如斯等事，以用供养，于恒沙劫，亦不能报。(《法华经》卷二，信解品第四)[22]

　　如此的感激之情也反映在净土真宗的会众唱赞中："无尽大劫，粉身碎骨，犹未能报，佛大恩源。"[23]
　　所有信奉阿弥陀佛的净土宗派中，真宗高唱：

>……愿以此身为器，长作供养，以谢佛恩。此生用供具，长随弥陀求。[24]

儒教中也有许多人主张报恩。他们的报恩观同尽孝的责任相联系，但也会追溯到形而上的理学本体上。例如，贝原益轩（1630—1714）这么说道：

>人为万物之灵，对天地宇宙应怀感谢其大恩之义。以是，人之所应为也，今生此世当中，自当孝事父母，敬畏天地。非此无以能报恩养之德。[25]

持此同调的还有更早一点的中江藤树（1600—1648）。他说：

>凡为人者，就应知恩图报。孝亲之行就是报恩之一端。乌鸦有反哺之谊，羊羔有跪乳之恩。孝为百善之先。吾人若忘忽孝恩，此心为私欲所蔽，善德因之隐而不彰，其人亦堕失于暗夜中矣。[26]

要进一步显明日本人关于"恩"及"报恩"的宗教思想，还可以引述许多不同时期不同教派中的运动。但为省去不必要的重复，我们还是以二宫尊德（1787—1856）的一段话作为总结。它可以视作完美的报恩观的总结语。

我之教人，主要在让人感恩报德。若问：何以吾等要须如此？我告之，吾等唯此才能从天地人领受深厚恩惠。天之恩惠，在其赐吾等以日月之光。日出日落，四时代谢，一切生命生长、发展与衰亡。上天之恩德呈现于吾等，其所示现，或此或彼。大地恩惠所显，在草木生长，五谷成熟，在鸟兽和鱼类之蓄养。人之恩惠显示，在于圣贤于吾等教诲之，君王于臣民统驭之，官宰对人民保护之，农夫以作物于社会奉献之。吾辈生存于此世间，无不仰赖于天地人的恩惠。因之，吾辈于此世间之第一当为者，便是回报亲受养育之大恩。人之恩谢，上至君王，下至农桑力作。感恩之心无时可以懈怠。[27]

报答仁慈的超越界的恩惠是一种宗教行为。其前提便是承认人类自身的软弱与无助。只借着仁慈的神，人才能在世上生存下去。人类得到的恩惠，远远超出他所能回报的。相比较于所得恩养，人的报答只是微乎其微。只有借着完全的献身而感谢，人才能确信自己仍然享有神的恩惠与看顾。在某种意义上，相信自己虽软弱会得到拯救，但又深信自己不足以偿还神恩，因此人永远都只是负债者。这样的理论，其实在深度底层下面就是原罪观。它所呈现的只是人性中的根本缺陷。这一缺陷除非得到来自上面的干预，是依靠人自身无法解决的困境。就此弱点而言，可以说人类是相似的。若自其他方面来看，人与人是各不相同的。有趣的是，我们都意识到所谓"恩"的理论，起于超越性的在上者，最终竟然是落实在政治体系中的。在上的神与社会体系中的父母、君王竟然是同一的。政治上的最高存在者，竟然与超越的存在者，在其内涵和意义上是等同的。这样的同一会有什么意义，我们后面还会讲到。

前面说的第二种类型宗教行为，目的在于达到与最高终极者之神的合一。所谓最高的终极，可以是"道"，也可以是别的任何大神。第二个类型还可以再加区分，成为两种，一是通过个人的修持或体验达到与神合一。这种修持方式主要是自现世退隐。达到合一，需要通过一系列非常细密而繁琐的技巧，诸如调息、冥想与坐禅之类。它认为只有完全地放弃自我，投身于对生命的"纯粹体验"，等待某种爆发性的颖悟在意想不到的时刻来临，才有可能实现这样的"合一"。从理论上讲，这样的修持方法用意似乎是要完全抹煞本体意义上的自我存在。取消主客观之间的二元对立。合一还有一种方式：主要通过积功累德的伦理修行，亦即慈悲善行——"慈爱的作业修为"。这样的工作是在现世中完成的，因而不是隐退的。这里的伦理行动也许同某些特定的慈善活动相关，或者也可能只是为了寻求未来的美好人生。从理论上看，这样的修行手段似乎是要取消自我的存在。它想要抹掉自我与他人的区别与对立，也就是克服私我的存在。

冯友兰在谈到早期中国哲学时，曾经做过这样的分别。他认为庄子代表了道家思想，可以是第一种态度；而孟子代表儒家思想，成为第二种态度。[28] 查尔斯·艾略特（Charles Eliiot）也对日本禅宗做过这样的分别。他认为曹洞宗：

> 非常强调精神生活的道德性及善行的必要性，而临济宗则以不甚严厉的态度看待非道德行为。临济宗师认为达到顿悟，精神自觉固然重要，但善好的来生也值得追求，人生并不意味只是争取觉悟证道。[29]

这两种不同的宗教行为态度，也可以在日本看到。稳妥的说法是：前一种方式旨在通过认识体验而与实在合一。它在上层统治阶级中仅有有限的影响。而第二种方式主张通过修善积德而达到合一。第二种方式的社会影响力要更大。它从上到下渗透进了各个阶层。实际上它同前面一种修行方式也有密切的关联。这种联系的基础便是"恩"的理论。

孟子所说的"存诚合一"，应该就是这种神秘的合一的宗教行为的主要根源。孟子认为，自我与"诚"的合一，其所依赖的就是发挥种种善端的行为，或者可称为"仁爱"流露的行为。孟子在远东的影响极大，无论如何强调都不过分。至少宋代以降，他的思想地位就一直是这样的。德川时期在有"文教的"日本人中没有不熟悉孟子的。因而孟子是这一时期的思想起点，也是这之后的思想继续。直到今天，对日本而言，孟子仍然是有分量的思想家。

按冯友兰的解释，孟子的所为"浩然之气"，是那些完全实现了神秘合一的"大人君子"的精神品质。我们不妨读一下孟子本人对这种精神力量的描写：

> 其为气也，至大至刚，以直养而无害，则充塞天地之间。[30]

进一步他说到这个气如何发展：

> 其为气也，配义与道。无是，馁也。是集义之所生者，非义袭而取之者也。[31]

因此，儒家的道德自我修养实践，也就可以视为我们在上边说到的第二种类型的宗教行为，即通过伦理修养而达到合一的那种模式。在孟子的学说中，我们已经见过了这样的观念：人之本心与天地自然本来就是同一的。其所需要的不过是启发和培植，使其最终能够达到同一。因此，孟子说：

> 尽其心者，知其性也。知其性则知天矣。存其心养其性，所以事天也。夭寿不贰，修身以俟之，所以立命也。[32]

上面的思想在宋代的新理学中得到进一步发展。新理学吸收了佛道两家的观点，完成了自那以来便在远东地区有着强大影响力的那种意识形态。冯友兰曾经总结宋代新理学大思想家程颢（1032—1085）的主张，他说：

> 依据程颢，人从根本上就与宇宙是一体的。不过因为其执有私我而有缺失。因此，精神修养的目的就在于消除私欲的樊篱，复归其与天地同体的状态。[33]

所谓精神修养正在于培养古典儒家的德性。按程颢的说法，实现以下的功夫，就达到了与天地宇宙同体：

> 学者须识仁。仁者，浑然与物同体。义礼智信皆仁也。识得此理，以诚敬存之而已，不须防检。[34]

在日本，儒学分为朱子（朱熹）学与王阳明（1472—1529）之学。两家都主张精神上的自我修养。但其具体的实践路径不同。这是我们前面已经提到的。两家路径不一样，其间的争论也比较有意思。但由于与本书的主要论旨不太相干，所以我们只好忽略不论。这里，我们只是强调朱王两家的共同处，即为了达到与天地万物同体而坚持道德自我修养的主张。

当然，两种基本类型的宗教行为并不只是存在于日本的儒教中。可以肯定，在整个日本思想界中，其他的所有宗教也都可以观察到它们。从上面我们引用的语录，特别是神道

教神学家的话中,我们都可以清楚地看到类似的思想。下面我们再看看17世纪那些有名的神道著作是怎么说的:

人心就是神的居所,不要以为神住在离我们很远的地方。人若诚实,他就是神。人若慈悲,他自身即是佛。须知,若自本心本性而言,人与佛神无二无别。[35]

同样的思想,还可以从一个家喻户晓的说法中看到。它出自德川时代的武士伊势贞丈(1714—1784)的家训中:

如果人心正直诚实,即令不信鬼神,也会得到神灵的护佑。故谚语有云:神之所居在正直之人的头上。人心若不诚直,则不能持五常之德。若是,纵然求神拜佛,必不得神佛加护。不唯不如是,报应也即时现前。[36]

因为私心遮蔽了真我,致使我们不能达到等同一如的状态。因此,战胜私欲是一个需要长期努力的自我修养过程。在这方面最终取得成功的只有圣贤之辈。至于一般人,去私欲是一个无限接近的过程,很难绝对做到。然而,这就跟人们履行报恩的责任义务一样的。人的去私复明的功夫,是一种不可动摇的义务,其不应因为任务艰巨而有退缩。这一点正是鼓动日本宗教修习行为的强大动力。

我以为有意思的地方还在于:这里我们说到的两类基本

的宗教行为模式，不仅是平行的，还是相互补充的。这就像是一枚钱币的两面。前一类型与"恩"相关，其焦点集中在个人与对象的关系上。第二种类型关心的是道德的自我修养，即个人的内在自我人格的养成。对这两种类型而言，私欲都是罪恶的。外在地看，它要么破坏了报恩义务的适当性；内在地看，它破坏了内心的真正和谐。从另一面看，无私的献身可以建立起同仁慈的超越者的"完美"关系，同时也让个人与超越存在者完全地融合起来，个人消失在神性中间。通过这种合一，人之内在本性得以完满实现。这里的根据就是人在本质上与神就是根本同一的。

必须记住，这两种类型的宗教行为模式，都要求人在现实中采取积极主动的行动。即令在中国，有的时候新理学显得过于寂静主义，偏好静坐与冥想，侧向于某种静止状态的和谐。但在日本，那里的儒教却是另外一番景象。日本的学者显得更加具有活力与干劲，他们谴责任何形式的寂静主义。本书在后面将要论证和显示的，正是日本的宗教实践理论中包含了怎样的行动性。

宗教与俗世

这一节文字不妨仍然以"报恩"为例，作为某种议论引导。先接着前面第71页（本书边码）引述的语录。曹洞宗开祖道元禅师关于报恩的法语如是说：

为表示感恩之心，人不必凭借虚头假脑之法。每日的行止、坐卧、威仪就可以表现人的恩谢之心。此即所谓的理之不离日常人伦，亦不废私欲。

还可以引用真宗的一段话来补充说明道元法师的意思：

佛心时时事事显现。它显示于父母身、兄弟身、妻子儿女身、亲友之身，以及国家社会人伦之中。佛世尊以一切方便庇护我等，养育我等，坚固我等，教育我等。我等所负的深恩大德，不仅导我等往生净土，亦指导着我们在今生此世中的每日每时的行为。此所以说我等当报佛之深恩大德。愿诸众生如我辈，亦持不忘今世缘。礼敬爱念诸佛世尊，竭诚奉献信实尽责。为兴佛语，为隆家国，为益世间，以报弥陀大恩千一万一。铭怀恩谢，服侍人天，身为佛子，莫虚此生。[37]

争取获得"正智与真知"是第二类型的宗教行为目标。实际上这一追求，与上面所说的佛教徒应实行的要求，相去也并不远。德川时期的一位儒者，叫作室鸠巢（1658—1734）的，这么说过：

读书学法，寻问于举止言谈之琐事中。此即是真知识。真的知识，始于行止得宜。圣人之道无远乎日常人伦。忠孝、节义都在这个习问之间。人的行止、坐卧也都不离这个本分。

以上所引说明，这样的见解，都是德川时代人们的常识。当时的宗教行为，无论是出于报恩动机，还是希望寻得所谓正知见，都只是在履行人在此俗世间的责任。相对于人们的伦理义务，仪礼、祈祷或者坐禅都只是第二位的东西。按前面我们所引述的语录，诸如此类的行动，相对于终极的宗教责任，都是暂时的权宜做法。日莲对他的武士弟子曾作过这样的开示法语，这应当是很有说明性的："把你每日服事主君的工作，当成《法华经》的修行吧。"[39] 不过，有一种倾向，它认为道德责任只是人伦义务。只有将宗教的超越性赋予它，它才是具有"宗教性的"行为。《和论语》中有这么一段话，显然就是这样的观点：

尔等诸人，无论贫富贵贱，若求天地拜鬼神，首当孝顺父母，尽尔孝心。神有在内者，有在外者。人若不能服事（家中）内神，只求家外之神者，必不得益。[40]

还有一种倾向，努力地要把我们说过的这两种类型——宗教的与伦理的，合并到一起。这里我们可以举出一个不免极端但颇有意义的例子。它是中江藤树对于"孝"所作的宇宙论解释：

"孝"作为神之道，远在天地未判之前。天地人三，皆含容于孝当中。孝若不存，则无春夏秋冬、雷霆雨露。仁义礼智，孝之纲目也。[41]

孝之寓于天地民，若灵之寓于人身。孝之所运，无始无终。离孝道则无有宇宙万物。大千世界因孝道而得赋万形。人生天地之间，其相虽微，亦表征天地。得孝之所赋，成身而有神，因行孝道，实成生义。[42]

只有真正懂得孝道，才会实现天地自然与人的合一：

探求事物的根源，吾等可以知：吾人之身体受之父母而不离于父母；父母之身体亦受之于天地神灵；天地神灵亦自宇宙而生，因之，吾人之身体亦与天地、人民、神灵本来一体。深明此理，循理而行，即是从道顺命。[43]

圣若破除自我，行孝道实为最有力之利器：

吾人近恭自省，原其根本，虽有无知邪曲，但仍不失纯净。吾人受教：不孝之行，致陷地狱之苦，当为万恶之源。又说，我等身体心魄受之于父母，若有毁伤，非止自伤身体，实乃害父母血肉。

人类的种种邪谬，无不因"自我"而生。人有诸多执念，或言"此是我之身体",或言"此是我之所有"。唯有孝道,最能灭除自我执念。

上面所引的这些材料,其之所以让人读来感觉有意思,主要因为它显示了"孝之宗教"的完整神学教义。而这样的教义成分正好是我们在上面讨论的一般宗教体系的内容。但这样的宗教竟然不必一定与宗教、神社和寺院相联系,因为它实际上是一种家庭宗教。对这样一个德川时代的家庭(家族)宗教,我们确信这才是当时宗教最活跃的部分。

中江藤树在这里所谈的这个"家庭宗教",当然不能视为典型的精神信仰。它突出地表现了玄学的复杂性与显明性。中江虽然揭示了潜藏于这个宗教中的精神实质,但真正能够领会这一精神实质的,也只有他的同时代人。江户时代普遍存在的这种家庭宗教,其实也可称为祖先崇拜。当时的每个家庭都供奉有两个神龛——神道与佛教两家的神位。除了佛像和别的象征物品,在佛龛中还有祖先的牌位。每天早晚都要在佛龛前举行简单的敬拜仪式。这样做的目的是不断提醒家中的全体成员,其家族谱系的神圣性,以及成员的责任与义务。本居宣长(1730—1801)曾经写道:

> 不要忘记你的祖先世代以来给你的护佑与慈爱。我们的父母以及父母的父母便是我们家族的神,也就是这个家庭的神祇。[46]

从列祖列宗到父母双亲不过一步之遥。本居又写道：

父亲与母亲是家族的神，是我辈的神，为人之子，理当爱敬和礼拜他们。[47]

我们在前面已经指出，"孝的神学"意义显示，孝本身便是达到与天地自然合一的手段。与此相似，以"恩"为基础的孝道论在当时也是家喻户晓的。人们常说，人对于自己父母应尽的责任"比天高、比海深"。但这种责任是不应指望报酬的。平田笃胤（1776—1843）曾经说：

做儿女的应当赡养父母。如果说这是因为出于爱意，那么这种说法实在无理。谁生养了他，谁养育了他成人，谁使他成为能够赡养父母的人呢？还不是父母双亲吗？好好地思考一下吧。父母养儿女，其恩情是无由回报、无由答谢的。父母养育儿女也不会想要回报。出于深心挚爱，父母赐其身体、养育其人，其大恩爱，远远不止十倍于儿女的感谢与赡养。[48]

家庭不仅是祖先崇拜的中心，也是人们经常敬拜神灵的场所。我们已经注意到，多数的家庭都有神道和佛教的神龛。与列祖列宗一道接受敬拜的是神佛两个系统的神灵。几乎每一家都有从伊势神宫请来的太阳女神的灵符（称为"大麻")。因而,实际上,每一户人家都在小规模地供奉了天皇家的祖先女神。除非是重大节日全家出行,通常人们都不去神社佛寺朝拜。平时有这样的需要,总是一家之主代表这家人前往神社佛寺去参拜。平时大众中的宗教宣讲活动是普通常见的事。讲经说法的集会随处都有。可以设想,请神降仙的咒术法会也不会少。

除了"孝的宗教",还有"忠的宗教"。事实上,它有时就是指的武士道。"忠"所体现的是武士的身份伦理原则。下一章中我们会讨论武士道。忠诚之作为一种远超出其他宗教责任的强制义务,可以从下面的这个事实看出来:

有佛教僧人起事以反对三河的德川家康。其时有人还在犹豫,不知道是不是要追随这些和尚起兵。但有一位叫土居长良的武者,手执长矛,突入敌阵,大声喊道:主君之恩昭然且近在咫尺,佛祖的惩罚幽暗而遥远。哪怕我等最终会陷于地狱大火,何不当下救主君脱于逆贼之手?主君若有缓急,而我等不能输诚,便失人之本分,沦为禽兽……尔等反贼,快快纳降,求我主君,免汝一死。[49]

忠于主君是家族宗教的基本信条之一。孝,不可与忠相抗衡,只能是对忠的补充。有人质问土居长良,身体受之于父母,不敢毁伤,所以不敢参加战斗。长良回答道:人之秉义尽忠的责任远甚于保护自己的身体。因此，若有需要，人可以为主君赴死。这样的死就是真孝。从下面一段日莲的话，我们可以看到，归根结底，孝其实也是一种忠。

　　……若有为父者反对国君，孝子理当背弃其父而追随国君。这才是真正的大孝。[50]

结论

　　第二章所述，在于厘清日本宗教与日本价值体系的密切关系。上一节已经清楚勾画出这一大致轮廓。我们已经看到了两种类型的宗教行为。它们主要分别联系于日本的佛教与神道，但又共同地加强了两个核心价值观——重视人在世上的功业成就，同时强调特殊主义的人际关系。两种形态的宗教行为，最终建立起对待神圣的尊上者的特殊主义性质的关系。其坚持主张唯有高度履行对尊上者的责任和义务，才是正当的宗教实践，才能得到拯救和解放。佛教与儒教的思想，提供了两种宗教行为的形而上的基础，也提供了有关人性与神性的本质观念，并赋予社会核心价值观以某种终极的意义。它们许诺了最终的解脱或者觉悟。只要坚持了这些价值观，生命的意义就能够战胜终极的挫折。如果不能坚持这些价值观，人自然也就陷入了私欲的深渊，从而永世堕于沉沦。很有可能，正是因为有这两种宗教行为方式，这样的核心价值观才第一次得到非常清楚、非常简明的表述。我们此前对这些的说明，都关系到这样的时代。我们在这里所想表达的意思是，德川时代的宗教行为，加强了当时社会的核心价值观。

那个时代的神灵观念，将神视为仁慈的、仁爱的超越者与尊上者。据此神灵观，我们认为，规定了德川时代宗教价值目标的是对功业成就和特殊主义人际关系的肯定。神对那些与他保持着特殊主义关系的人，都特别地给以慈悲和仁爱。因此，人与神之间的关系就是相互性的：眷顾与尽忠、施恩与报恩。那种把神视为天地万物一切存在之基础的观点，是用特殊主义的价值观及属性来定义宗教。宗教的目标并不在于（当下的）"行动作为"。事实上，它并不真的是什么目标。因为宗教要达到的东西是超越了主体与对象（目标）的，它是自我（self）与宗教行动者可以实现的同某一他者（other）的合一。功业成就之标准是预设在实现这种同一的过程当中的，但也许因为第一种类型的神灵具有的强大影响力，所以功业成就才特别地受到强调。无论如何，第二类型的神灵观念显示出整合性价值在日本价值体系中的重要性，同时它还说明对个人意志的某种形式需求，实际上超出了对功业成就本身的期待。这本身也许就是特殊主义的成就模式中的内在紧张的必然结果。

几乎毋庸置疑的是，本章中所描述的这种类型的宗教，从其效果而言，会产生强制性的实行力，为日本的制度价值提供强大的动机效能。这等于是以另外一种方式来表述宗教加强了特殊主义和功业成就的价值观。作为一个实例,这正是我们在宗教与忠孝的关系上所观察到的东西。如果要做正式的表述,我们可以这么说——宗教加强了从动机体系向制度体系的模式一致性的输入。

在第二章中间,我们已经看到了,社会的各个分支部门都服从于不同的紧张形势。武士、商人与工匠各个阶级有各自的问题。因此,联系到宗教这方面,各个阶级的紧张反应形式不同,就没有什么值得惊奇的。宽泛地说,每一个阶级都会有自己的身份伦理,也就是适应它自己社会状况的核心价值体系形式。德川时代的宗教和伦理运动,就是对这些阶级伦理的条规或者形式化表述,在这一过程中也就引进了新的活跃的成分。当然,某些更重要的新的思潮是跨越各个阶级的。不过我们在前面已经指出,这些新的宗教运动的主流方向,并不是抛弃旧的形式而以全新的方式来表述自己,而只是采取一种更有力、更为激烈的形式,来对旧的价值观念重作表述。受到这种重新表述的影响最深的,是政治与经济这两个领域。因此,我们的后面两章,就要专门讨论德川时代的宗教与政治,以及宗教与经济之间的关系。在进行这些分析时,最主要的脉络便是勾画不同阶级身份伦理,并对主要的宗教伦理运动做总结性的叙述。

注 释

1. 这一段落提到的神祇，像儒教的天、神道的诸神，从性格上讲，不全是养育性的。但在德川时代，他们却都被认为是慈仁养育的。
2. 紧张中的和谐，是裴泽提出来的观点。他的用意在于取消和谐的这一概念中隐藏的僵硬的和谐观。日本人的和谐观中，和谐不是静止的东西，而是运动的。阿尔伯特·克雷格不赞成把和谐当作名词，而以为它是形容词性质的，具有心理方面的含义。他认为日本人的和谐观没有这一层含义。事实上，日本人的和谐观是强烈地排斥动态和谐的。在未找到更为准确的用语以前，我们决定姑且保留这一词语。但提请读者注意，将任何心理学意义上的紧张或焦虑从这个词可能的内涵中剔除掉。
3. 这种历史观无疑在早期日本神道中并不存在。它只能是中古时期的产物。而它的发展则在江户时期。
4. Shatow：*Ancient Japanese Rituals*,p.20.
5. Holton：*The Meaning of Kami*, p.43.
6. 加藤玄智：《神道研究》，第 163 页。
7. Sadler: *Saka's Diary of a Pilgrim to Ise*, pp.10-11.
8. 同上书，第 48 页。
9. Holton，前所引书，第 5 页。
10. 加藤玄智：《和论语》，第 67 页。
11. 此段文字中的大部分材料均引自：De Visser: *Ancient Japanese Buddhism*.
12. Coates and Ishizuka: *Honen, The Buddhist Saint*，p.vi.
13. 关于日莲，参见姉崎正治的"日莲·佛教预言者"。
14. 中井玄道："亲鸾和他的净土宗教"，第 11 页。
15. 同上书，第 115 页。
16. 藤本龟教（译）：《叹异抄》，第 22 页。
17. Waley: *The Way and Its Power*, pp.20-25.
18. 橘：《佛教的伦理》，第 232 页。

19. 同上书，第 222 页。
20. Lloyd: *Development of Japanese Buddhism*, p.461.
21. 里见岸夫:《日本的文明》，第 181 页。
22. 江原（译）:《开目抄》，第 39 页。
23. 内藤莞尔:《宗教と经济伦理：净土真宗と近江商人》，第 268 页。
24. Elliot : *Japanese Buddhism*, p.383.
25. 石川谦:《贝原益轩の思想と理论》，第 268 页。
26. Fisher: "The Life and Teaching of Nakae Tōji," p.42.
27. Armstrong : *Just Before the Dawn*, pp.175-176.
28. Fu Yu-lan（冯友兰）:《中国哲学史》(英)，卷 1，第 130 页及以下诸页。
29. Elliot, 同上所引书，第 284—285 页。
30. 冯友兰，前所引书，卷 1，第 31 页。
31. 冯友兰，前所引书。
32. 冯友兰，前所引书，第 129。
33. 冯友兰，前所引书，卷 2，第 520 页。
34. 冯友兰，前所引书，卷 1，第 521 页。
35. 加藤玄智,《和论语》，第 12 页。
36. Hall, J.C. : "Teijo's Family Instruction," pp.139-140.
37. *Anon, Principle Teachings of the True Self of Pureland*, pp.86-88.
38. Knox: "A Japanese Philosopher," p.61.
39. 里见岸夫，同前所引书，第 108 页。
40. 加藤玄智，同前所引书，第 10 页。
41. Fisher, 同前所引书，第 40 页。
42. 同上书，第 41 页。
43. Knox: "A System of Ethics, An Abridged Translation of Okina Monto," p.102.
44. 同上书，第 349 页。
45. 同上书，第 103 页。
46. Kirby: "Ancient worship in Japan," p.238.
47. 同上书，第 246 页。

48. 同上书，第244页。
49. 文部省:《日本教育史》，第69—70页。
50. 江原，同前所引书，第61页。

第四章　宗教与国家

86　　在整个理性化过程中，日本的宗教与政治一直有紧密的关系。作为必要的历史背景介绍，关于德川时代之前，我们只能挑选几个重要事件；而关于德川时代中期，我们要介绍的是武士道、国学派与水户学派，另外还有几个民间的思想运动。

历史背景

　　日本三大宗教源流，从一开始便同政治领域有密切的关系。我们所知的神道教史料显示，当它还是部落的原始宗教时，神道教就显示了国家祭祀宗教的特点。在公元之初的几百年，当大和民族统治日本中部时，他们就组成了最初的以政治为先导的国家。帮助这种政治国家形成的是神道的神话。大和族的神话融合了其他一些地区的神话，最初铸成了以太阳女神——天照大神为中心，统驭了其他神祇的谱系。这样

第四章 宗教与国家

的神谱突出了大和族的祖先神。在日本，凡是名声显赫的大神社，如像伊势和出云这样的圣地，它们的宗教祭祀活动，很早就成为了日本朝廷的宗教专利。大和族的首领，其身份首先就是宗教司祭。从形式上看，作为首领的大祭司已经将好多宗教功能，尤其那些繁复的宗教职能转给了专职的神职人员。但有意思的地方在于，我们注意到在日语中，最初所有的重大政治事务都是称作"祭り事"（祭祀之事或祭仪）的。祭り事，指的是宗教祭典或者宗教崇拜活动。[1] 这一点似乎可以说明，在那个时候宗教与政治领域尚未分化开来。

我们现在尚无从得知，由于来自中国的影响，在多大程度上政治与宗教这两个领域发生了分化。不过，至少在7世纪前，日本的政治已经确信无疑地受到了中国儒家理论的支配性影响。607年，日本的圣德太子公布了所谓的"宪法"。其实那中间也就是儒教的和佛教的一些道理。就行政管理而言，其中的儒教成分要多一些。圣德太子的"宪法"叙述了社会和谐源于天皇至上而万民应当臣服的道理。按照中国儒家的说法，君主对待下民有教诲的政治权威，这是政治性的也是伦理性的，当然也是巫术性质的。为了加强大和族的统治地位，一种新的意识形态——其中包含了神圣的宗教与世俗的伦理两者，是从中国吸收过来的。由于这种意识形态塑造之功，日本历史上才有可能第一次出现了称为"天皇"的统治者，而不再像以往那样仅仅是部落的首领。增加了天皇和朝廷权威地位的，不单是来自中国的宗教观与伦理观，还有一整套复杂的法律的、行政的以及财产的观念与制度。虽然许多制度操作程式，从中国到日本不免走样，但其核心的中央集权的政治观却完全地保留了下来。这一重要的政治原则与天皇家的神圣地位紧密地结合起来后，整个日本政治历史中始终发挥着重要的影响。

日本早期的佛教也同政治权力有着紧密的联系。最初来到日本的佛教，特别注意在天皇和他周围的豪族中寻求支持与庇护。佛教一旦在朝廷取得立足之地，它立刻便同天皇家的政治愿望声息相通，形成了一种新的强有力的政治意识。佛教在巩固君主统治地位方面，产生了强大的影响力。本书前面的章节中我们已经指出，早期佛教文献中关注的经典，正是那些护国的经文。显而易见，朝廷会留意搜罗各种各样的巫术力量，不会让它们留在各地方的宗教祭司们的手中。

佛教传来日本以后，许多佛教宗派的形而上的理论也被吸收过来，服务于增加天皇的政治权威。例如，真言宗的教理认为，以大日如来为根本中心，可以化现出诸佛如来各各率领的十方三世的世界。天皇朝廷也从这一理论看到了世俗世界上下有序的政治统治结构。朝廷既然看到这一套理论可以加强自己的统治体系，自然也就会支持真言宗这样的佛教派别。8世纪中期，朝廷便建造了供奉大日如来的大寺庙。"圣武天皇在其诏告中叙述了建立东大寺的理由。朝廷宣布，佛法以及天皇的诏令，都是万民必须要遵守的法律。臣民当中，无论其地位高下，敢有违犯佛法或者王法的，都必然会遭遇大

第四章 宗教与国家

祸。"² 真言宗之后，天台宗的教义，也被采用以维护现有的君主制的统治。

所有这些宗教发展的直接结果，便是天皇效忠的观念之树立。天皇的权力凌驾于任何世俗的和宗教的责任之上。培养这样的忠诚观，也就是对部落原始宗教传统的扬弃，这也是天皇的权力在朝着合乎理性化发展过程中的重要步骤。以下的引文可以显示出这一过程是如何展开的：

> 河边臣奉天皇之命造大船，不顾百姓警告而砍伐雷神山上的大树。天降雷霆而雷神（自然宗教的神祇）不能伤害河边臣。因其所作所为，不过是尽人臣的责任而效忠推古天皇（593—629年在位）。天皇之为神，地位尊上于雷神。³

佛教在日本的发展，对那里的政治合理化进程并不完全是推动性的。8世纪天皇朝廷对于密教仪式和巫术魔法的重视，在一定程度上肯定削弱了政治统治的理性化过程。这种对待仪式性宗教的强调，一直持续了几百年，在12世纪达到顶峰。

另一方面，儒教在这几百年中仍然影响着日本的政治合理化。《孝经》是当时日本朝野都广为讽颂的儒家经典之一。到8世纪末为止，在日本《孝经》一直是所有学校的必读课本。所有学童都被要求朗读和背诵。孝谦女皇（749—758

年在位）曾经下令，向天下颁发《孝经》。从形式上讲，当时的日本家家都供奉着一部《孝经》。这种做法一直持续到很久。镰仓时代，日本的武士之家，每一户都备有《孝经》。《孝经》的重要意义在于，它似乎显示了国家对道德建设的特别强调。在日本社会中，对道德的强调是一个不断加强的过程。只要作为一种道德品行的孝顺，地位居于忠诚这种品行之前，只要孝顺还被视为一种政治价值观，而不只是社会整合的伦理，以儒家的孝道作为指导思想的伦理制度建设，就可以认为是在朝着政治理性化的方向发展的。而在几百年中，日本社会把对孝的宣扬，始终放到忠的前面。这当然也就是一种政治性的伦理建设。因此，日本的家族所信奉实行的是政治性的价值，这样的家族也就是微型的政治国家。

儒教也是宣扬忠的价值的。忠之作为优良品行在日本也同样广泛流行着。其结果便是强烈地影响到武士阶层的伦理培养。武士的伦理状况，下一章中我们还会专门讲到。在此只需要说明一点，在七八世纪日本试图建立强大的中央君主专制统治的努力最终归于流产。接下来的时期，政治理性化的进程并未停止。国家控制的范围不断扩大，权力的合理化进程也就不断继续。但因权力的理性化，已经不可能再采用不断扩张权力外延的方式。亦即说，权力的理性化进程，形式上体现为在各封建领土单元内强化其政治控制。因而，从1156—1600年的几个世纪，中央政府的行政效率看上去的确提高了许多，但主要的发展则发生在内部各个层面之间。正是在这几百年中,形成了武士道以及后来才有的政治价值观的许多内容。这当中有的思想观念一直进入了现代日本社会。

明显可见的是,这几百年中,狂热的忠君思想变得逐渐高涨起来。但与此同时,实际上天皇家的权力也前所未有地趋向低谷。这样的社会现象,其原因我们在前面已经说明。忠君,主要是指忠于自己藩国的领主,并不是指对更上层的统治者的忠心。当然,这只是现实的一个方面。14世纪,日本社会中的确也有过这样的政治努力,要想恢复天皇家的中央集权君主统治。但那显得有些英雄主义的努力,最终也仍然归于消灭。历史上恢复天皇政治权力的"勤王"举动,如果有什么副产品,便是北畠亲房在1340年所撰写的《神皇正统记》这部日本历史书。这部为天皇家业的正统性呼吁并寻求理论说明的作品,流露出深厚的儒教与神道教的意识。但在当时,书中有的思想尚不甚明确,只是到了后来的德川时代,它们才得到明白无误的表达。

武士道

武士道,对于我们想了解的德川时代或者近代日本的价值观与伦理观,具有特别重要的意义。这是因为武士阶级代表了或者被认为代表了核心的日本价值观,同时也因为武士的伦理事实上成为了德川时期和近代日本的国民伦理,至少它成为了绝大部分日本人的国民伦理。晚近的川上多助这么说:

最初因武士们的实践需要而发展起来的武士道，借助儒家的伦理观念而得以大众化。它不只是武士阶级的道德，更是国民伦理的基石。[4]

武士阶级在人们的意识中，曾被当成道德的体现者和捍卫者。德川光圀（1628—1700）是水户藩的二代目，他在给家臣们的训导中说：

> 生之为仕，或者作为武士，其用为何？其用唯在保守义理耳。武士之外，其他人民，所关心者唯有可见之物。然武士所关心者，则为无色无形无体（精神）之物。……是以，若离武士，世间则无有义理，廉耻不存，但邪恶不义公行矣。[5]

因此，武士之道，在相当长的时期是指武士这个阶级的身份伦理。它涵盖了很广泛的思想内容。其主要的态度，表现在它对几近神秘的死亡的关注上，也可以说是留意如何履行日常生活中的人伦责任。它既可以指展现军事谋略的眼光与见识，也可以指娴熟于行政管理的专职者的干练。既有对于禅教这样的修养，也有新儒学那样的讲习功夫。当然，武士们如何掌握和发挥这些文化技能，倒也不必说得神乎其神。从武士道自身的发展过程看，起初有较大影响力的是儒教。武士道中，关于死亡的态度及对武术或其他技艺的重视，一

第四章 宗教与国家

直到了现代社会也仍是引人注目的。

在上一章的末尾，我们在讨论武士道这个"忠君的宗教"时，引用了一个例子（本书边码第81—82页）。我们想要说明的是，武士们对于自己主君忠诚的义务，具有至高的宗教属性，压倒了对别的任何宗教责任的考量。下面这段话出自《叶隐》，它非常恰当地显示了武士道精神的宗教属性。《叶隐》成书大约在18世纪初，可以当成对武士道精神的概要性总结。作者为九州锅岛藩人氏。

> 无论身处何地——或隐深山或埋于地下，亦无论身当何时，吾等为仕（武士）的根本责任都在于要保护主君的利益。此即为每个锅岛男儿的责任。此即是吾等信心的脊梁，亦为永世不变的道理。
>
> 今生此世，吾心所系，唯在主君师长。纵然赴死，也以七报往返，守护主君之家。
>
> 吾等立誓，信守此等四事：
> 一、尽忠守义，矢志不渝。
> 二、服事主君，矢志不渝。
> 三、孝敬父母，矢志不渝。
> 四、慈悲仁爱，矢志不渝。[6]

据说，"武士之道在有赴死的觉悟"。下面的引文也出自《叶隐》一书，它足以说明为仕之人对于死亡的态度：

每天早上都有决心去死,每天黄昏又都再次思考死的意义。如此思想,永无终了。

如此准备去死。只有尔心一直思考死亡,尔之人生之道才能正直而简单。尔才能尽自家的仕道。尔的盾牌才能清白无染。尔若能正确地看见自家的前路,便不会有邪曲的念头,也便不会误入歧途。仕者履行责任,首在证明尔之名声,保全尔之名声。[7]

于此,吾等有明白之了解:武士之道,即死之道也。[8]

诸如此类的极端说法,都同我们在前面一章所讨论的宗教取向相关联。这些都是不出意料的事。对待自己主君的极度忠诚,其背后也不外乎是报恩之想。

汝若懂得如何世世代代事奉自家的主君,汝若记得那些在尔之前如何事奉主君之人,记得那些在汝之后如何事奉自家主君之人,汝必感动而生出深厚之报恩之心。汝必能心无杂志,一心一意服事理当报恩之人。[9]

对待死亡的正确态度,与人能够达到的那种超越生死的神秘境界相关。有了死的觉悟,便不会有死的痛苦。对死亡的这种坦然态度,与武士对禅的体悟相关。例如,16世纪著名武将武田信玄(1521—1573)就要求他的家臣们好好学习禅宗。他用古来的禅语告诫他们:"修禅之事无他,只是把握

第四章　宗教与国家

生死关头而已。"[10]另外，有一个讲武士道的小册子，叫作《武道初心集》的，谈到武士应该关心死亡。这部书编纂于17世纪。它让我们清楚地了解到：

> 人若长久生活世间，便会滋生出种种欲念。欲贪增长，便会觊觎他人的所有，也会吝于与人分享自家所有。于是沦为自私自利之人。若人能够无时无刻地面对死亡，他便不会贪恋形色之物，也不会有执着与欲贪。从而，如前面我们所说，这样的人便会养成大人气质。说到对于死亡的禅观正念，吉田兼好在心戒和尚的《徒然草》中写道：心戒和尚往往终日兀坐，冥想最终目的。但这种态度对于隐退之人合适，却未必适合武士的身份。因为若武士一心念死，就会疏忽武士的其他责任，忘乎其忠孝之德。因此，对于武士而言，他应该反过来，终日忙于公私事务。而只要他没有余暇静坐玄观，他就不会错过死亡的念头，也就是在对死亡做深思熟虑的考较。[11]

这些话告诉我们，对于死亡的冥想只是为了清除人的执念与欲贪。从宗教意义上讲，这是为了实现真我。为不受误解，作者在书中特别写道，他不赞成为了禅观冥想而耽误了应该履行的道德行动。因为道德实践才是主流的宗教传统所主张的真实行为，也才具有最高的真实性。为事奉主君而死，被认为是武士理所当然的目标。事实上这种死法，从宗教意义上看，差不多就具有"救赎的"功能：

> 自古以来，天皇家一脉永续。由是，吾辈深思此理，知吾辈尽忠事奉，亦永无止境。按"天忍日命"的说法，凡死于主君之事者，必无枉死之人。蹈海而死，海水为墓，以渍其身；入山而亡，草木为其掩尸，此即忠君之道也。[12]

在揭示武士伦理的宗教基础时，必须紧密联系我们在第三章讨论的基本宗教取向。这里我们先要说一说那些从宗教取向派生的，或者原来的宗教取向经过合理化发展后形成的道德品质。

所有这些伦理品质，首列第一的当然是"忠"。忠又是与"孝"紧密相关的。德川光圀这么说：

> 人莫不知此理：若不孝父母者，必不会忠于君上。不忠不孝，即失人之本性，安能做本分之武士？[13]

年幼时若教之以孝敬之道，其人长大后才会事君以忠。忠孝之间，关系非常密切。简直就是一而不二的东西：

> 武士有此精神（孝），一旦得侍其主君，方能悉心领会忠君之道。无论其主君之境遇如何，或逆或顺、荣

辱与否，其人皆能尽忠，无有遗失。哪怕其主君之从属骤减，自百骑而十骑，自十骑而单骑，其人仍能追随，不弃不悔，守护始终，不惜身命，笃行忠义。如此，则忠孝虽不同，君父亦有异，然其义理实相通矣。古人有言：若求忠臣，必于孝门。人之不能孝顺父母而能忠于君上者，必无是理。[14]

为人正直，能尽本分，是寻常的要求。绝对服从则是一般的义务。诸如此类的品行，都要通过或忠或孝的行动来表达，其间的道理当然无须论证。应当注意的是：孝子也好，忠臣也好，其对长上者服从，应是无条件的。无论在怎样的情况下，他都不应拒绝或者反对。哪怕后者违情背理，下命令要他去死，也只能遵从。

"仁"之品德——若以中文来看，可以译为"仁义""仁爱""仁慈"和"人性""人道"等——总是受到肯定和称赞的。但它在日语中，内涵和意义却不是非常明确。在极端的情景下，仁，似乎可以表示佛教之爱护一切众生的慈悲。而在别的场合，它似乎只是偏向于指人应该遵守的礼节或得体的言行。后一种情况中，它只是一般性的含义，即举止恰当、礼貌得体。就武士道而言，仁，主要是后面这种对行止的要求。

就武士而言，最高的义务和最终的道德实践就是要求他能做无私的奉献。与这种行为相宜的是一种几乎唯美主义的生命风格。从而，武士的人生态度被认为应该永远冷峻、克

制和淡泊。《叶隐》这部书中说到武士的人生,下面这段话是常常被人们引述的:

> 寡言少语。需说十句者,但以一语说。[15]
>
> 不贪恋宴会酒席。心中才生眷恋,便知正是离去之时。方才觉得满足,便知已为过度。凡事莫求十分,十分已是过满。切勿让自家感觉饱满。[16]

德川光圀告诫其家臣:生活要简朴,不可以讲排场。遇有宴席,不可大呼小叫。娱乐休闲简单为宜。作战服装只求实用,不可花哨。衣食住行,以不匮乏为限度。对自己,平时的开支尽量节约;若需周济亲友,则不吝解囊帮助。[17]

武田信玄则这么劝人:口腹不可奢侈,不作闲言碎语。每日事奉莫懈怠,至亲朋友,也要慎言慎行。不与品行不端的人来往。凡有所为,一定有始有终,尽心尽力。[18]

山鹿素行在他的《武教小学》中教人说:身为武士,就当早睡早起。开口说话,用语端正。不为琐细无益之事分心,也不耻于"陋衣恶食",更不耽求生活舒适。[19]哪怕在不事奉主君的时候,也不游手好闲。无论在什么场合,都注重言行礼仪。平时居家,一切花销,量入为出。[20]

下一段引自著名的儒者室鸠巢之讲说意志磨炼:

> 吾每朝六时即起,每夕十二时必寝。除有待客或生

病，或遇不得不为之事，吾决不闲过光阴。每有偷闲之意，即自警醒，打点精神，驱逐怠堕。虽对下人，亦不说无用之语。饮食务必保持节制，止乎不饥不渴则足矣。食必有时。[21]

这样近乎禁欲苦行的生活方式，如果我们从中挑选出最有意义的两个特征，便是勤勉与节俭二者。做到节俭或节约，把人的消费下降到最低点；坚持奋斗与勤勉则把人的努力推至最高点。勤勉所表彰的，是增加对主君的事奉。吉田松荫说：每当我恭敬地观察父母与叔父，我都会明白，他们的行为完全符合勤勉、节俭以及忠诚的品行要求。[22] 勤勉与节俭，的确与忠诚是不可分的品德。

下面的引文，原出于伊势贞丈之论述勤俭。此公在其家训中谈武士的俭德。引文中提到的"利益"应该放到其整体的思想背景下理解。

人在全部的生活中，总会用到金币和银币，或者谷米或者铜细等。人若在花销中不知道节俭，就会浪费银钱，家人难免因此受穷。因此，人应当尽量节俭。就必须避免不花哪怕一个铜板的冤枉钱。另一方面，如果能够借小钱生利，最终可以积累至于千金。避免花冤枉钱就是为了积攒大钱。没有益处的开销，因为贪欲才会发生。比如有人食时好多味，着衣好光鲜，居处好华美。[96]

又任其妻妾挥霍，自己则放纵声色，多事铺张。而说到有益的开销，首先应把钱花在服侍主君的事情上，或是向幕府缴纳税金，或是赡养父母、供给兄弟妻子，或是给家臣发放禄米，或是履行社会责任，或是与人往来的书信资费，或是房屋修葺，或是每逢事有缓急时不得不花销的钱财。[23]

这里，"无益的开销"指的是日常生活必需之外的个人消费，而"有利益的开销"则是主要指履行对家庭的责任，或者是指人若要履行责任而不得不花的钱。

对于勤勉尽职，称赞褒扬，毫不吝惜。因为它正是武士本分的流露。室鸠巢说：

> 若人寿命有一日，当尽一日之本分而死；若人寿命有一月，当尽一月之本分而死；若人寿命有一年，亦当尽一年之本分而死。[24]

吉田松荫也说：

> 死而后休。此格言虽然简略但富有深意，忍耐且坚毅。此外无复他途。[25]

在对武士的伦理做最后总结之前，我们再说说另外一个

第四章　宗教与国家

重要特征。身为武士，应该非常重视学问之道。几乎所有的武士都具有一定的文化修养。至少熟稔几部重要的儒家经典。不过武士们的学问更重视实用方面。武士们为学，在于自我修身也指导他人，因此特别讲究的是学以致用。学习要付诸实践并取得实效。在武士眼中，学习与实行，是同一回事。[26]德川光圀说：

　　读书并不是为了自娱，读书是"行路之道"，是指导我们日常行动的原则。[27]

《武道初心集》可谓勇仁之士极好的指导手册：

　　生而能勇之士，其事君以忠，事亲以孝。若有闲暇，则勉力为学；于诸武艺勤作演习，不敢懈怠；其于慵懒，常存警醒。其于金钱用度，不肯靡费一文。汝等若以其人为悭吝，则陷误谬矣。其所有用度，但为必须则必不至吝惜。其不为主君不命之事，其不好父母不悦之情。以是，其能恭顺君父，爱惜身命，以翼于有朝一日立功显德。其人饮食知于限度，不耽于淫欲，不为食色之性所幻误。因此，其人身体强健有力，时时处处皆能自制，不失于刚毅之初。[28]

很有意思的是，在叙述上面一段武士应有的优秀品德的同时，该书又对武士们的妻女也有一番教戒。这些算是女性也应该遵循的武士之道。下文引自贝原益轩（1630—1714）的《女大学》。该书曾是女子教育的标准课本：

> 身为女子，一言一行，当知警戒嫌防。清晨早起，每晚迟睡，日中不寐。操持家务，不倦女红。纺绩浆洗。酒茶切勿过量，至若能乐呗唱、歌舞杂耍，观听不可无度……
>
> 为人妇者，为夫理家，条理有序。妇若不贤，又事铺张，其家必败。凡家中用度切忌奢华，饮食衣着要与身份相当。不可图虚荣，不可讲排场。[29]

塑造武士行为规范的生活，依据上面的引文，我们可以大致归结日常的平凡的生活样态。这样的生活样态，再现了当时日本的核心价值体系。其中，最受强调的是武士们的军事技能。武士以自己的武艺作为事奉活动。从象征角度看，依据目标达致的价值标准，以武艺服务在上者，是最适合的职业。这是一种对集体也对首领的献身行为。这种事奉的极致便是死亡。死于军事行动，便是这种献身精神最好的体现。这从另一个侧面再次体现了达致目标的价值观。它表现为不畏艰险的英雄气概，成就于"显功立德"的壮举。显功立德，可以认为就是武士人生的本质所在。因此，我们认为，最能体现出价值体系的象征意义的，就武士而言，便是对他们军事职业的高度肯定：因为他们的武功，德川时代的250年间日本社会享有了和平。毫无疑问，那个时代许多武士的人生实践，并不一定要完全实行前面说的这些规范和要求。虽然实际上有许多与此相背离的人与事，但那并不能作为论据来说明：当时的日本社会有另一套行为法则。可以肯定地说，领导了明治维新的那一批人，正是被所谓的"武士道精神"所鼓舞。他们之所以能够动员起民众的忠孝动机，而没有遭遇什么抑制，在很大程度上便应该归功于这么一个事实：明治维新所体现的理想价值观，不单是武士的理想，也是全体日本人的愿望。

虽然武士们乃是因为其武士的道德之名而行于世间，但这套道德并不只是武士的伦理规范。例如，我们可以认为德川时代的町人（商人）阶级，在伦理观上也是"武士化"了。在后面一章，当我们讨论心学运动时，还将深切地体会到这么一个论断的真实性。事实上，武士道精神不仅仅在町人中有所发展。有种种证据表明，当时日本民间的种种宗教派别和社会运动，都是向武士的伦理理想看齐的。这些派别与运动，也都同样强调了忠孝、服从、正直、节俭、勤勉这样的品德。人们挂在嘴边的也都是对尊上者的无私奉献，所称赞的也都是能够抑制个人消费、愿意尽力投身工作、勇于承担责任。所有这些倡导与武士道精神的相通之处，就在于它们都体现了"伦理上的行动主义"，都充分体现出"内心的世俗的禁欲主义"。这样的伦理观，显而易见地加强了日本社会中各个阶级的政治合理化倾向。同时，也加强了本书最感兴趣的论题：日本的经济合理化过程是什么样的。这也正是本书下一章的题目。本章的结论性讨论，将会涉及与政治合理化相关的话题，诸如疆域边界、阶级界限等。政治理性化的发展过程，最终导致了日本在天皇的象征下实现了国家的统一。这一过程中，我们可以看到宗教所起的重要作用。

尊王与国体

德川时代见证了一种新的对天皇的态度，也见证了一种新的宗教政治的国家观。这两者都深刻地影响到后来的日本历史。"尊王"的口号集中体现出对天皇态度的变化。"国体"则表现出新国家观念。当我们在谈论某种具有深厚历史根源的观念时，如果我们同时又称它是某种"新的"东西，这似乎是自相矛盾的。不过，我们的意思只是：如果把德川时期看成历史背景，那么这些观念是新的东西。但毫无疑问，如果着眼于之前的发展轨迹，以及整个德川时代所受到的扩散性的深远影响，这些观念当然是源远流长的。

这些观念流行的范围很广，并不局限在一两个思想运动中。我们这里关注的主要是德川末期，尤其是当时的社会运动倡导者，那些大声疾呼的宣传家。其中最值得重视的是国学派和水户学派。

17世纪初，日本社会中再次出现了一种关心历史、文

第四章 宗教与国家

学与宗教的意识。之后，它便发展成为了国学派思潮。该派的先驱人物有契冲（1640—1700）和荷田春满（1668—1736），他们的名声广播为世所知，这主要是因为他们研究日本早期诗歌的成就。他们的诗学著作奠定了日本语的基础研究。这些基础研究之所以重要，乃是因为它们首先关注了日本最初的神话、历史、宗教仪式等。而他们在这方面的整理和发掘成为了复兴日本文化与制度的思想运动的第一步。

从一开始，这个运动便具有政治与宗教两方面的含义。它的关注点绝不是为文学而文学。第一个揭示这一内在含义的是贺茂真渊（1867—1769），之后的学者多半都只是重申他的主张。下面是真渊的一段话，从中可以看到国学派运动的主要话题：

> 过去千百年来，中国人经历了不同朝代的统治。但吾国日本不同，日本的君主制度乃一脉相承。其间忠信笃实而没有变异。而中国历经改朝换代，其变异皆源于叛乱与弑逆。
>
> 8世纪，朝廷引进了中国的衣冠文物。奢靡的奇风异俗很快腐化了人心，造成了帝民之间的深沟巨壑。自古以来，当在上者保守着简朴的生活，在下的百姓也就能安于粗粝的衣食。少欲知足而寡求，下民自然容易治理。但若在上者居壮丽的宫殿，衣华美的服饰，坐拥美妇妖姬，则下民以可欲之求，令其生出奢靡之心。假如

在上者威不足以慑服下民，则在下者不免生出怨妒嫉恨。若为帝尊之人安居蓬庐，其四围只是板筑泥墙。其虽然带刀佩剑，然刀鞘不过以藤蔓为饰。其擎弓引箭，以作狩猎，仍袭古风旧习。诚能如是，何至于今况之不堪？自华夏之风入此土，居宫室之尊者，每每溺地妇人之智，权柄则丧于臣仆，虽冠冕顶戴，坐拥尊贵，然往昔之帝严已然不存。[30]

这里对于中华文化，是一种排斥的态度。而这一点正是国学派的重要特征。按真渊的看法，中国的历史已经证明了它的学说传统荒诞不经，极其有害。而以它对日本的历史影响看，也可以证明这一点。原始时代的日本人，生活质朴，是天然真率的人民。而后来遭遇的所有衰落，以至于今日横流的邪伪，都可以归咎到中华文化上面。他的言外之意便是，一定要完全地抛弃所有中国文化，回归于纯朴的快乐的古代。日本最大的荣耀便是它万世一系的天皇制度。因此，当务之急便是恢复以往的帝皇与臣民间的纯真关系，扫除中华文化制度造成的腐化与堕落。

当然，国学派不会放弃对佛教与儒教的批判。本居宣长（1730—1801）大概算得上国学派的泰斗。他曾经这么说：

古代的日本虽然没有散文形式的学说，但不曾听说有什么民乱民溃。当时的帝国四境晏然。这是因为日本

第四章 宗教与国家

民众在日常生活中就实践着真正的道德，因此并不需要有关道德的理论。后来，中国的道德说教之论昌炽沸然，反而造成了日本的道德沦丧。[31]

本居对佛教与儒教排击一番，然后回过来谈日本的神道教（尽管神道一名已经是来自中国的汉文名称）。神道之作为日本人的宗教根底，本居这么写道：

> 日本乃太阳之神，天照大神所生之国。仅此事实足以证明日本要高于其他任何国家。因为其他的任何国家都无非从太阳之神领受恩惠。天照大神把三大圣宝赐给她的孙子迩迩芸命，让他统治日本千世万世直到永远。只要天地还在，他的子子孙孙就永远是日本的国君。因为这个神命，天下所有的神灵和人类都必须臣服于他迩迩芸命。如果有什么例外，那就只是为数甚少的野卑之属。
>
> 无论哪一个世代，彻头彻尾，每一个御尊（mikoto）都是天照大神的儿子。御尊之心，无论所想所感，都与天照女神和谐相通。御尊无须追求什么新意，一代一代地都完全与古代圣皇之世的治理自然相符。若御尊有任何疑惑，他可以通过占卜去领受天照大神的旨意。因此之故，神皇古世与当今之世的道理是相通的，是一而不二的。因为无论御尊，无论臣仆，无论人民，其所行所

为，全部都取法于神皇之世以来的传统。[32]

本居宣长抨击了所有外来的哲学，主张对古代神话全盘接受，对其中的一字一句都应笃信不疑。他推崇记录这些神话的《古事记》一书。他认为，儒、释、道三家的理论相互抵牾，根本不可信。他认为人的理性对于此世间根本不能理解。世间充满离奇不可解的现象。从字面上看，古代的神话是难以理解的。神话中、现世中都有不可解之事，但不必为之感觉困惑。事情无论如何奇特，其后面都有神意启示。他把天皇当成神道的最终证据：

> 御门（即对天皇的尊称）的统治相续不尽，这足以证明"神之道"的久远。因此，神道无限地超越任何国家的体系。[31]

国学派的最后一位大学者是平田笃胤（1776—1843）。他虽然对于国学派的思想并无大的建树与补充，但却是这一学派运动的组织者与宣扬者。因为平田氏师弟们的弘扬活动，国学派在19世纪的日本有着广泛的影响力，成为促进明治维新的重要思想源流之一。

国学派的思想是复古的、倒退的。把它放到讲宗教与政治理性化的本章中来讲述，似乎是值得争议的事。这一思想运动看上去是要根本取消7世纪以后出现的所有进步及合理化发展，要求完全回到原初的淳朴上去。不过，虽然它的主张是倒退的，但它的实际作用却又推动了理性化的发展。为什么会这样呢？

国学派运动可以视为某种意义上的宗教千禧年运动。它具有某种想要在人间实现的宗教目标——恢复天皇在世间统治权，以肃清日本现实中的一切腐败现象。国学派认为，一旦达到这些目标，一个君臣之间、人神之间的和谐美好时代就会出现。这就会是一个和平与道德居于主导地位的时代。国学派的福音一旦传播开来，人们就会把天皇尊奉到至高的地位上，就会不遗余力地恢复天皇的政治统治。用我们的话来表述，这一简单而有效的福音，连同它所包含的行动要求，就是某种宗教理性的伸张。不管本居宣长及其师弟们如何督促人们相信《古事记》中的一字一句，实际上做不到让所有人都完全沉溺于该书所记载的原始巫术当中。对于巫术的迷信态度，变成了对于神灵和天皇效忠的符号。这种压倒一切的忠诚民，无论在本居宣长，还是在我们的眼中，当然都有重大意义。它本身就是合理化、理性化的一个方面。仿佛可以这么说，国学派的理论背后隐藏着它希望的中央集权君主制的要求。这一政治要求的下面掩盖着日本人对于天皇的炽热忠诚，也掩盖着打倒幕府、扫清任何妨碍君臣一体的力量的用心。就时代的客观环境——无论它是内在的还是外在的——而言，他们所竭力争取的中央集权的君主制度，无论如何都不会是本居所说的那种5—6世纪的日本制度。它绝不可能是想象中的某种部落社会的政治状态。无论国学派心中所想的是什么，在当时的历史环境中做那样的宣传与鼓动，其所可能导致的政治结构，只能是权力的扩展化与理性化。

另一个类似于国学派，然而又有很大不同的思潮是水户学派。它也是当时的重要思想运动。该运动因出现于水户地方而得名。水户城在江户（东京）的东北面。当初它只是一个城町。德川家族的后裔有一支分封在那里。水户的首领是大名身份。它的创始人便是德川光圀（1628—1700）。光圀主持编纂了《大日本史》这部书。该书之所以重要，在于它以缜密的学术风格，尽力论证了日本历史上曾经有过这么一个时期。当时的天皇并不仅仅是幽暗当中几乎隐身的政治人物，而是日本的直接统治者。该书详尽地描写了那个时代，以及后来导致该时代结束的重大政治事件。该书的笔墨都集中在天皇和他的朝廷。显露出强烈的保皇党人的历史观。因此，该书在近代的维新运动前后享有很高的声誉。无论如何算不得煽动性的作品，但因其对历史的叙述秉承着严密的学术性，因此对于德川幕府的合法性有很大的消解作用。引起众多的人怀念那个天皇执政的时代。不过，有意思的是，这部深具天皇主义和国家主义的保守作品，却是完全用汉文来写作的。这一点使水户学派与国学派明显地区分开来，因为后者的作品都只用日文写作。

事实上，对待中国事物，水户学派并未采取一律排斥的态度。水户学派的学者同样也尊重神道，将它放到很高的地位。但他们不同意说中国文化制度变乱了日本政治。他们并不想否认孟子所说的"民为邦本"的思想。他们虽同意日本的地位优越于天下所有诸国，但仍然敬仰中国的圣贤，希望肯定中华伦理的作用。对于佛教，他们的评价态度与国学派是一致的——这是一无作用的宗教。这种态度可以用德川齐昭（1800—1860，江户晚期的水户藩主）的话来总结："尊神国之道用中国之教。"[34]

在德川齐昭的心目中，此"道"究竟是什么模样的呢？从以下引文可以看到他清楚的解说：

> 帝祚永无穷尽，君臣父子大义无改于天地之间。此即是天地之道。[35]

忠与孝的关系，当然也是循着这个天地大道而来的。齐昭说，不要把忠与孝当成两个东西。[36] 如汉弥格（Hammitzsch）所说[37]：如果忠与孝被视为一体，对天皇的高度尊崇，也就以隐含的方式变成了国家至上的观念。神皇君臣也都变成了同样的一而不二的观念。整个国家成为一个大家庭。天皇既是神，是主君，也是国之家庭内部的"父亲"。至于人民，既是神的信奉者，是臣仆，也是儿女。向天皇尽忠是"大孝"，为父母献身则是"小孝"。儿女对父母的孝道，只有在对主君的孝道笃实实现以后才有可能存在。

上面所说的只是国体观念含义的一个侧面。在这个国家观念中，宗教的、政治的与家族的诸种含义是密不可分地交融在一起的。上面的国家观表述，差不多可以完全地与（第三章中所叙述的）第一种类型的人神关系相吻合。因而人们的行为完全受到"忠"的观念的支配。天皇是国家宗教的核心，臣民们对于天皇的慈仁的恩情回报，是大于世间任何义务的首要责任。

不过，从另一面看，国体观也可以用第二种神灵关系的类型来思考。在这种情况下，天皇与神是同一的，人民又与神皇二者是相同的。天皇的意志是神的意志。人民的意志也是天皇的意志。要实现神和天皇的同一性融合，其间的手段便是"体诚"和"净心"。这样国体的观念便成为宗教实体与政治实体的同一化概念。国体具有的这种双重性，正是日本宗教思想的特征。两种基本形态的宗教行为，也都经由这种方式而等同于政治行为。

关于这些观念的具体表述，我们也许可以从吉田松荫（1830—1859）那里找到佐证。松荫的思想受到水户学派的强烈影响。他的思想又强烈地影响到明治维新的领导者们。

生为皇国之民，理当懂得皇国的崇高。毕竟天皇神统久远以来代代相续，未曾有过中断。藩国大名，世世承袭。君以养民，民亦仰报君恩。君之与民，是为同体（君臣一体）。臣民忠于君主，儿女孝于父母，是亦同为一事。此皆吾国所特有。[38]

第四章 宗教与国家

水户学派所说的国体观，与国学派心目中的国体观，其实并无二致，只是少了一点"原始性"。因为水户学派更愿意接受来自中国的伦理观与政治统治理论。两家的思想都有很大的乌托邦性质。将国体观付诸实现的意愿，使得水户学派也很重视行动实践，关心目标达成的领域。水户学派在行动中怀有强烈的目标动机。起初，他们鼓吹的是明治维新的一套；后来则鼓吹日本近代史上很重要的国家主义意识，从富国强兵开始，而以打造帝国主义的体制为鹄的。这种重视目标实现的实用动机，最大限度地逼窄了它的适应维度——因为目标而不计任何代价、务要克服一切障碍。任何人只要在适应性的维度内（经济领域就是其一）牟求私利，就一定受鄙视。相应地，它也最大限度地逼窄了其整合性的维度——因为它不承认有需要整合的可能性。所有的日本人都"天然地"忠于天皇和皇国。不能如此，则不为整个社会所容。各个党派的政客，虽然实际上代表着不同的利益集团，但如果它们不能抹平相互之间的差异，则会遭受鄙夷和不齿。因为任何利益集团都是局部的，都应该服从皇国利益。这种倾向，如我们所描绘的，代表权力的理性化进程已经到了这样的地步：相对于国家而言，社会的其他任何领域的功能性必要条件都是可以抑制以至于损害的。正因为如此，这样的倾向才在日本近现代史中，造成了军国主义的、专制主义的政治。这两种政治制度的意识形态基础，实际上也就是围绕着（我们一直在讨论的）国体论的种种观念体系。这些思潮当中，最为激进的成分便是20世纪30年代的"昭和维新"所宣扬的思想主张。那种主张认为，天皇应当直接控制整个国家经济，掌握相关的整合性功能。换言之，也就是说，无论政治，无论经济，都应当必须由天皇至上的国家政治来掌控。昭和维新的活动分子粗暴地声讨"资本主义"和"政治"。他们代表着日本特殊主义价值观在实行程度上所能达到的病态极限。如果没有这种病态的极限状况，反而可能让人误会：国体观所表征的意识形态与特殊主义的价值实现态度之间，是否可能存在某种天然的融洽与适切。所有的这些观念，在日本都依然强烈地表现出来。我们只要认真地观察就可以发现：哪怕是战后的日本，哪怕是日本的"民主意识"，每当要面对那些从这里或那里冒出来的、改头换面的旧思想时，都会感受这一批判任务的艰巨。

　　无论如何评价这种"尊皇－国体"论的社会历史结果，有一点是毋庸置疑的，作为一种思想运动，它推动了日本的政治朝着理性化的方向前进。我们在本章中的叙述，目的是显示这种意识形态的历史内涵，显示这中间所融合了的宗教与政治观念。同时，我们还想指出日本的政治理性化过程的动力所在。这种动力至少有一部分来自宗教动机。我们希望观察到这一政治向合乎理性化方向发展的过程，反过来又是如何影响了经济领域的活动。这最后的内容正是我们在下一章要讨论的内容。

注　释

1. Sansom, Japan: *A Short Cultural History*, p.51.
2. Coates & Ishizuka, *Honen: Buddhist Saint*, p.15.
3. 加藤玄智:《神道研究》,第 127 页。
4. 川上多助:"形成期的武士道",第 83 页。
5. Clement: "Instruction of Mito Price to His retainers," p.135.
6. 岩户:《叶隐武士道》,第 37 页。
7. 同上书,第 38—39 页。
8. 同上书,第 38 页。
9. 同上书,第 55 页。
10. 坂井:《信玄家宝与甲斐の军律》,第 99 页。
11. Sadler: *The Beginners' Book of Bushido*, p.5.
12. Coleman: *Life of Yoshida Shoin*, pp.158-159.
13. 同上书,第 130 页。
14. Sadler: *Bushidō*, p.9.
15. 岩户,同前所引,第 45 页。
16. 同上书,第 45 页。
17. Clement,同前所引书。
18. 坂井,同前所引书。
19. Van Straelen: *Yoshida Shōin*, p.94.
20. 小山:《山鹿素行とその武教小学》。
21. Armstrong: *Light from the East*, p.85.
22. Coleman,同前所引书,第 185 页。
23. Hall, J.C.: *Teijo's Family Instruction*, p.146.
24. Armstrong,同前所引书,第 146 页。
25. Van Straelen,同前所引书,第 84 页。
26. 西晋一郎:《东洋伦理》,第 12—14 页。
27. Coleman,同前所引书,第 119 页。

28. Sadler：*Bushidō*, pp.40-41.
29. 高石：《日本の女子と智慧》，第 40—41 页。
30. Satow: "The Rivival of Pure Shito", pp.177-178.
31. 同上书，第 187 页。
32. 同上书，第 186 页。
33. 同上书，第 188 页。
34. Hammitzsch: "Die Mito-Schule", p.68.
35. 同上书，第 70 页。
36. 同上书，第 68 页。
37. 同上书，第 50 页。
38. Van Straelen，同前所引书，第 83 页。

第五章　宗教与经济

　　本章考察的是日本的经济伦理，看它在不同阶级中的具体状况，也兼带着考察伦理与宗教和政治的关系，以及这些关系对于理性化发展的影响。为了从经验的层面来说明问题，我们会列举德川时代伦理发展的一些重要方面。但我们的讨论恐怕做不到面面俱到。许多有意思的讨论，我们只能稍加提及，至于深入的考察只能以待后来了。

　　第一个算是抛砖引玉的议题，是关于禅宗与经济伦理的。据我们所知，早在足利时代（1392—1573）[1]，禅宗的和尚们就对当时的商业行为有重大的影响。我们还知道，禅宗对那种斯巴达似的简朴与节约精神，也是高度赞扬的。尤其让我们感觉饶有兴味的是，禅宗还主张劳动生产。我们觉得禅宗影响卓著的地方，正是禅师们对于修行者必须参与劳作的要求。比起其他一些佛教宗派来，禅宗反而并不太强调一味坐禅打坐。铃木大拙告诉我们，禅宗的寺院清规主张"一日不作一日不食"[2]。他又说，禅宗师父们总是在担心，禅寺中的修行弟子在山中林下或田间地头劳动时，有所懈怠，不肯尽力。[3] 劳动对于禅宗和尚是神圣的事，因为它是对我们所受到的恩惠的报答。铃木大拙还说：

> （人之）敬畏自然，还包含了这么一层思考：人若不能为他所属的大众团体做一定贡献，那他就不应该享用餐饭。这样的思想成为了指导禅堂生活的基础原则。[4]

当然，众所周知，所有的禅寺都具有这样勤俭和朴素的精神。但我们恐怕都不会知道，正是禅宗的这种厉行俭朴的伦理，对于日本的经济伦理思想产生了很大的影响。毫无疑问，武士道的刻苦自励，对于日本的经济伦理有间接的影响。而要对此详加说明，我们只能留待日后了。

本章将要讨论的是，政治及政治伦理，以及它们与经济和经济伦理这两方面的关系。此外，本章还将专门讨论马克斯·韦伯所说的"天职"（Calling）在日本语境中是什么状况。本章的结束部分，还将分别叙述日本的普通民众——主要是商人与农民——中的经济伦理观念。

经济与政治

要理解日本的经济与政治的观念，我们只有借助曾经对日本的国家观念产生过强大影响的儒学。在这个问题上，儒

第五章 宗教与经济

家的基本说法是，经济与政治是一体两面的东西。实际上，在德川时代，"经济"就是大致按这个词在今天的含义来理解的，也就是 economy 的意思。用太宰春台的话来说：

> 所谓经济，便是管理国家，是经世而济民的意思。[5]

在儒教思想家的眼里，经济（经济民生）与人伦道德紧密相关。即是说，经济首先是决定社会生活的政治活动。尽管儒教学者往往谈论的都是——坚持礼义廉耻的道德至上，不必考虑经济状况如何。但儒家在世俗生活中是务实的，儒教的学者通常不会忘记这么一个简单的事实：对一般人而言，完全不讲利益而只讲求礼义，是有违于情理的，也是做不到的。孟子就说过：

> 无恒产而有恒心，惟士之所能为。至若小民，无恒产则无恒心，至放辟邪侈，无所不为矣。[6]

普通的人若没有资产生计，民就成了"无所能治"之民。对于这一层面的思考，在德川时代是统治者的常识性思维，因此它体现了对百姓生活的关心。

儒家政治经济学的核心，首先着眼的是政治安定。《大学》中经常被人们引述的是这一段：

生财有大道。生之者众，食之者寡。为之者疾，用之者舒，则财恒足矣。[7]

这可以认为是儒家的经济学格言。它的理想其实也就是鼓励生产、抑制消费。

对消费的抑制有两种方式：内在的与外在的抑制。前者主要着眼于限制欲望，后者是强调不要花钱。换言之，厉行节约，俭朴为尚。荀子是这么说前一种消费抑制的：

然则从人之欲，则势不能容，物不能赡也。[8]

就抑制欲望而言，孟子也有一段经常被人们引用的话：

养心莫善于寡欲。其为人也寡欲，虽有不善存焉，寡矣。其为人也多欲，虽有善存焉，寡矣。[9]

强调勤俭寡欲，是对社会上下两层而言的。失去勤俭，会产生直接的严重政治后果。针对社会下层，孔子曾经说："奢则不孙，简则固。与其不孙也，宁固。"[10]对上层的统治者，日本的贝原益轩（1630—1714）在他的《君子训》中说：

若为君子，欲以仁爱御民，彼应守俭约之道。俭约，谓不可奢纵。国之土地所出，物产乃有限度。若国之君

第五章 宗教与经济

长放纵任欲，物产耗尽则入不敷出。至若遭遇天灾，则世更不堪其苦。国之财用匮乏，至不能赈济下民。国若有急难，民陷于困厄，在上者无所措手足。世有更甚者，因纵欲而以暴虐之法强取于民，或借贷举债，寅支卯粮，均陷于危难之境。若行仁政，便可不入此穷厄境地。故贤明之君上，必行节约勤俭。俭而不奢，君子之美德也。[11]

从上面所说的，我们大致可以管窥儒教的经济学说。儒者们的主张，关注点放在如何从制度管理上实现收支的平衡。生产的目的是丰资足用，节俭是为了防止资用匮乏。不用说，在德川时代，占据上风的主要便是这样的一套政治-经济思想。另一方面，这种经济指导思想中还掺杂有典型的日本思维。从其表现出来的特征看，可以说是武士道精神的另外一种表述形式。我们在前面一章曾经说过，武士道的特点之一便是武士们坚持的勤勉与节俭。但支持这两种品德的，是对平衡与稳定的关心。对武士而言，他们主要的伦理关注集中在履行对主君的事奉。勤勉与节俭的目的倒不是为了价值体系的整合，而只是一种手段，以确保其能够达到事奉的目标。当然，从总体上看，德川时代的武士阶级并不需要从事经济活动。也就是说，他们的职业本分，并不需要他们参与商业或者制造业。但武士的经济伦理至少在两个方面相当重要。第一，它对于那个时代从事经济活动的人们有巨大的影响力。其二，它关系到我们如何理解下一个时代的武士，即明治时期武士的活动。在明治时代，许多武士都对当时的工商业有重要的主导作用。

如果日本的政治经济观与中国的有所不同，就在于日本人更加强调那种单向的尽责事奉。为了达到整体的目标而无私地奉献，把个体自身放到集体下边，唯集体的目标为第一需要。这种伦理所着眼的并不是静态的和谐。当然，在德川时代，集体的目标与社会的和谐两者并行不悖。事实上，若不是详细地加以分辨，恐怕也很难把二者区分开来。极有意思的是，无论在中国还是在日本，开源节流（努力勤勉地生产与抑制消费二者）都一直是强调的重心。所以不管怎样，部分的原因在于这两个方面是相辅相成地融合为一体的思想侧面。不过，依据我们的印象，我们在上面提到的来自儒家经典的说法，在被具体加以解说时，常常是放到日本伦理思想的背景下来考虑的。所以引述它们，其目的也不是为了加强日本特征的伦理立场。在一定的程度上，其意义的解说与中国人的理解是不一样的。

像这样的政治经济观的思考，其实并不完全是纯然理论的活动。但它们对于幕府的经济政策有着实在的影响。有关经济政策的思考，也有利于我们进一步说明日本背景下的政治经济理论。

对民众推行道德训诫，始终是德川幕府的重要政策之一。德川幕府把努力生产和尽量遏制消费是放到其经济保障的思考下面。那些关于勤恳劳动，不可懈怠本业，切勿浪费时光之类的说教，往往是政府发布到社会上的"五人组"的布告中一而再再而三强调的套话。幕府的官吏们有责任定期地向民众宣讲这些要求。当然，政府的训诫也并不仅停留在发布文告上，还要制定一些经济规划及相关的优惠政策，在国内或外藩推行。它有时也颁布一些奖励有助于开垦农田和鼓励农民扩大种植的政策，比如许诺后者在开垦的农田上享有一定的特权。正是这样的经济政策，有力地说明了为什么从德川初期到18世纪，甚至到明治维新时的两百多年中，日本的水稻种植面积扩大了差不多三倍。[12] 不仅如此，幕府还积极地引进新的农作物，建立了试验农场，并向农民传授提高产量的新技术。种植人种植甘蔗是这个时期的新事物。经济作物的种植面积也达到了可观的规模。[13] 在这样的思想背景下，幕府开办了造船厂、枪械厂和铸造厂也就是不足为怪的事了。[14] 幕府实行所有这些举措，究竟在多大程度上是出于其保持社会稳定的动机，又在多大程度上是出于使国家富强的动机，实在是很难做定量的分析。但可以肯定的是，两种动机无疑都是实际上存在的。就好多地方藩国而言，其发展经济、兴办实业的政策走得更远。后者发展经济的积极性比幕府要大得多，许多藩国都兴办了造纸、制蜡、缫丝、织绢、漆器的工厂，而且这些工厂的产品是销往全国各地的。[15]

为了落实当局有关勤勉与节俭的教民之道，幕府还有一些奖掖政策。按它颁发给五组的规约，幕府禁止或限制了民间的娱乐、宴会、赌博甚至体育活动。反对铺张奢侈的告示张贴在政府的布告板上。所有这些规定又以法律公文的形式下发,深入乡村、里巷。虽然狡黠之徒仍然能够钻空子规避这些法令,但在很长的一个时期,幕府对于此类"作奸犯科者"是一定严惩不贷的。政府方面时不时地也有一些拿自己开刀的"改革"活动,例如,削减将军家臣们的俸禄,甚至将军府的开销,取缔一些奢侈的活动。有的时候,幕府干脆下令不准生产奢侈品,同时对于剧场、酒肆和风月场所采取严厉的管制措施。最具戏剧性的政府措施,也许就是以反对铺张为理由而打击商人阶级了。例如,没收一些大商人的全部家产,指责他们的骄奢淫逸。尽管如此,幕府是否真的就根绝了诸如此类的消费,是很可怀疑的事。江户初期,大阪有一位叫辰五郎的商人,其家世代经营木材。他的商号称作"淀屋",因为生活奢华,其家产被查抄,人被扫地出门。竹越与三郎氏这样评论这件事:

> 所有大阪的商家无不深受此事震动,自此小心翼翼地做出生活俭朴的样子。总之,不敢放手花钱,因而也就积累了财富家赀。淀屋家被查抄,令商人们的家产大大增长。[16]

不仅幕府有它的一套经济政策,地方藩国也有多方面的发展规划。其推行的力度自然取决于它们的经济动机。整个德川时期,各藩国时不时地会冒出一些励精图治的改革大名。

这中间最有名的那位，大概要算米泽的藩主上杉治惠。他很年轻时便入藩领国。一开始他便为自己所见到的一切震惊。不仅米泽国的财政千疮百孔，辖境内百业凋敝、民不聊生。他的师傅，那位儒教学者细井平洲（1728—1801）辅佐他，制定了振兴藩国的政策。他改革的第一步是削减藩内所有武士的一半薪俸，同时也砍掉他自己家的那部分开支。与他自己的前任相比，上杉家的年度开销只有原来的五分之一。上杉的治国格言是：采取一切措施，不让领地中有一寸土地闲置，不让百姓中有一个闲散之人。[17]

至于积极的措施，他制定了广泛开垦土地的经济政策，还鼓励下面的武士转为农民，从事生产。他在藩国内引进桑树种植，大力兴办缫丝绢织的实业；他规定藩内的农民家家都要种植漆树，藩府督办了制漆业；他还兴办了许多大型的土木工程，以及改善境内水利农田的灌溉工程。由于他的努力，米泽国日后成为日本经济最为繁荣的藩国之一。

上杉的改革措施中，最有意思的是设立了藩国内的巡回宣教师制度。藩府指定宣传教化的老师到各个地方巡回演讲。教师们的责任是宣讲懿行美德，在民众中培养诚实、勤劳和节俭的品德；宣传儒家的伦理规范、礼貌行仪。所有这些儒学宣教师，生资是政府供给的，如果他们的行为亏欠缺失，会受到藩府的惩罚。不仅如此，按照细井平洲的建议，米泽国内还兴建了孔学堂，以培养那些家境贫寒而又有天分的子弟。米泽国还设立了日本最早的医学校，教授的是被称为

"兰学"的医药知识和医学技能。

不过，在米泽国实行的这些改革，看上去还是儒教模式的。它给人以这样的感觉：它欲造就的是遵守纪律而吃苦耐劳的人民。但它所有的做法，都关系到了一种从领主大名到下民家农户都被囊括其中的控制制度，这仍然不离我们在前面几章说到的社会特点。米泽的改革说明，儒家关于经济活动的一整套固执的理论——这套理论显然要比日本的经济观要早很多，一旦同日本的伦理价值态度结合起来，就会获得巨大的推动力。这样的境况却正好是在中国所没有的。

至此，我们在国家和国家改革的层面，讨论了经济与国家政治的关系。在此，我们不妨再换一个角度，联系经济的或其他的社会制度，来思考经济与政治的关系。

关于儒家的社会发展观，我们可以用山鹿素行（1622—1685）来代表。他在《山鹿语类》中这么说：

> 人之品位虽有前后高下，但原其本初却没有什么差别。地位差别之生，乃不得已之事。究其起因，民之欲生，必先得食。食之所出，必待稼穑。农桑治生，不可徒手。农事器用，无非竹木铸铁，借工匠锻冶刨削之工。制作工具之人，居于四方八面，不能当面售与物用之夫。其间若无商贩，工匠与农夫两不相属。以是而商家町人出焉。谷物种植、犁耙制具、贩运转输之业兴，农工商者俱成。然彼等皆为自利，未发能顾他人。农夫贪图安

逸，不肯尽力劳作，工匠唯知牟利，制作不免滥劣；商人欺心，唯利是图而无节操，以是争攘蜂起，道德沦丧矣。由是，人君者因万民之意愿而立，以行教化风习于民间。人君之立乃为万民，非为其私利。赖其贤治，世有化人伦，百姓遂守分而有序。此乃士农工商之所生起，天下利用制度所全之谓。此所以聚民立君，君立国成，民为国本之谓也。[18]

这里我们所读到的是某种社会有机论的论调。社会成员的不同身份与职能差别，被认为源于现实本身或者解释为实际需要。这样的解释自然是合理主义的，几乎可以认为是符合原科学的理论。社会被描述成这么一个体系，其中每个人对于他人而言，都是必需的存在，就其对他人所起的作用来说，这是合理的社会存在前提。依据这样的观点，就是社会中的在上者，相比较于其他社会成员，也没有什么特别的差异。正是在这里我们看到了呼之欲出的"天皇器官论"的原型。有意思的是，山鹿素行这个早期的国体论和尊王论的倡导者，其所叙述的完全是赤裸裸的儒家关于社会职分的说法。

从本质上看，儒教的社会理论也强调均衡论：社会上每一部分的功能都是其他部分正常运用的前提。如果社会中的一个环节或者一个部分出了问题，则其余的部分便会出现功能紊乱及秩序颠倒。按儒家的思想方法，同样的类比手法可以适用于自然界，它也是自然界的活动规律。这一套理论的目的在于强调事物在发展过程中必须保持平衡。平衡的关键在于每一个部分都应该守其本分。关于这种各守本分而保持平衡的理论，我们可以引用德川时代另一位儒教学者室鸠巢的一段话来说明：

> 农工商诸人何以如斯？以其皆以天地之心为心，以天地之化用为业。人之视人，有若其家人。以劳役他人为悲，助天之道，助地之化，临事宁于吾之辛劳。是以农工商之人，相患相劳，相以为养……而一旦彼等贪取其利而违害天理，人人不能相患、劳人而不肯劳于人，则农夫不肯为天下耕耘，工匠不肯为天下制造，商者不肯为天下通贾，则窃天下之财，夺天下之富，由是天地之道晦，天下之心因之变矣。[19]

从这样的社会平衡论，发展出意味深长的职业论。职业，译成日文，称作"职分"（shokubun）。职分之说，与英语中的职业不尽相同。职分并不完全是指职业本身，还有另外的社会含义。职分，表示人的职业只是人对社会所应尽的责任和义务。他所充当的职业角色正说明他应当从社会得到的恩惠。"天职"这个词尽管与职分相比较不那么常见，但它却给我们揭示了"职业"的内涵。"天职"这个复合词，前面的"天"意味着"天所指令的""天所号召的"。即是说，所以从事此职业是从上天得到的命令。这足以说明，前面我们所

第五章　宗教与经济

引的室鸠巢的话中，人的职业已经有了社会论的、宇宙论的以及宗教来源的含义。而如果按照纯正的抽象思维，"天职"所含的意义，只是一种固定而明确的职责。它与社会职业和社会阶级并不相关。每个人的责任是以适当的方式履行其所受到的号召，他应该平静地安于这种命运。决定命运的当然是上天。这是一种静态的职业观，多少类似于托马斯·阿奎那的观点或者西方中世纪的经院哲学。

上面我们所说的这种社会职分论和职业观，在德川时代是社会上下都普遍认同的。不过在本书的最后一章，我们会注意到，它与日本的民族国家观却不尽相吻合。在许多情况下，儒家理论的纯正学者，往往是强烈主张武士道或国体论的人，例如像山鹿素行这样的人。在这种场合，当思考他们所说的职业与职分的差别时，我们建议读者要考虑，儒学的理论在新的社会条件下有没有产生意义的偏移。

我们自己在心里应当记住一点：上面的职业观与传统的报恩无尽的思想是连在一起的。武士之被视为一种职业，便是与这种原型思想紧密结合的一种形态。武士的职业态度中深深地嵌入了报答主君大恩的思想。这种报恩观要求武士履行其义务必须做到忘身奉献，毫不计较个人的需要。但这样的职业观，在德川时代并不仅仅是武士才有的态度。士、农、工、商这四个阶级中，除了武士，其他的三个阶级也都急迫地想要报答"国恩"，都是义无反顾地忠于主君的。将职业视为履行自己对于尊上者的无尽义务的立场态度，如我们在后面还会一再看到的，在日本社会中愈往后愈演变得更加突出。按照这样的职业观，社会就不只是需要保持平衡的静态实体，它无疑是朝着某个单一的方向不断推移的过程。这当中人们对于尊上者的义务得到履行。随时代的推移，社会成员的忠诚逐渐集中到了天皇这个焦点上。这种情况如橘守部（1781—1849）在下面的引文中说的：

> 自幕府居首席之慈仁主君，至最下之吏员，虽其职务各有高低，然皆为奉献至尊之职人。其职所书记乃为陛下，其职所行医亦为陛下，其职所教化亦为陛下，其所为商贾者亦为陛下也。[20]

尽管强调的重点有所不同，但儒家的基本特点大致保留下来了。每个人对社会也对其他人都担负了义务。在上者无论是什么人，对下面的人都负有施恩的责任。但如果单纯从儒家的和谐思想论来看，包含在国体观中的压倒一切的义务，便给职业观念提供了强大的并且可以说是无限的服务可能性。在这里，我们看到日本背景下的儒家观念，再一次获得了某种新的意义。一方面，它仍然坚持这样的思想：社会中的各种部分之间有着相互的需要，并存在着共铸社会和谐的必要性。另一方面，它又添加了所有这些部分都从属于某个更高的单一目标的思想。在此我们再次看到，达致目标的价值观是优先于维系社会的价值观念的。

我们总结一下本节的大意，可以这么说，这样的社会中政治的价值观渗透到了经济体系中。重要的是应该记住，这里我们所说的政治价值观，是与宗教价值观结合在一起的。关于这一点，我们在前面的章节已经指出过。虽然我们也可以说，由于政治价值向经济领域渗透，不免会有非理性化的结果发生，但当政治动机单纯地只为保守既得的地位，从而实际上维系着严厉的社会控制体系时，在某种程度上它也会产生鼓励生产、支持经济活动的功能。如果情况是这样，那就可以说，政治价值观向经济领域的渗透，具有促使经济向着合乎理性化发展的积极作用。

本章后面的各小节，将会就商人以及农民阶级的经济伦理，做更具体的讨论，同时还将考察孝的伦理同日本家族结构的关系，以及这种关系对于经济伦理的影响。

商人阶级的经济伦理

下一章主要考察心学运动及其对商人阶级的经济伦理的影响。因此，本节在这里就只是一般性地讨论与评价净土宗对商人阶级中一部分人的影响。这部分人是日本的"近江商人"。学者内藤莞尔对近江商人有专门的研究。

净土真宗在日本普通民众中流行甚广。真宗的信徒主要是农民和町人。内藤莞尔研究近江商人而总结出来的商人伦理，因此具有相当的代表性，而这一点正是我们需要进一步发掘的。

我们在第三章介绍了净土真宗发生初期的社会背景,也曾提到该宗的二祖莲如上人(1415—1499)的布教活动。我们之所以对莲如有兴趣,是因为他把真宗的宗教伦理贯彻到了信众的日常生活中,使其成为一般的行为规范。莲如认为,人们从事的职业营生,如同他的饮食服饰,离不开宗教生活,但也不等于宗教生活。在莲如眼中,对"彼岸目标"的热烈追求,应当先于对日常生活的关注。但是莲如又认为,人们的职业生活同宗教追求又有密不可分的联系。他曾经这么说:"人无论从事什么营生,我们都必须懂得,那就是奉佛之教。"[21] 莲如所强调的"报佛恩"与人内心深处的禁欲主义主张,可以见之于下面一段出自他的行传的引文:

> 上人虽在穷困当中,仍对阿弥陀佛常怀恩谢。彼深信自己生存于世,乃是因着弥陀的大恩。每当临饭之时,彼必曰:此悲苦世中,无食之人甚多。莲如何幸,能享此餐饭?上人口称此语,双手合十,至心感谢,称念弥陀名号。彼常告诫眷属与弟子,平时衣食所用,不可浪费一丝一线、一米一粟。凡有靡费,即是冒渎无始以来创造之功。上人曾经行于道中,见有一页白纸,便恭敬拾取,置于额顶,称叹曰:何能造业如是,冒渎大恩如是![22]

早期真宗多强调信心获救。相对而言,不甚重视奉守伦

第五章 宗教与经济

理禁戒。早期净土真宗文献，也多宣扬恶人也可以往生净土。莲如自己的思想，虽然也重视宗教道德的培养，但他的教诲也多半不涉世俗生活。莲如后人至德川时代，尤其到德川时代中期，往往将往生获救同人的宗教伦理修持捆绑在一起。至此不再有恶人也得往生的论调。以下所引出自真宗的宣传小册子：

> 人若无信心，容易作违背道理的恶行。因此，人们虽然不必指望洗尽无始以来的罪愆，但每日修持行善，除恶心、增善德、树正信，总有诸多益处。[23]
>
> 人若欲往生净土而又不肯持守戒律。似此所为，非但不能如愿往生，更显示其毫无正信之心。[24]

因此，人在此世间的伦理修行，既是对弥陀感恩，也是表白其信愿诚笃。人们在自己的职业行为中表现出来的勤勉与克己奉公，便成为所有行所当行中的首要责任。真宗的法师这样描绘信众应当保持的虔信态度：

> 笃守王法，不忘（对弥陀之）深切誓愿，信今世善恶之业因在往昔。无论士农工商，以守家族职业为心要。似此之人，可称为莲邦善侣。（沙弥元静《念佛行者十用心》昭和八年·四）[25]

奉佛之人要以其在世间的工作，尤其是他的职业表现，来表达自己的宗教虔诚。

> 与其坐禅守静，担心诸种妄念时时泛起，竭力保持气息心念莫散乱，不若安心工作，系念于心，如将山猿拴在石柱上。(《净土劝化言海卷》卷下·12—13)[26]

不但要强调在此世间的工作，信徒的伦理修持还包含了不肯消费以及培养禁欲的态度。这方面我们可以举一个例子。这是江户时代一位热忱的真宗弟子：

> 莲如上人给其真宗弟子的书简中，也有劝其人戒酒的。五左卫门一开始自认为他的行为与上人的劝诫没有什么关系，因为他自己从来滴酒不沾。但认真地阅读了上人的书简后，五左卫门很有心得，理会到上人所教诲的深义：那是要让弟子们完全摈弃任何妨碍修习佛道的东西。于是他立刻抛弃了自己的"毛病"爱好——对下棋太过分心。[27]

下面引一些格言，总结了真宗的钞本中常常会有的告诫：

> 常思于冥护，早晚勤不怠。
> 家业恒用心，娱乐有节制。

第五章 宗教与经济

远离于博采，宁小不贪大。[28]

江户时代的真宗，其教人敬业，总说人们当尽心做好祖传家业。这样的职业精神，自然而然地会催生另外一种思想——不要把逐利的事看得太重。传统的儒家，对于追求利益的做法总是加以质疑的。儒家平时老爱说的就是"君子喻于义，小人喻于利"。商人之遭受鄙薄，就因为他们"重利而轻义"。

对于佛教徒，贪，被视为是根本的恶（所谓贪、嗔、痴三毒之一种）。而趋利牟利正是商人的行为特点。那么真宗的法师是如何在他们宣扬的重视本行本业（商人的本业就是逐利）与宗教的神圣责任之间寻求平衡呢？不言而喻，不诚实的牟利行为或者贪图暴利的动机，都会受到强烈谴责的。不过江户时代的佛教，其宣扬的伦理超越了这样的简单否定态度，它采用了自利–利他的说法来证明商人牟利行为的正当性：

> 由于商业活动，世间产出的商品提供给了使用者。工匠们因为其所生产的东西达到顾客手中而获得报酬。世人通常称此报酬为牟利。但这样的牟利，基础在有利于他人，并因这种利他之行也有利于自身。它的道德性质便是自利而利他的。有利于他人是菩萨行，也是菩提心。凭菩萨的精神而救拔一切众生，也就是修行者自己在发菩提心。于此，可以知道，商者与工者的行为都是

发菩提心。总之，工者与商者的行为秘诀便是因其菩萨行而得到他人的信用。(《幻幻要集》，第 298 页）[29]

上面这些很有意思的道德议论，讲的是江户时期净土真宗所谈的伦理守则。所有这些讲法，不禁让我们想问：究竟是什么样的伦理思想影响着佛教真宗呢？幸运的是，我们还真有可以实证当时的伦理精神的例子。在江户时代近江地区的商人大都是真宗的信徒，他们多半聚居在城町当中。城市中的商人都是在当地的寺庙中登记注册的真宗信徒。从这些商人的行传文字中，也都多半可以看到他们所表白的虔诚信仰。这些记载让我们看到近江商人都有什么样的信仰特征呢？

这些人当中，起初多半都是些走乡串镇的行脚商贩，贩运货物，来往于日本中部的山区，经多年的经营好不容易才积攒了一些家财。于是在当时的三个城市——京都或大阪或江户开设了商号。他们的经历在当时可以说已经成为家喻户晓的故事。下面所引的是这些人在那个时代的"佳话"：

他们这些人（近江商人），以勤恳为肉，以忍耐为骨。

他们早出晚归，不避风雨寒暑，不厌艰难困苦，布褐蔽其身，蔬食果其腹，不肯糟蹋一张纸，不肯浪费一口饭，不会乱花一文钱。(《近江商人序》）[30]

第五章 宗教与经济

近江的商人,生意做得再大,也不舍得离开他们的故乡。那是他们的发家之地、祖业之地。他们不会离家而迁入大城市。一年到头他们都在为本业忙碌,有点空闲,就是礼佛供养。下面的这段引文出自一位叫作高田善右卫门的大商人的传记。立传的是他儿子,名叫义珍。义珍这么描写他的父亲:

其年十七八,以无资金,与人借贷,得银三五两。或荷担灯草,或背负斗笠,翻山涉野,贩于他乡僻地。远至纪伊国之日高,常越熊野道上之山坂,屡遭辛苦历犯危险。五十年间备尝艰辛,克勤克俭,守本正直,不惮苦劳,不辞稼穑之累,幸得天公垂顾。我等今为儿孙者,得顶戴其余荫,敢不惕惕小心,岂能铺张浪费?时时感荷其恩,敬守家业,不敢须臾玩忽。(《神崎郡志稿》,第448页)

翁之禀性,素来简朴。接人以信实,口不言人过。虽不曾读诗书,然其行合于道谊。平时所娱,但为家务,劳而不怠,数十年如一日。无有嗜好,但唯礼佛。老后悉以家业委其长子,雉发修行……奉佛为愿,早晚敬拜,钦然无倦,自谓享福之人。(《神崎郡志稿》,第480页)

及彼老后,诚谕诸子曰:吾自少时便立意以商贾兴家。我昔在纪州经商,翻山越岭,不避风雨寒暑,贩贾为业。数十年间,从未有一刻之想以求暴富,亦从未有一刻偷闲而不尽力事业。积累财富,唯在勤俭诚实。凡

我之儿女，男当经常自警，女当谏喻夫婿。(《神崎郡志稿》，第480页）[32]

以上行传文字，除描绘出当时商人的勤劳与虔诚的状况，也有助于思考当时的家族制度及与商家的经济动机间的关系。在接着往下讨论之前，我们还得就真宗说几句话。

这里我们想要讨论的是宗教动机对于经济领域的直接影响。如果观察国家与政治价值观之间，似乎缺少联系的环节。诚然，真宗传教的小册子有不少地方讲到，信教的群众应该服从统治者，忠于自己职业，便是对阿弥陀佛尽宗教义务。这里倒也看不出提倡对主君尽责任的话。有一个故事可以说明，在真宗看来，政治与宗教责任是有关联的。有一个大名，听说其下面的一个家臣已归信了净土真宗。这位大名想考察一下后者的信心是否笃实，便吩咐这位家臣必须放弃对真宗的信仰。如果这位家臣不肯听自己主君的命令，按规矩他得剖腹自杀。这位家臣对自己的主君说，他宁可去死也不会放弃信仰。大名被这家臣的虔诚所感动，是这样回答他的：

您说得对，我现在完全明白了亲鸾上人的教示。对于这个教示，是没有别的什么道理可以超越的。无论什么人领受了法恩，哪怕毁身折骨也要坚持到底的，必然是忠义之士。这种人无疑也会因领受主君的恩义而做好准备，为主君的事业去死。能有你这样的真宗信徒做我

第五章 宗教与经济

的家臣,为主君的我,是何其有幸呀。[33]

虽然根据这个故事,真宗所说的两种义务最终得以调和,主要是因为大名改变了他的主意,但这中间显而易见的是,宗教的义务是先于政治隶属关系的。无论是武士道的精神,还是那个时代的心学运动、报德运动,或者神道教系统中的诸多宗派,人们的思想观念中,政治义务与宗教责任是完全融合到一起的,无从区分的。就净土真宗而言,情况似乎并不完全这样,这个例子多少说明了例外的情形,其中有一些值得玩味的信息。它算是一个日本情景中的类似基督教新教运动的个案,其说明的是类似新教伦理的东西。

不过,真宗的伦理主张,只是影响商人阶级的多种思想之一。哪怕是上面说的高田善右卫门,我们也可以看出,他还受到了其他思想的影响。如果要全面地考察商人这个阶级的伦理价值观,有必要再看看他们的家训规约。商人之家规定了对子孙的训诫指导,是从武士阶级的家规借鉴过来的。在前江户时代,商人的家族中立出家训这样的教育法,并不多见。但进入江户时代,这种做法便普及开来。这就标志了在一个特殊的时代,身份伦理的规范化是社会的需要。以下我们举例的家训,大都来自宫本又次对商人家族中家训研究的成果。宫本对德川时代商家的家训文本有着深入的研究。

商人的家训,通常是一些篇幅并不大的文书。其中列举了家族世代延续的状况,列出该家族的各个分支。当然,主要的内容之一还有对子孙后代的道德劝诫。这也是商人之家对于他们的理想生活方式的某种规划。一般说来，家训的册子中，还附有"店规"（tenshoku）文书。店规，是对商铺的经营管理规则的具体陈述和条举。比起家训，店规的文字会多一些，篇幅要大一点。家训与店规并无严格的差别，有的情况下也有两者各自单行，并未合在一起的。

所有的家训和店规，都会说到商家的信仰（shinkô）。例如，它们可能会做这样的要求："佛事当谨勤，工作当努力。"或者提出要求："朝暮礼拜神佛，信仰致事不可轻忽。"家训或者店规中很少有专门提及所信奉的某个宗教派别，它们只会一般性地要求家人对宗教保持虔诚的态度。

所有家训，上来第一条一般都会说，一定要服从国家（幕府）的法令文告。例如，《三井家训》中第一条就这么说：当忠实地遵守幕府发布的所有法令文告，无论家主与雇工，都不得有所违犯。[35] 这里可以看出奉公（hôkô，服务或侍奉公家）精神的一个侧面。奉公是为了报答"国恩"（kokuon）。国恩有多方面，其中之一便是：因为幕府的政治统治，社会安定，人们得以享受和平与安宁。"奉公"的概念如果扩展开来，便是关心社会公益。因而这样的"公"就超出了个人或家族的范围。中村家的家训说："凡往他国行商，不须总想念自家的事务。应以其国的一切人为念。不可只图私己之利。"细川家的家训说："不可牟求不正当的商利。"[36] 最后，还有一点，这里所说的奉公（服务），或者奉献，是同商人的"职分"或者职业(天职)相关的。人在此世间的劳作,被看成是对国家与社会的报答。这样的思想很类似于西方的天职观——这点本章前面已经讨论过了。商人家庭中,对于奉公或者事奉义务的强调,反映了经济领域内的"政治"活动的意义。

所谓"奉公"的观念,最有意思的地方,并不只是它被联系到更大的国家政治实体上。奉公,是商人家庭内部支配着人们行为的重要的价值观。家庭本身是神圣的实体。当它成为了祖先的象征性观念时,它就会要求全体家族成员,应当感谢家主,拿出奉献和感恩的表现。例如,《三井家训》上来就说:"我等今日全家和乐,乃因祖先荫庇,以是悉当恩谢祖宗。"[37]别的家训还说道:"吾当视自己为祖宗的手代(手代,指商家的雇员)。"还有一部家训说道:"几经三十年后,吾传此家业于子。岁月短暂,吾必当视自己为奉公之人。"[38]前面我们引述过高田善右卫门的传记,其中有言"深荷感恩之情,必无片刻忽视家业"。这里我们再次体会到了类似的感情。说到商人之家的"奉公"(服务),自然也就会涉及儿女们对父母的孝顺、雇工下人对待所从学的师傅与家主的忠诚。这种奉献精神完全可以媲美于武士阶级极尽本分的忠君的态度。有意思的是,这里家族的奉献观念,也是可以加强人们的经济动机的。在家族的商业中,劳动几乎也就是某种神圣的义务。因为它已经被看成是对祖宗恩惠的报答。一家之主与别的家族成员一样,都是深深背负着要感恩祖先的义务。在这种情况下，宗教的动机与世俗的动机完全融合到一起。家庭也成为了类似国家那样的集体。祖先则成为了家庭宗教象征物。对家庭的义务与对祖宗的责任，变成了同一回事。针对这种现象，和辻哲郎和别的作者也都指出，在这种情况下商人阶级的经营动机并不是自利或"自我利润追求取向的"，它以家族的利润为追求取向。而这后一种取向所要求或者与这种取向相兼容的，是高度的勤勉、吃苦耐劳以及无私这样的商人品质。[39] 而诸如懒惰、享乐主义或者欺诈不诚实，之所以遭受严厉的谴责，就是因为它们取消了商人的家族责任，实际上造成家业无以为继。例如，《三井家训》说："放纵自慢必定败坏家业。是故就当严格自谨，亲切和善，乐于帮助家人。凡为家业，当勤勉努力。"[40]

因为这种家族观的半神圣性，于是人们会具有高度的家族荣誉感，不敢辱没家声。家族的名誉是不能被羞辱的，家族的事业是不能败落的。否定也就损害了祖宗的名誉。要保护家声，也就会自觉地维护与增加诚实、德性以及信誉。毫无疑问，这样的行为自觉，也就提高了商业界的普遍道德水准，在商界的各商家之间建立了相互的信任和尊重。最终它导致形成了日本社会中信用榜单这样的东西，长期流行并且受到社会器重。

同样不容怀疑的事实是，如果家族被看作关系到神圣的事物，虽然在经济活动中加强了商家内部的凝聚力，但另一方面，它也可能产生与经济制度理性化背道而驰的负面作用。

经济活动中，如果一心一意地维护家族优先的原则，则不利的一面将会是限制新的商业领域的开拓。如果眼光只是集中在保守家族原来的事业，常常也就只能坚持保守的经营政策。"职分"的观念并不能被保证永远都解释为能动的"天职"责任，它也可以自卑地从宿命的一面来解释。这就会使商家的后代仅仅满足于保守祖宗的行业，也就是不思进取、维持现状。经济活动中，其价值观是重视体系维持，还是致力于目标创新，两种选择都可以从家族第一的原则引申出来。重要的问题是要记住：在日本，家族的结构中也深深地嵌入了"政治的"价值观，以至于在此结构中的活动运行，它既可以成为推动社会整体利益的强大价值动机，也可以作为仅在特殊的分部经济中活动的动机助力。然而，在一定时期内，在特定的环境中，如果目标达致的价值观相对薄弱，则从整体上看，家族就会倾向于加强传统主义，着力于增加制度维系的价值取向。因此，在这里家族的价值动机，应该联系到具体的社会环境来考量。不过，虽然有这么一层意义限制，但我认为，在江户时代家族的内部凝聚力仍然起到了推动社会经济发展的作用。而到了下一阶段，即明治时期，家族优先的价值观，在当时的政治与社会变迁中所发生的影响力，更明显达到了新水平。

江户时代的日本城市，从许多方面看，都为社会提供了娱乐与奢侈的诱惑。毋庸置疑的是，商人阶级向许多出得起钱的顾客，都提供了好多奢侈品，满足那些期待寻欢作乐的买家。不过这样的消费行为,其危险性也是明显的。因此,许多商人都在自己的家训中,郑重其事地警告儿孙。例如,著名的《三井家训》这样说:

> 乡下的生活朴素节俭,而身居大阪、京都或者江户等这样的城市,人则易于贪图享乐。为商之家容易忘乎本业,耽于纵欲。因此,商家往往两代三代之后,便败落下去。对此种危险不能不常存戒心。[41]

通常的家训,都会规定后世子孙一定要保持节制,过节俭的生活。家训中所希望的几乎是一种禁欲的生活方式。《谷口家训》说:"要常行节俭,不要作无用的开销。"[42]许多家训中规定,连弹奏三味弦、唱歌、跳舞这样的娱乐都要远离,不能沾染。至于搜集古董、家具摆设、贵重饰品,更是要严格禁止的爱好。好吃贪睡也是受到严厉呵斥的习性。家训中经常挂在嘴边的是"早睡早起莫贪床枕",经常要保持衣着、店面、作坊的干净整洁。

在下面一章,我们在叙述心学运动时,还会讲到商家的伦理。不过,我们在这里所介绍的这些家训材料,已经足以形成一个大致的认识。关于商人家族所信奉的伦理原则,主要强调的是勤勉与节俭。它所强调的精神,使人联想到欧洲早期清教徒的禁欲态度——联系到这些人内在精神价值观的原则。所有这些,如果放到劳动观念被理性化的背景下看,即劳动是应家族和社会这样的"更高"实体的要求而做出的奉献行为。这样一来，一种似乎有利于经济制度合乎理性化发展进程的伦理便突现出来。

农民和报德运动

就全世界而言，吃苦耐劳和勤俭节约的品德似乎是所有农民都有的特点。但如果说到日本的农民，恐怕这一特有的品德更加突出。虽然从另一角度来看，农民之所以如此，可能也因生活资料的过分缺乏。但这个原因不能完全用以说明日本农民的情况。日本农民的克勤克俭，在很大程度上是受其社会责任感及家庭责任感所驱动的。就其对家庭的责任而言，这与前面我们讨论过的商人阶级的家庭责任感如出一辙。整个农民阶级也受到社会伦理运动的影响。所有这些运动都内在地加强了人们的禁欲主义态度。在许多地区，真宗都有很大的思想影响。例如，近江地方的商人就深受真宗的影响。而近江商人们有不少起初就是从农民当中出来的。日本的心学运动主要流行于城町地带，但它也把影响从城镇扩展到周围的农村。心学运动创始人石田梅岩就是农民家庭出身的学者。最初主要在农民阶级中流传的神道教诸宗派，也在信众中产生了同心学运动差不多的思想影响，对农民阶级很有号召力。从它的发生到发展，都主要在农民阶级中。德川时期，就农村而言，经济生活的理性化过程，在农村波澜不惊地缓慢推进。在这样的情况下，我们来讨论日本的农民伦理对于经济发展的影响，好像有些勉强。话虽如此，我们仍然可以肯定：与前一历史阶段相比较，德川时期的效益农业已经呈现了多样化的状况。之所以有这样的变化，一方面是幕府有意地扶植和倡导。当时已经出现了某些"家内的"（cottage/村舍的、农户的）实业，这些实业的发展水平与统一的标准性都达到了值得一提的地步。不过，农民伦理在当时社会中的意义，主要在于不断有农民离开农村土地，稳定地流向城镇，成为江户时代城市中的商人及工匠的后备补充。1868年以后的明治时代，农民又成为了城市中工商业的主要劳动力来源。不断流入经济领域中各个部门的农民，带来了他们身上历来秉有的伦理观，作为经济活动的动机，经改造而被纳入了服务经济理性化发展的总体过程。

　　报德运动之所以令人感兴趣，部分原因在于它代表了这种道德伦理在当时的尖锐化和强化的过程。报德运动的发起者是出身于农民阶级的二宫尊德（1787—1856）。此公认为自己有责任提高日本农民的道德水平。二宫的思想来源可以追溯到儒家、神道以及佛教三个源流。但经他宣讲出来后，只是一种朴实的实用的日常道理。二宫尊德自己在青年时代就是笃行勤勉与节俭的模范。关于他的良好道德品行，流传着不少故事。从年轻的时候，他就高度肯定劳动的意义。他曾写道：

第五章 宗教与经济

我开始懂得，即令像我这样的小人物，也可以对国家的福祉和富强做出自己的贡献。我从那时就明白，许多人认为琐碎而无意义的家务劳动，其实也有高尚的意义。因此，我立誓要尽一切努力以服务于他人。[43]

二宫先生的基本理论，是他毕生都在不倦奔走宣传的道德学说。这个学说，简而言之，可以用他发起的报德运动作为实践模范。报德，也就是报恩，前面我们已经讨论过了。它的意思就是如何回报我们所受的恩德。报德运动的目的是维护家族的或家庭的制度，亦即如何完美地尽孝道责任。

人的身体本元受之于父母。人的子孙后代世世承续不断，全赖夫妇的含辛茹苦。父母的财富基于其祖宗的勤勉。我们自己的财富，来源于父母的积累之善行。儿孙后代的财富则依赖我们今生此世的勤勉。[44]

说到报答我们所受的恩惠，必须指出，那不过像是偿还向他人作的借贷利息，几乎只是受人的恩惠而说几句感谢的客气话，也先于购买物品的代价，或者像是雇人佣作付的工钱。必须这样看待我们在世上所受的恩惠，必须为这样的恩惠感谢天地与人类。如果能够这样感恩戴德，我们在世间庶几才能达成所愿，也才能够得到神的喜欢。我们的行为若能得人喜乐，我们的话语才可以得人信任。[45]

下面这段引文出自前面（本书边码第 73 页）我们引用过的那段话。二宫尊德先生说这段话的意思，是在显明懂得感恩报德所具有的高远意义。

> 人皆禀上天所赋的才能，守分生活，勤恳节俭，积累钱财以为资本，才能拓植垦荒，或负债还钱，赈流穷厄，以助村村，以济国国；一家一户，一村一城，及至全日本，都因之能够繁荣，及至天下皆得丰足。人只有如此践行，才算是感恩报德，也才不辜负天、地与人这三者。[46]

二宫先生的这段话有几点值得注意。首先，读这段话，我们感觉它是在说宗教意义上的拯救，而这种拯救又与经济的振兴联系在一起。这是一种千禧年运动似的宗教理想：通过这种报德的精神与实践，不单日本，甚至整个世界都因之获得拯救。它所强调的重心，不在个人甚至也不在家庭，而是更大的、集体的福祉。也许更值得重视的是二宫先生所宣讲的报德论的时代背景。二宫尊德先生生于德川幕府的晚期。正是在那个时期，我们在上一章讨论的国学思想和水户学的思想运动正在广泛地传播开来。

另一方面，二宫先生的主张也有特殊的个性。他不像别的日本思想家，他的价值取向是"超越自然的人"的意义，而并不以"立足于自然中的人"为归宿。因此，他对佛教和

第五章　宗教与经济

儒教的循环论历史观加以批判，显而易见，他所依据的历史观是单向的线性的发展观。

> 按儒教的看法，历史是周而复始地循环的。按佛教的说法，人生只是转世轮回，无有穷已。佛教认为如果要摆脱转世的强横控制，只有谋求达到涅槃的寂静境界。而在孔子，解决这一问题的方案在服从天命天道，以息事宁人的态度来对待人生。而我的主张则不同。我之教人，目的在使穷人致富，使有需要的人变得强壮。如果逃离了循环论和转世论，我们就可以生活在繁荣富强当中。自然界中，果树之结果有多有少，果木的休歇，年份各异。但若按我的看法，或剪枝或施肥，通过培植与护理，果树年年都会有好收成。自然之法，富者会转为贫瘠，然而我要克服的便是自然之数，因此使富足与繁荣长盛不衰。[47]

二宫尊德有"人定胜天"的思想，他在另外一个地方这么说：

> 人生的成功与否取决于人们自己筹划是否得当。作物播种固然各有时令，但若想收成丰厚，就需要除草施肥，以使作物有发展的机遇。因此，若顺从自然倾向，我们必须耕耘劳作。但在自然倾向与我们的职责相冲突

时，我们就必须抑制它的倾向性。[48]

人生是紧张而辛苦的。人之道与天之道相对而立。人之道在修理荒废，肥沃贫瘠。而世间罕有人知此人道与天道之不同者也。[49]

下面再引述一段二宫先生的话。它似乎与上面讲的又正相反。其实，说的是同样的道理。这一段话似乎是要尽量协调人天两道的和谐。不过，他发展某种从天而用之的思想：

若我们凡事均仰赖于天，就根本不必担心国家无从恢复强盛，因为天道从来就是治愈性的和恢复性的。然而，我们之视上天（万民之父），并不像浪子之视其父亲，而是以勤劳的少年对待慈仁长者那样的态度。天之待我们惩戒虽也严厉，但若见他的子女如此勤勉服劳，必然会殷殷喜见。天道正是如此，不会奖励好逸恶劳。[50]

这里令我们感到特别有意思的地方，是他把天视为父亲，而不是当成母亲。

不出我们的意外，二宫尊德先生也是倡导勤勉与节俭的品德。这里我们再次看到了日本传统伦理思想中的一种主流倾向，即是重视勤劳与禁欲节俭。

若非一锹一锄之功，不能栽种百亩之田；不行一步

第五章 宗教与经济

一尺之程,无能成千里之遥。非累一筐一篑之土,何能成百尺之坟。以是之理,若非勤俭于一丝一粟,不能成殷实之家。[51]

多劳丰得,少作开销;多积薪柴而少燃焚,此为成就敌国之富的诀窍。此决非悭吝之谓也。既知天之道而不任随人道,人必勤恳而后有所积蓄,以待不虞之时,以今岁之所得,补他年之匮乏。节省乃守谦之德也。[52]

二宫先生不仅是宗教家、道德家,也是脚踏实地的实干家。他多次受聘于各封建大名之国,挽救他们濒临破产的藩国财政。往往数年之间,他就能扭转颓败的经济状况。二宫先生的救急之方虽然不少,但主要的手段仍然是开源节流,发展生产,节制开支。他在应聘的藩国往往鼓励开荒,兴办水利,劝掖农桑等。其最重要的经济原理称作"分度"。其意思是下一年的开支绝不可大于上一年的收成,一定要有应付荒年和突发灾害的财政准备。他督促民众,在各乡村都建立信用社这样的机构,为发展生产或遭遇不测的人提供无息贷款。(借方理当给贷方"自愿"送一些礼金,但贷款的利息远低于高利贷。)这样的信贷机构大都称作"报德社"。报德社是半宗教半商业性的信贷组织。参加报德社的人要具备一定的资格,下面所引述的便是报德社的会员资格规定。这是明治时期报德社的规约:

任何加入本社的会员,必须具备以下条件:

（1）品德纯善，知道对神灵、天皇、父母、祖宗感恩。

（2）勤勉节俭，过日子没有入不敷出。循规蹈矩，有益于家国之繁荣。

（3）使用良种良植法，永乐幸福。[53]

报德社的宗旨是鼓励大众集资发展生产。作为一个例子，报德社可说明宗教之有利于经济活动的理性化发展。但报德社的影响比较有限，因为它只局限于不多的几个地区。它的重要意义在于其表达了农民的伦理要求。而这种伦理思想在农民当中是非常普遍的，因此显示了农村地区的经济朝着合乎理性化方面发展的良性前景。

通过本章的叙述，我们努力地显示了宗教对社会经济活动有直接或间接的影响。所谓间接影响，指的是宗教会影响国家观、家族观，从而对经济生产发生一定的影响。我们也尽量总结了这个时期日本社会中经济伦理思想的特征，亦即这种思想中所具有的强烈的禁欲色彩的内在性、类似于基督教新教的"天职"观念的职业态度。虽然就日本的国民而言，这种伦理思想的某些基本特点对于日本各个阶级——士、农、工、商四者——的影响还不至于取消了差别，但它毕竟可以被认为是各阶级的共性。至此，我们分别讨论了武士道、心学运动与报德运动中的观念和思想。我们做这些讨论的目的

第五章 宗教与经济

在于寻求宗教思想与经济伦理之间的联系。接下来的一章，我们还将更进一步地具体讨论心学派伦理运动。我们会尽量准确地把握这个思想运动的经济伦理思想，找出心学派的理论支撑点。

注　释

1. Sansom: *Japan, A Short Cultural History*, p.354.
2. 铃木大拙：《禅佛僧的修业》，第 23 页。
3. 同上书，第 24 页。
4. 同上书，第 38 页。
5. 东晋太郎：《近世日本经济伦理思想史》，第 5 页。
6. Legge: *Chinese Classics*, Vol.II, p.23.
7. 同上书，卷 1，第 243 页。
8. Dubs: *The Works of Hüntze*《荀子著作》, p.65.
9. Legge，同前所引书，卷 2，第 373 页。
10. 同上书，卷 1，第 71 页。
11. 本庄荣治郎：《德川时代の经济思想》，第 5 页。
12. Smith, N.S.："Materials on Japanese Social and Economic History," p.19. 此处所引的数据似乎与其他研究德川时代经济的一般说法不同，后者通常认为这个时期的人口是 3000 万。
13. 堀江：《德川时期经济政策大要》。
14. Smith, T.C.："The Introduction of Western Industry to Japan During the Last Years of Tokugawa Period".
15. 堀江：《德川时期对国产品的奖励》。
16. 竹越与三郎：《日本文明史の经济侧面》，第三卷，第 255 页。
17. Murdoch: *A History of Japan*, Vol.III, p.386.
18. 本庄荣治郎：《德川时代の经济思想》，第 4 页。
19. Azuma，同前所引书，第 4 页。

20. Hall, R.K.: *Kokutai no Honji*.
21. Reischauer, A.K.: "A Catechism of the Shin Sect," p.384.
22. 中井玄道:《亲鸾及净土真宗》,第 143 页。
23. 内藤莞尔:《宗教与经济伦理:净土真宗和近江商人》,第 269 页。
24. 同上书,第 279 页。
25. 同上书,第 277 页。
26. 同上书,第 264—265 页。
27. 中井玄道,同前所引书,第 208 页。
28. 内藤莞尔,同前所引书,第 275—276 页。
29. 同上书,第 285 页。
30. 同上书,第 254 页。
31. 同上书,第 255 页。
32. 同上书,第 256 页。
33. 中井玄道,同前所引书,第 246 页。
34. 宫本又次:《石门心学与商人意识》,第 22 页。
35. 三井高房:《封建制度下的町人生活》,第 71 页。
36. 宫本又次,同前所引书,第 17 页。
37. 三井高房,同前所引书,第 71 页。
38. 宫本又次,同前所引书,第 18 页。
39. 和辻哲郎:《现代日本和町人根性》,第 320—324 页。
40. 三井高房,同前所引书,第 72 页。
41. 同上书,第 73 页。
42. 宫本又次,同前所引书,第 20 页。
43. Droppers: "A Japanese Credit Association," p.83.
44. Atmstrong: *Just Before the Dawn*, p.177.
45. 同上书,第 178 页。
46. 同上书,第 175—176 页。
47. 同上书,第 208—209 页。
48. 同上书,第 213 页。
49. 同上书,第 214 页。

50. Droppers，同前所引书，第 82 页。
51. Armstrong，同前所引书，第 234 页。
52. 同上书，第 232 页。
53. 同上书，第 185 页。

第六章　心学及其创始人石田梅岩

133　　心学运动的开创者是学者石田梅岩。其首次开馆讲学在1729年。石田先生去世后,心学运动继续发展,一直到19世纪初才沉寂下来。其在盛期,心学运动在日本各地有讲习所十数处。这个运动对于城市中各个阶级都很有吸引力。在长达百年的时间内,各个讲习所经常有听众数千,聚集修习。日本学者大多认为,心学运动最重要的成果便是它对日本国民伦理形成的塑造之功。传播心学运动思想影响的,不仅有它的讲习所,更有它散发的小册子及家训小书。小册子中有许多都由讲习所的宣讲师撰写。除了讲学,心学运动还举办慈善活动。本章主要介绍心学的宗教思想轮廓以及道德主张、这个运动的组织形式及教育手段。但我们的叙述重点是石田梅岩这个人。前面已经指出,石田是心学运动的创始人。也许他还可以称为当时最有原创力的思想家。如果我们大致了解了他的创作内容,也就会对他的思想见地有较全面的了解。他留下来的作品使我们对他的了解要超出后来的好多思想人物。当然，他的作品构成了后来的日本思想发展的基础。众所周知，任何重要的宗教运动，其思想奠基者的生平传记总是令人饶有兴味的。在这里，我们先大致看看石田的个人传记及其思想，然后介绍心学运动的组织原则、教学方法。至于其系统形成是在石田梅岩去世以后的事，因此放到本章的结论部分介绍。

石田梅岩[1]

石田梅岩先生于1665年9月15日生于丹波国东县村。东县是距京都25公里左右的乡村。青年时代，石田一直随父亲在家种田。他的父亲是一位正直而严厉的农民，对于少年时代的石田的思想形成有深远的影响。梅岩因为不是长子，所以不能继承家业。他未来的衣食来源，注定只能依靠自己的劳动。石田梅岩11岁时被送往京都，在一家商铺里做学徒。这个年纪在当时正是做学徒的年龄。因此，梅岩虽然出身于田垄之间，但他转入了商界。开始时虽然在社会底层，后来似乎有希望地位上升。说起来，如果他勤恳劳动、有所成就，日后甚至还能自立门户，开办自家的商铺。本书在第二章已经介绍过梅岩当时的日本商家的状况。梅岩在京都做学徒时，那里商铺的一般状况，也同前面介绍的大致相当。

只不过，梅岩在15岁时突然结束了学徒生涯，只身返回他在东县村的老家。我们不清楚他离开那家商铺的原因。他自己后来讲到这段经历时，说自己天生就是乡野气质，从小不喜欢交朋结友，让人觉得他是孤僻之人。"我十四五岁时意识到这点，很是为此苦恼悔懊。"他突然中断在京都的学徒生涯而回到家乡，很有可能同他对自己性格的这种意识相关吧。但不管怎么说，这应该是影响他后来人生的关键性的一步。正在城里学习经商技能的石田，在其普通商人的生涯快要开始时，突然放弃一切，回到乡下的家中。在自15岁到23岁的八年中，他经历了关键的自学成长时期。岁月改变了他的思想与生活。如我们在第二章所说的，那本来可能的学徒经商、一生摸索奋斗的生活道路，陡然间便改变了。学徒不能出师，也就切断了他在世上出人头地的可能。哪怕他再回头从商，也只能当一名成年的商铺雇工（日语中称这样的身份为"中年"），只能接受商铺中最低的待遇，反正他从此再也不能有做学徒满师而"出世"的指望了。

不过，石田梅岩似乎并不担心自己未来的生计。他的注意力，如我们在前边提到的，只是放在自己的内心自省上。回到老家的那些年，他仍然只是顺着自己的内心关注，一路求索下去。起初，他对于神道宗教颇为留意。他回到老家的这个时期，正是日本的伊势神宫的信仰发展成形的时期。伊势神社的神官们正在全国各地游说宣教，劝导信众往伊势朝山进香。神官们的劝导传教活动，在京都及周围地区似乎特别成功。这对青年梅岩有很大的影响。无论如何，当他23岁那年再次踏上重返京都的路途时，他已经没有再回商铺的意

第六章　心学及其创始人石田梅岩

思了。他宣称自己有意做神道教的传教师。

他在上京（京都）的黑柳家安顿下来，当时大约以"中年"（成年雇员）的身份"奉公"奔走。但他一心想成为一位传教师。有的时候他也出门去街上讲道，但信从的人并不多。他手执铜铃在京都各处巡回招徕信众。他的理想是为人树立人生的模范。然而，在一个时期梅岩的努力似乎并没有什么效果。于是，他回过来再学习神道。他拼命地读书，无论走到哪里都是手不释卷。每天早晨他比别人都起得早，起来便在窗边读书。夜里别人都上床了，他还在阅读。尽管学习抓得很紧，倒也没有耽误主人吩咐的事情。他这样的专注学习，并不只是为了读书长进，而是为进道而身体力行，为人们树立如何磨砺意志以培养人格的榜样。

他在商人黑柳家待了许多年，后来成为这家人所依赖的"成年"（老资格的雇工）。他与黑柳的老母亲特别投缘。老太太直到死前都一直特别信任梅岩。最终梅岩成为这家商号的"番头"（领班），职务就是管理家中的全部"成年"。而在黑柳家的这些年，他始终孜孜不倦地学习，提升自己的涵养，发展自己的思想。

到了三十五六岁时，梅岩才觉得自己的学问已经成熟，已经完全掌握了完整的"性理之学"。虽然对学问之道的自信已经建立，但他对于心性仍有疑惑。为得到补益，他四处寻师访友，想要决除疑惑。数年之间，梅岩求叩了无数学者，直到最终遇上一位叫小栗了云的老人。小栗先生并非寻常之辈,他曾经官至京都的朝廷大名。但他最后仍然弃官而隐居于京都城中,以教人讲学为生度日。小栗老师所精通的正是中国宋儒的性理之学,他又兼通佛道两家。梅岩一接触小栗了云,遂心生仰慕,决意要做后者的弟子。自此,他随小栗学习静坐工夫。他为此甚至达到废寝忘食的地步。就这样学习一年,小栗印证了他的开悟。这一年,梅岩40岁。他因为母亲患病而回乡探视。他在传记中这么写道:

> 正月初,在家为母侍病。一日推门出,忽然觉得往昔多年间所积疑惑涣然冰释。便知尧舜之道,只是孝悌,是若鱼游于水、鸟翔于空。大道上下一时湛明。亦知性(自然)即天地万物与父母,由是大喜[2]。

他回到京都,向小栗老师呈其所见,求后者印证他的体悟。小栗告诉他:"此仅开悟之端,未可视为究竟。"小栗老师认为此时的梅岩,仍然是自我与本性分为两截未达合一的境地。如果梅岩是真正地达到悟真境界,便应是"无观之眼、唯有本性"。受其指点,梅岩便抖擞精神,以更大努力来修习静坐。这样体察了一年多,终获大功告成。

> 后有一夜,疲极而寝,不觉天明,卧中忽闻屋后竹林间雀噪。忽然间自觉身体内如大海万顷波平。雀鸣之音,如鹈鹕分水,直入下海底,但见大海澄明[3]。

第六章　心学及其创始人石田梅岩

至此，既无有我，亦无有我之心性。

这样的体验，对于梅岩产生了深远的决定性的后果，使他感受到了前所未有的大喜乐。

如若有人想要描述这样的极乐境地，他只能描画出这么一个通体湛明、忘乎所以而手舞足蹈之人[4]。

这样的感受令梅岩获得了根本的自信，一扫他往昔的疑惑。自此以后，无论身处何种境地，他都能够不疑不惧，泰然自若，直面一切，勇往直前。也使他生成极大的愿心，全心全意地帮助别人以获得快乐，得到如自己一样的确信与喜悦。他自己觉得 20 年来的追求如愿以偿。他终于来到了自己的天地，可以帮助他人去开拓新的天地。

决心既然已经确立，他便从容地落实立定的志向。43 岁那年，他离开了服务多年的黑柳家，先后到许多人家里教家馆。1729 年小栗了云老师在 60 岁时辞世。也是这一年，45 岁的梅岩不再四处游学，决定自己开馆延收学生，传授心学。他曾在家门口挂上这么一个榜告，其上写道：

某月某日，本学开讲，听众无需缴费亦不受他缘（条件限制），亦无需报名（御通），恭候御座，以成御闻。[5]

自此以后，他在教馆中授学，月复一月，年复一年，直至他的辞世之日。

开始时，来从学的人数不多。很长一段时间，他只能同自己的亲朋好友相接对谈。曾经有一个晚上，来听讲的只有一个学生。那个学生觉得不忍，便说：

> 今晚无他从学者，若专为我一人而讲，未免太麻烦先生您了。不如休歇一天？
> 吾师回答：我昔时开始讲学，有时甚至只能对着讲台自己说话。只要有一位听讲的人，我也就心满意足了。于是梅岩便开始授学。[6]

此虽只是传闻逸事，但也可以透出梅岩的信心满满。无论自己遇上什么样的不利境况，他都能义无反顾地坦然教学。

不久，他的学生日渐增多。于是梅岩便在京都别的地方也开始授学。他常常也到大阪去讲课。从他求学的人，基本上都是商人。因此，他讲学的时间通常都不在商人们做生意的时间。他每天早上和隔天的晚上都要讲课。每个月他还安排三天作为与听众见面的时间，以便有兴趣的人与他讨论和答疑。

对于那些上来并不知道什么叫学道的学员，他鼓励他们通过静坐来体悟真实。他有一个弟子叫斋藤全门的，最先得至觉性。其人信心充足，每日拼力静坐，一夕之间，忽闻太

第六章　心学及其创始人石田梅岩

鼓之声，当下觉其本性。其他门下弟子，虽犹然未悟，而能够继续努力，直到某个冬夜。一个叫木村重光的学生，虽然坐在障子当中，但忽然得到觉了自性。用这种静坐方法，他的学生先后有不少人因以证道。

梅岩的授学传道有三大法门：讲授、问答与静坐。每种方法各有其针对性。日本的心学史上，此三者是该运动最为根本的教学手段。

梅岩之开始其慈善赈济活动，大约也在这个时期。隆冬季节，有什么地方发生火灾的，他会给受灾的乡村送粮食；若农民们遭遇久旱不雨的困窘，他也会去赈灾。慈善赈灾是心学运动的社会活动特点之一。

他55岁那年，首次刊行了《都鄙问答》这部书。该书名意为"城市与乡村的对话"。该书辑录了他与门下弟子之间的日常对话问答。他唯一的著作是《齐家论》。该书完成于他去世那一年，即1744年。从书名看，所讲述的也就是勤俭持家的伦理教训。

1744年9月23日，石田梅岩白天食用了炖蘑菇[①]，当天夜里便病倒了。次日不能起床，中午病逝于家中。是年石田先生正值60岁。其归葬于京都东北郊之乌边山中。

先生逝时，家徒四壁，室内仅有书三篚，余则为平

[①] 因食蘑菇而亡，梅岩的传记是这么说的。这使译者联想到佛祖释迦牟尼临死之前也食用过一种菌类植物。于此补记一笔。——译者

生与人往来问答书信、文稿、笔砚陈于书桌上，除旧衣数领外，别无长物。[7]

以上所记出自其年谱，大致记录了先生一生梗概。下面我们略作一点补充，以说明其所生活的时代背景，介绍当时社会对于石田梅岩这位新宗教导师的看法。

石田梅岩生前对自己的禀性及后来的气质变化都有所述及。这一点我们前面也已经提到了。年谱中曾记有先生的自我评论：

先生曾说：吾天性好诘问于人，因此自幼颇受人嫌恶。又不善与人相处，年十四五时忽然自觉于此。甚感感悔。三十岁时稍有改善。然犹木讷而寡言。年四十，如梅腌之汗涩酸口塞；至年五十，始尽弃以往脾性。

近五十岁时，先生若与人相接，意若有不合，犹有脸色；待至五十，若与人语，无论洽否，面色始终平和无有一丝之异。及至六十，先生自言：吾今怡然得乐矣。

年谱中记录的这些话，足以说明梅岩一生都在磨砺性格、变化气质，力图控制自己的情绪，尤其是克制改变自己容易惹人不快的性格习气。最终，梅岩达到了平和恕于人的境界。早年他在与人往复论辩时，往往会气急而语词凌厉、咄咄逼人，态度趋于固执刚愎。《都鄙问答》中记录了他的性格。不过，若在西方人看来，他平素的表现仍然算得上温文尔雅且善解人意的。但梅岩自己认为，读书讲学，本来就是要变化气质，以是才能明心见性。如果联系孔子的《论语》这部言行录，我们再回过来看石田梅岩的自我陶冶，应该更能体会他的年谱的意思。梅岩总是将《论语》里的孔子言行，当成自己的性格模范。

> 子曰：吾年十五有志于学。三十而立，四十不惑，五十知天命，六十耳顺，七十从心所欲不逾矩。(《论语·为政第二》)[9]

不同的是，梅岩说话更有个人特点，也就更加尖锐。但他与中国圣贤之间，都经历了同样的修养过程，都经历了自我涵养的修炼而逐步进到某种境界。其中，个人的性情与道德情操也都达到了完美和谐。

我们在这里见到的是，梅岩通过一生的刻苦自励，不断察觉自省，克服自己的性格弱点，以完成其修行之路。他的道德自修历程，应该置于这样的背景下来考虑——这是一种"抛弃自我的修炼实践"。这种自我否定的道德实践，正说明了他的人格特点。当有人非议他婚姻上遭受的挫折时，他这么回答道："吾有志于传道，若娶妻生子，吾恐道之坠失，故唯能选择独身耳。"[10]他的意思是，若娶妻生子养家，恐怕成为拖累。他的讲学传道事业，不能因为经济的或别的困难而受到影响。不过，我更倾向于认为，梅岩自知必须抛弃他性格中的某些偏向性。他甚至认为，人生之欲的需求，会助长自己性格中的不良倾向，造成私欲泛滥，这是不利于自己了性证道的大事的。

摈弃或克服自己性格中的某些不好的偏向，正好显示出梅岩先生自己人生中的禁欲主义特点。据说，他从来不看戏听歌，也没有任何别的娱乐爱好，他甚至对自己的睡眠时间都严格地加以控制。他在好多年中，一直坚持每天只用两餐，所食也很简陋甚至粗劣，他在食物上的花费很少。年谱中记录他的节俭，看上去达到了病态偏执的地步。例如，他对生活用品极其爱惜，容不得丝毫的浪费。他所坐的蒲团和使用的障子，都到了破烂不堪的地步还不肯扔弃。他所用的研墨，都到了手指不能捏捉的程度还在勉强使用。虽然我们都能理解，这部分的是因为梅岩个人的禀性所致，但我们更不要忘记梅岩先生生活与成长的日本这个国家，以及他长期生活其中的那个农民阶级，以及日本农民的勤俭品格。在此，我们要把两者区分开来是做不到的：哪些算是梅岩的个人品格？哪些又是他所受的文化影响？所有这些癖性，无论如何极端，在梅岩身上却是自然而然的表现，完全合乎情理。他曾经受到一位弟子的责备。后者认为老师不该每天只吃两顿饭而弄坏了身体。梅岩考虑很久，终于同意说饮食不足的确损害了自己的身体，决定以后每日吃三餐饭。因此，梅岩并不只是以禁欲主义为目的，如果因为禁欲而妨碍了他实行世间的使命,他也会适可而止的。

梅岩的人格品质,显示了他对内在修炼的强烈追求。这种励志的激情,也可以联系到他对他人福祉的关心。这种行为倾向可以理解为他需要为自己的伦理冲动寻求某种形式的补偿。他最初的冲动,主要针对年轻时对别人的道德鄙视与敌意。这是他毕生都感觉懊悔的。梅岩对他人的关心,往往显露在这样一些时候,例如他在黑柳家做番头时,曾经在严寒的冬夜把暖和的卧处让给店里的下人雇工。他自己却在寒气最甚的地方睡觉。不仅如此,年谱记载:

盛夏时若在道中来往,先生与人同行,总走在赤日下面,而把树阴让给同行的人。而在严寒的冬天出行,他又总走在背阴的一边,让同行的人能晒着太阳。[11]

先生总是小心翼翼,不肯伤生害命。哪怕泼一盆水,他也要先用手试试温凉,生怕水太烫,会伤害蝼蚁那样的小虫。他的爱生惜生更关系到他对慈善赈济的态度。这样的胸怀无疑也与儒教的仁爱和佛教的慈善相关。但在梅岩身上,这种善良并没有走入极端,而仍然保持着儒者的适中或者中庸。例如,有一年中秋,他与一群弟子们聚会赏月。这一年周围许多地方都发洪水,因此有人指责他这都什么时候了,还有心情吟风赏月。先生回答道:就是终日愁眉苦脸坐着哀悼,对于遭受洪灾的人或事,又会有什么补益呢?抵御洪水是他无能为力的事。此时他所能做的便是同弟子们相聚论学而已。

节俭而能吃苦,与对同胞的无私之爱,都是梅岩的教学内容。上面说到他对灾难的心理态度,绝不妨碍他的道德诚恳。相反,我深信的是,他的行为表现都出自其内心深处的必然,正是他对这种本能必然的某种道德选择。首先我们要注意,梅岩自己并不是自觉的社会思想家。他所教授于人的学说虽有涉及社会评价的地方,但这主要是受社会环境影响的结果,在一定程度上也受到他的宗教理念的推动。后面我们还会回到这一重要的立场上。许多人都把梅岩看成是商人阶级的代言人,认为他不过是把宗教当成权宜的宣传工具。这使得他对宗教的宣扬,只是某种装潢,仅仅是某种表面现象。但若是依据我们在上面介绍和分析的梅岩的生平及其性格特点,都可以作为来反驳那些论断的证据。

还有一种意见认为,尽管梅岩先生自认为其所关心的是宗教问题,但作为典型的商人,他的思想也只能是商人(町人)意识。这种说法也是可以反驳的,因为梅岩实在不能算是典型的商人。首先,他出身于农民家庭而不是町人家庭,而且他的成长期主要是在乡下度过的。其次,从他在城里的商人家庭中的经历看,社会地位至多也就上升到了"成年"(老资格的雇员)。即令他希望往上走,也大概不会成为典型的商人。更何况有许多证据显示,梅岩本人并无这样的奢望。他在黑柳家"奉公"时,也只是用心阅读与学习,做事虽然也很尽心,但志趣却不在从商上面。最后,他在晚年根本脱

第六章　心学及其创始人石田梅岩

离了町人的生活，过着自食其力的纯粹的教书讲学的生活。他教人的讲学内容虽然同町人的伦理有关系，但绝不仅仅是商人伦理的无意识反映。

把石田梅岩主要当作商人阶级的代言人或思想家的学者，在许多时候会提及他的政治动机。在他们眼中，梅岩是"封建主义"的敌人。他们把梅岩当作城市中町人阶级主张政治自由的旗手。这样的说法，我以为是完全没有根据的。石田梅岩自己从来没有不满幕府的政治权威，也从来没有批评过当时的阶级制度。他在许多地方都表示，政治管理是武士阶级的责任和职能。在我看来，无论商人还是工匠，梅岩从来就没有说过他们应该发挥什么样的政治作用。梅岩对天皇怀着深深的敬畏，对王公大臣备悉尊重，对武士阶级也是尊敬有加。相反，对那些一心一意要冒充武士的商人，他是严加斥责的，认为那不过是装模作样。那些把梅岩当成商人阶级代表的学者，经常会引用梅岩的一些话，例如他所强调的道德伦理具有普遍性的主张，或者宣称商人具有不可或缺的历史作用的话。下面一节中，我们就要联系梅岩的思想背景，讨论一下梅岩说过的这些话的意义。实际上，在任何情况下，只要我们的分析不脱离大的思想背景，就不会把梅岩当成潜在的社会革命家。

因此，如我们已经指出的，梅岩的动机主要是个人性的，他的主要目标只是宗教性的关注。而他最可能采取的行动方式，也只能是宗教传播的讲学布道。我们前面也指出了梅岩的思想发展过程中,最初是对神道教的学习热情。这种思想倾向的重要性,在于他正好说明了梅岩对于天皇的尊崇态度。同时也反映在他对天照大神和伊势神社的尊崇上面。他曾经大概叙述过自己的国体观:日本是神之国度,地位优越于所有其他国家。神道宗教是根本的大道,而其他的任何学说都只能是神道理论的辅助与补充。不过,我们也不必因为梅岩这么说了,就把他的整个理论全部当成神道体系的一部分。从外部表现看,梅岩的理论受到儒教的影响更大。在他的学说体系,中心观念是心性。心性观念最初来源于孟子。梅岩对心性的解说也多半遵循的是中国宋代的新理学。早在寄寓黑柳家的那些年,他似乎就完全通读了儒家的全部基本经典。他那时也已经掌握了宋学的思想体系。最后,他在恩师小栗了云的指导下,又旁通了老庄之学与佛教禅宗的思想。所有这些都是他后来开悟与证道的依据。所有这些思想中,宋儒的话头和观念,也多半是佛道启发的结果。因此,梅岩与宋儒的思想观念在趣味取向上是完全一致的。我们知道,梅岩还有好多看法其实与明儒心学相关,例如很受王阳明的影响。不过我们手里并无证据可以显示,他阅读过王阳明的著作,也没有见过他引述阳明先生或者王门中后学的话。因此,如果他与王阳明之间有什么相似性,多半也是某种巧合。从以下这些他经常引用或者讲解的书中,我们可以窥测到他受到的思想影响。儒学的经典,他熟悉的是四书、《孝经》、《易经》和《诗经》。有关朱熹的学问体系,梅岩熟悉的是《太

第六章　心学及其创始人石田梅岩

极图说》《小学》《近思录》《性理字义》等。此外，他熟读的还有《老子》《庄子》以及两部日文书——《徒然草》及《和论语》。[13] 后二书属于综合性随笔，前者主要是佛教作品，后者为神道教著作。

对于所有这些作品，梅岩倒也并非怀着特殊的目的去阅读与体会。这只是他博览的群书中的一部分，他感到有兴趣的是其中的心性体悟，意图在中间发现自己寻求的"大道"。寻求过程的终了是要解决自己的生命意义问题。因此，他需要将自己的个别性作一般化的归纳，从而超越个人的问题。这样，在出发点上梅岩是寻求者，而最后他成为了指导者。他对同时代的思想源流，不受拘束地挑选和采撷，构建出一种相对简单的宗教性理论。通过这一教理体系而把意义赋予自己与别人的人生，以求最终实现内心的和谐。他教授人们以一种达到内在觉悟的方法。在他看来，内在的觉悟取决于外在的长期的严格的伦理实践。他通过自己的讲学实践，结合自己的内在需要，回应时代的呼唤，改造而重构了传统的宗教思想。一旦他自己产生了体证人生真实的愿望，他也希望别人与自己一样去做这样的追求，共同达到证真而见道的境界。梅岩周密地考虑了他的听众的种种实际情况，联系了这些人的精神与伦理的需求。如果从一种宗教体系的一整套基本观念来考察的话，梅岩算不上真正有原创性的宗教家。他的原创工夫仅仅表现在将传统的宗教拿来，有选择地采用了可以适应当代民众需要的部分。

我们接着会问,在梅岩的时代,民众有什么特点呢?梅岩到京都是宝应七年(1707)。宝应之前的年号是元禄(1688—1704)。虽然人们通常认为元禄年间是日本史上文化成就最高的时期,但同时那也是一个滥发商业特许状的时代。是一个"大名精神"风靡于商人中间的时代,是商业虽然活跃而商人们保不齐一朝就会破产的时期。我们有理由相信,梅岩到京都做学徒时的那个时期,也正是商人们普遍对元禄时代的混乱经济政策感到不满的时期。同这之前的时代相比较,这一时期日本的传统商业伦理——勤俭节约与循规蹈矩的价值观,正在经历着严峻的考验与强大的压力。[14]

1716年,梅岩进入京都商家学徒不到十年。正是这一年,德川吉宗成为幕府将军。吉宗的统治结束于梅岩死后一年,即1745年。德川吉宗统治时期实行了对商人阶级影响很大的经济政策。吉宗采取了许多行政手段来消除不利于武士及幕府的政治陈规。他致力于恢复先前武士阶级的尚武精神,提倡武士吃苦耐劳的精神。他的政策之一便是鼓励简朴的生活,强力杜绝奢侈现象。他带头削减了将军家的生活开支,遣散了将军府内的大部分女官,要求府内上下,衣食住行厉行节约。这种政策对于整个商人阶级无疑便成为限制乃至压迫与打击。江户时期一直因实行包税和特供的制度,使部分商人尽享利益,也使幕府上层的生活安逸甚至奢靡。现在,因为遏制了包税商和特供商的权利,政府和商家两面都感受到了威胁。吉宗的政策对于大阪和江户两地的经济权利

第六章 心学及其创始人石田梅岩

相对要小一些。这两个地区的经济活动以往一直是日本国内市场的最重要部分,并不特别地依赖江户的政府采购或者将军家的奢侈品供应。即令如此,新的经济限制政策仍然造成了商业的衰落。与官家联系密切的商号首先倒闭,大量的商号雇员因此失业。

幕府明确规定,不许武士之家向商人借债。京都-大阪的金融业界和那些放贷为生的大小钱商,因此受到了致命打击。部分地也因为这个原因,像三井高房这样的商家才专门在家训中写下督促后代厉行节约的告诫,同时警告不要向大名或武士放贷。

随着幕府的经济控制政策强化,商业环境进一步恶化。幕府实行了更为严厉的法令,以往颁发的要求人民厉行节俭的所有幕府申令,再次受到强调,因而当下具有特别的意义。

而石田梅岩的宗教宣教活动所强调的勤俭伦理,正发生在这个背景下。德川幕府的体制弱点已经明显地暴露出来,人们也已经时刻可以感受到这种不安与不祥。尽管吉宗的改革还在进行中,但武士的经济状况仍然陷于无助,而从整体上看商人们的实力倒也没有削弱反而有所增强。这样的现状,并未导致旧的制度哪怕部分崩溃,反而呈现出节俭的新局面,甚至暂时给人以朝气蓬勃的社会迹象。日本的商业经济正遭受一个艰难的时代,社会紧张与困难比以往任何时候都严峻。对这样严峻的现实,社会中各个阶级都有不同程度的抵抗,这部分地是因为不满于幕府的高压政策,更多地则是因为他们切身感受到了生活的困难。所有的困难无疑都同幕府的抑制消费的政策相关。从政府一面看，必须加强对待人民的道德控制，与此同时，还要进一步迫使町人就范，严格执行幕府关于经营管理的法令和规章。梅岩开始他的教学与传教活动时，整个日本就处在这样的环境中（无论积极还是消极，社会控制无疑变得空前地严厉了）。假如脱离了这个社会背景，我们恐怕很难理解石田梅岩的心学运动及其伦理主张，也不能理解当时的人们对其呼唤的回应。

　　心学运动的开展之所以发生在京都而不是江户，很有可能并非偶然。我们已经说过，江户的商人与幕府有较深的关系，其中许多都从事奢侈品的生产与销售。对这些人而言，牟利的机会更多一些。这就鼓励了某种投机性的政治资本主义。反过来，这样的经济繁华也就反映在江户的上层社会生活中，呈现出某种夸张的花天酒地。江户城中的商业经济主要依赖上层社会的消费需求。这个上层主要是那几千个幕府官员、将军府的家臣，还有外地各藩国驻在江户的大名亲眷。同以上这些人相关联的还有下层的吏员、武士家族。所谓"江户风尚"的经济基础，靠的就是这些人的花天酒地和挥金如土——"今宵使尽千金，莫要留到明晨"（"宵越しの金をもつな"，意即：不必留钱过夜），便是当时江户浪荡子的口头禅。

　　这一点可以见于两地商人与江户商业界不同的精神风貌。大阪是当时日本的商业中心。作为商品集散地，从日本各地

第六章 心学及其创始人石田梅岩

运来的米谷、油盐、香料、棉花、清酒、药材,都在这里汇集,经过各大商行,再运往全国各地。它是名副其实的"日本厨房"。京都是日本制造业和精细手工业制造的中心,其产品也是销往国内各处的。京都-大阪的商人以精明能干、沉稳与正直著称。与江户商人的风格完全不同。[15]

京-阪地区与江户两地的经济特征各不一样且有非常实在的风俗体现。民间对这两种社会风貌有不同的描述,准确反映了两地商人的举止与风格的差异。就心性之学这样的思想运动而言,京-阪地区看起来比江户似乎更有利于其活动的开展。

如上所述,如果石田梅岩本人所处的时代与地域环境,对其心学运动的开展并无不利,那也并不等于说,他的讲学活动所强调的强烈的宗教虔诚与道德严谨,就一定会不受阻碍而一帆风顺地流行开来。在时人的眼中,像石田梅岩这样的大商户家的"番头",竟然忽发奇想,自称哲学家,对五花八门的民众讲授他的悟心之论,本身就是一件极其滑稽的事。梅岩自己的老师也不是声名显赫之辈。他传播的那一思想派别,也名不见经传。梅岩本人既非神官,又无钱无势。他谦卑地自称"不学无术",说自己笨拙于文笔,但还是有许多人争先附其门下。他自己在《齐家论》的序言中说:"有的人当面赞我,背后贬我;许多人还把我当成无学之人,认为我不配启教于人。他进而还说,有的人认为我所教于人者,甚是支离,不过拾人牙慧、道听途说、一知半解。"[16] 从他的话中我们可以看到时人对梅岩的冷嘲热讽。这样的讥诮态度，甚至可以从现代人论及梅岩的话中看到。现代学者和辻哲郎直接称石田梅岩为"吴服店（衣料铺）的番头"，说他只是根据自己的商家学徒的经历来领会圣贤的胸臆。[17] 在更多世间人的眼中，梅岩不过是一个疯子，不识时务且妄自尊大。他遭受好多人的白眼，被认为一无成就，一文不名。

然而，尽管面对这样的艰难与诽谤，但梅岩坚定自若，义无反顾，不求名闻利养，一心传授大道。虽穷居箪食而瓢饮，却意志不衰，风骨不减。时日既久，渐为世人理解，四方来学之人渐多，门下弟子众聚。显而易见，如果梅岩缺乏坚忍不拔的意志，如果他一开始就屈服于所遭受的打击，就不会有后来的事业成就。下一节中，我们将看到，梅岩宣扬的道理对当时城市中的商人与工匠，很有吸引力。由于他锲而不舍地讲学，他的大道之学终于达到了人们的心底。他的成就并非轻易之功，是以毕生的艰辛为代价。对于梅岩这种不计牺牲和勇往直前的宣道精神，我们必须要倾力加以赞叹。

另一方面，我们也不必将梅岩的一生称作悲剧性的或者英雄主义的。梅岩的活动实际上是回避政治的。因此，他从来没有遭遇过山鹿素行或者熊泽蕃山那样的困厄，不曾遭受过幕府的敌视与怨恨。这后面两人在晚年都被流放。梅岩的讲学活动一开始备尝坎坷，但他毕竟没有遭到日本大多数传教者都未能躲过的严厉迫害。因此，他的一生可以说是安安稳稳而波澜不惊，其间并无任何的喧嚣。但我们若仔细观察，就会发现石田梅岩一生的行业的确值得我们敬重，也不应缺少我们的赞叹。

石田梅岩的思想

要讨论梅岩的思想，最需要阅读的两部书是《都鄙问答》和《齐家论》。此外，还有一些补充材料，例如他的弟子为老师立的传记——《石田先生事迹》。不过，那部传记记录的是他的生平、习性以及一些逸闻趣事。而《都鄙问答》与《齐家论》所保存的也不是连贯的思想记录。前者只是问答录，这点我们在上文已经说过。其中的思想理论都是临时应对他人发问而作的发挥。后者，即《齐家论》所讨论的都是日常生活的事务。虽说对于讨论他的伦理思想可资利用，但也只能在只言片语中透露出他的哲学或者宗教的见解。在这样的情况下，要想整理梅岩的思想体系，自然会很困难。我们所能依据的东西，只有支离的对话以及其中一些零碎的评论，而且这些评论还常常是前后抵牾的，意思也不甚明了。影响我们梳理梅岩思想的，除了文本上的困难，还有一些别的问题。例如，梅岩的思想从整体上看，有一元论的倾向：所有存在的东西，无论心物——天、地、人也好，实物也好，观念也好，都是一而不二的存在，完全是等同的。这样的哲学用语很难加以界定。其哲学内涵似乎随时都在漂移且彼此可以替代。叙述问题并不依据逻辑展开，而凭借语词间的联想。归根结底，对梅岩而言，语词并不能传达真理。他一再地劝那些感到困惑的人们，除惑的手段是静坐思维。尽管就是这么一回事，我们还是得对梅岩的思想做尽可能连贯的叙述。

首先，来看"学问"。这个词把我们投入了他的思想体系的中心。从字面上讲，学问指的是"学术""学会""学习"等。这样的词义内涵太过宽泛了。而我们知道，在孟子的时代，他就在使用这个词。据此，我们可以判断，梅岩所受的思想影响，源头在孟子那里。

从学问我们可以分析出两个指向：一是它导向"见性"（觉悟、开悟），也就是"知道本性"或者"了解自心"；另一指向则意味着见性以后的伦理实践。这里我们可以借用保罗·蒂利希来解释。前一指向主要地可理解为"垂直的向度"，后一指向则是"水平的向度"。前者是主要方面，后者是派生而从属的方面。我们的这种看法可以通过引用梅岩自己说的话来证明。不过，针对上面两种指向的说法，也可以加以别的解释，而这样的解释也可以求证于梅岩自己的议论。有一种说法认为梅岩是主张"知行合一"的——认识与实践并不是两截，而只是同样的一个过程。另一说法则认为，实践只是获致开悟的过程条件，或者实践是见性的手段。虽然从逻辑上看，这两种说法是相互矛盾的。但我们认为，至少在梅岩及其弟子眼中，二者并不冲突。两种说法都是真理的

第六章　心学及其创始人石田梅岩

一个方面，其一为真，其二亦真。在某种意义上，梅岩的教学使命是让他人获得见性的喜乐，与天地合一而得安宁。还有一层意思是：实践，即伦理行为的过程总是第一位的。

我们可以先联系"垂直的向度"来看学问之道。梅岩说："知道心是学问之始。"他又说："了性为学问之本。"[18]又说："得此心，乃学问之始与终。"[19]这种种的说法，可以视为来自孟子。梅岩曾经引述孟子的话："学问之道无他，求其放心而已。"[21]

学问，即与"垂直的向度"相关，与达致宗教神秘的过程密切联系；也与"水平的向度"，即实用的伦理相关。"圣人之学乃知行之为本，而为文之学不过仅为枝叶。"[22]为完全地揭示上面的话所隐含的"实践之行"的意义，我们引用下面一段议论：

> 学问之道，首在敬身，贵君以义，事父母以仁爱，交友以信，泛爱于人，悯于贫穷，有功不伐，衣服用具至守俭约，无意于华美。于家业不敢疏忽，用家财是时入为出，守法而治家。学问之道，大率如此矣。[23]

虽然梅岩强调，学问之意义首先体现在精神的或者伦理的行为。但他倒也没有完全忽视狭义的学术修养。他把心譬喻为一面镜子，而写作叙述的行动被当成擦拭镜子的行为，因此做学问便是擦拭心灵。他在教学中常常引述经典的文句。

但当有人问他,除了读书,求学问还有什么别的做法吗?梅岩回答道:

> 诚然,读书乃是为学。然若有人读书而不知书本之心,这就算不得什么学问。圣贤的书有圣贤的心意,能够知道圣贤心意,才称得上做学问。若彼读书不知书本之心者,以其小技而可称识字而已(不是学问之人)。[24]

为学之人应求与圣贤之心合一。归根结底,圣贤所说的语句也还有糟粕,妨碍学人去把握圣贤之心意。若要知圣人心要,不能靠字句的功夫,而只有凭借自家的本心。知本心才是真学问。

这样来看待学问,不识字的人也可以知道自心。梅岩在《齐家论》中说,村夫野老也会有至孝之行。[25] 按梅岩的意思,这些目不识丁之人,若与只会背诵孔孟之书而不知道圣人之心的学究相比,反倒可以称作真正的学问家。

我们在这里反复说到的"知心"与"了性",对梅岩而言,究竟有些什么含义呢?梅岩说过:"学问之道,至极而言,不过是'穷其心知其性',知其性则知天矣。"[26]《孟子·第七》中上来便说:"尽其心知其性,知其性则知天。"[27] 至少,在梅岩这里,知天,便是学人之心与天地之心合而为一。梅岩告诉我们,天地以生万物为其性,万物之心与天地之心本来为一。

第六章 心学及其创始人石田梅岩

> 只因人欲所蔽,此心遂失。以是,所以言说心以复归天地者,不过言寻其所失之心。人若寻而得之,则成于天地之心也。若言人能成于天地之心,犹谓其"无心"也者。天地虽无其心,而四时行焉,万物生焉。圣人之得天地之心者,仁义礼智信无不具足。若人一时参透惑尽,则事事物物一切朗然而现矣。[28]

以上所引梅岩的议论显然说明,人心与天地之心的合一,只是某种神秘主义的体验。我们已经看到,这样的体验是梅岩和他门下弟子都曾体验到的。按神秘主义者的说法,得此体验,意味着自我与非我的界限已经消失,人与宇宙全体完全打成一片。这样的合一,伴随了某种喜乐与宁静的来临,也伴随着对力量的感受。

> 仁者能令心合一于万物。至此无有一物不是自我。若能以天地万物为自我,则其根本无有一物可得,无有一物可恃。人若不知心,则必不能知我与天地之差别……此犹病夫手足麻痹。若是圣人,我心透彻于天地万物,无有缺遗。[29]

这里反复申说的,无非是说心的体验,不可用言词来描述。因此,我们只好满足于从上面所引的这些话中得到的模糊观念。至于如何达到这样的体验,倒是可以用语言多说几句。从本质上讲，达到这样体验的过程，便是克服那掩蔽了自心本性与天地同一性的障碍。掩蔽着合一或同一性的，是"人心"或"欲念之心"——梅岩在许多场合都径称其为单一的"心"，意谓此心遭受掩蔽而不能显露。这就造成了语义上的复杂性。为免除这个困难，梅岩门人手岛堵庵称之为"本心"。本心，相对于"私心"或"贪欲之心"的"根本心"或"原初之心"。因而，我们可以说，它是被私欲掩盖了的人的真心。不管怎么说，关键在于去掉私欲之心。包含着人欲的私心，一再地被外在的事物唤起。欲望污秽了真心。欲望不除去，真心不能自知。去欲除私的途径有以下几种。

首先，也是最为规范的方式，就是实行静坐。人要"尽心"，从而人能"知性"。尽心之法，中国宋儒已经有明确的规范。梅岩称之为"工夫"或"静坐"。意味着做出努力可以获得的代价。静坐，则只是守静的行为，其用意在保持意志的专注。静坐之功，在抛弃一切语言，不受外部事物的干扰，梅岩的静坐法，是受佛教坐禅方法的影响。

其次，为了去私欲，可以实行斋戒。斋戒是禁欲，我们前面也已经说过。梅岩并不主张极端的禁欲。但他在日常生活中仍然坚持自我节制和约束的。梅岩告诉我们，他自己的饮食极为节省。他多年来一直坚持每日只吃两餐。目的也是为了克制贪欲心。[30] 不过，实行静坐，必然会影响到世俗生活，因此算是宗教的修行。相对而言，斋戒则更贴近普通商

第六章 心学及其创始人石田梅岩

人与农民的生活习惯,很容易便与节俭这样的品质混同起来。

去私欲的最后一个途径包括履行人在此世间的责任,并且忠于职业本分。这里明显可见的是,克服私心而实现真心的宗教动机,发挥加强忠孝和尽心履行天职义务的作用。

这里我们触及了"世俗的神秘主义"。尽管静坐有出世的意味,但梅岩并不这么看。他自己一直生活在社会中,并且也常常告诉弟子们不要出离这个世界,不要想用投身山野的方式来修静坐,静坐只需要利用闲暇时间,在家中或店铺背后无人打搅的去处就可以实行的。不但如此,人若在日常生活中能够做到节约与勤勉,又能忠于自己的职业本分,其实也就是在修行。也可以说,这样的作为和品行,就足以助人达到明心见性。我们只要认真思考一下"知其心"的结果,就可以了解梅岩的这种神秘性质的教导,自其世俗的特点来看,其实就是实用伦理的教法。

> 人心时有觉悟,以是道得以弘扬。觉心为体,人伦为用。体之所立,借用以张。用之所张在君臣、父子、夫妇、长幼和朋友仪礼之间。仁义礼智信之良心,即是行于五伦之心也。[31]

这样,我们便清楚地看到,"知其心"的结果就是不假思索地遵奉实行道德原则的自然性。我们这里可能回想到梅岩自己在当初证道时的感受:"尧舜之道只是孝悌。如鱼之游于水，如鸟之翔于空。"证道开悟便是"知其本性"。性之为何，至此清明地呈现出来。

  若言性者，谓万事万物、人与草木禽兽，皆禀天地之理而生……观去年而知四时推移，知今岁之时序。观昨日之事可以知今天。此即所谓见故昔而知天下之理也。若能知其性，则五伦五常悉备于其中矣。故《中庸》曰：天命之谓性，率性之谓道[32]，不知其性而犹率性，是不能也。[33]

性，是万事万物之所成与所是。草木之性即是青绿，人之性则是五伦，"知其性则所行之道易"[34]。知性的方法，部分地从书本习得，部分地来源于观察往昔之事，但这些并不是为学致知的全部手段。人如果能够反身向内而不是向外寻求，就能够合于圣人之心与天地之性。反身内知，是说知道伦理道德为内在之本性，因此能够顺理而行，无有分毫犹豫。因此，对梅岩而言，行只是神秘主义的知的结果。证道，不是涅槃，也不是逃离世间。而只是发自内心的完全遵循道德的行为。本节接下来要看看梅岩所谓的道德究竟指的是什么。如果弄清楚这一点，也就懂得了他的宗教学说的其他含义。不过这里我们要提请读者注意，下边所引的两段话，清楚地显示了梅岩其人是如何看待他的宗教主张与教人实行的伦理之间的关系的：

第六章　心学及其创始人石田梅岩

藤原氏问：先生教人，专以用心作全体焉？

吾师答曰：非也。吾教在于行。

藤原氏复问：如是，先生则以五伦之教为全体焉？

吾师答曰：然。[35]

这就说明对于伦理实践的关心才是首要的事。下面这段话更说明了梅岩对此是有所意识的——他教授的神秘主义成分，有可能最终成为目的本身，从而偏离了最初的道德实践的任务。

有门人来问知性事。先生告知曰：为学者，当审辨义与不义，而后行于义。涵养心性而不蕴积其义，不是圣人之道。先生之常如是说。[36]

讨论至此，我们认为，石田梅岩所教授的心学，完全符合第三章所说的宗教行为之第二类型的特征。它与武士之道、与真宗和报德运动都是相对立的。[37]后三者所强调的第一义都落在"恩"上面，因此明显地属于第一类型的宗教行为。而心学的第一义是与神相合，或者说，它所强调的是一切"存在的基础"。我们在第三章提到的孟子学说，是远东地区历史悠久的神秘主义伦理传统的源头。这显示了梅岩的心学运动是这个传统的一部分。可举一个实例说明这样的宗教行为，并引出促使经济合理化的动机，就像在第三章讨论的那

德川时代的宗教

样，读者就会问道：那在中国为什么并没有发生这样的过程呢？虽然在此我们不能就此问题详细地说明，但我认为至少可以从两个方面来说明中国与日本的差别。首先，在中国这种宗教伦理传统是专属于所谓的士人阶层的，即属于士大夫阶级的。而且，就是在士大夫集团，也只有少部分的人能够养成这样的传统意识。但在日本则不一样，这里的心学传统同日本商人阶级的需要是相迎合的、融洽的。因而，它可以广泛地流行开来。据我们所知，类似的传统在中国，其流行与发展的程度远不能与日本相比。显而易见，流行于少数士人中的传统与流行于绝大多数商人中的传统，其间的差别很大，社会效果也就很不相同。这种宗教伦理对于经济发展的影响，自然不可同日而语。

其次，还有我认为更为根本性的一点差异。孟子学说的宗教性内容即履行的伦理，在实践上多半构成了一个特定的领域（即成为了士大夫中的个人修养部分，并不具有广泛的社会性）。从而，这一点也就成为了非常清楚的现象：在中国的特定的东西与日本的普遍的东西显然很不一样，二者相去甚远。从名称与内涵来看，中日两国的心学宗教伦理虽然互有重叠，但其间的差别可能更大。其中，各自强调的重心与基本价值观都不是一回事。总而言之，日本的伦理价值，即今具有宗教动机的加强作用，但若与中国伦理价值的宗教强化作用相比，根本内涵意义并不一样。

虽然将心学运动归入第二类型的宗教行为完全是有理有

第六章　心学及其创始人石田梅岩

据的事，但这并不等于说心学运动中没有关于"恩"的讲说内容。"恩"的说法，在心学的行文中恐怕是最频繁出现的，而在作宗教性质的劝谕时并不常见。即是说，宗教行为并不被视为对天地之恩的报答。主张报恩于天地的立场，是报德运动的主旨。对心学运动而言，可以透视其宗教性的地方主要在道德修养上，其目的是摧毁人之私心与天地之心之间的隔阂。

在许多地方，梅岩都不采用儒家的"天地"或者"性（本然）"等说法，而直接使用天照大神一类的词。他说，天照大神是日本的始祖，因此他的话理当受到人们的敬重与服从。[38] 不过，就梅岩而论，他的学说中的神道内容和宗教观是在哲学层面相互融合的。他认为君子之心与天照大神主是同一回事。在梅岩的眼中，首先要崇拜的是天照大神，而佛教与儒教都是其次的辅助手段。从宗教信仰的角度看，这样的思想很有意思。但放到哲学层面看，这种态度并没有什么意义。从根本上看，梅岩的思想还未逸出儒家的框架。当他把不同的宗教体系加以比较时，他认为所有这些宗教都是一体而互融的。神道，大多不能算作所有宗教的思想基础。而在梅岩的时代，神道也的确吸收了其他宗教传统的内容。

记住以上讨论中说到的梅岩的宗教立场，我们再回过来看他的伦理思想。而作为伦理思想的基础，我们先来看看梅岩的社会本质观。在他的眼中，社会的本质究竟是什么呢？

德川时代的宗教

  我国的诸神全都从伊奘诺尊和伊奘冉尊得受此土。由是才统治一切,自日月星辰而至天下万物。这中间因为一无遗漏,所以称为大千一统,所以才称为神的国度。此之一事,必须悉心思考。此与唐土(中国)大不相同。我朝之天照大神之御统一续相承,世世不坠。是以,民皆崇祀天照女神御统以为祖统。彼既为吾民之高天之祖,得天下万民尽得参诣,称为"参宫"。此即为唐土之绝无者也。[39]

  在这里我们又看到了国体论的基本论调。正是这样的宗教政治结构观念,将日本与中国、"天下万国"都区别开来。梅岩在其他地方将"国恩"(kokuon)比作天地,并且宣称此是"笔墨难以写尽之事"。[40]他认为保持本分,尊敬长上,勤恳治家,戒除奢侈,尽心家业,才是报恩之途。梅岩认为上中的社会只是"国体"与"国恩"相互交织的结构。

  在进一步讨论梅岩的伦理观之前,先总结一下他与某僧论杀生的对话是很有意思的。通过这些对话,可以揭示他的伦理立场。[41]该僧认为不应该杀生害命。但梅岩说,这不过是小乘见地,而非大乘之法。佛门当中,不少僧人,尤其禅宗僧人,多有涉及杀生一事。该僧坚持说,杀生肯定是佛律所禁止的。其实,儒门因为讲仁德,也不许杀生。梅岩回答他,仁之为德,在其仁爱而不应有私心。在佛教方面,本来就有去私断我一条。世间之法,本来就是"一物不除,他物

第六章 心学及其创始人石田梅岩

不生",因此,强者取食于弱者。梅岩断定,哪怕出家之人,也会要食米吃菜。米菜也是含生之属。再说种植稻米也要除虫。除虫也是杀生。如果出家人也像他们说的那样坚持戒律,只有饿死。梅岩最后的结论是:"天之道乃生万物,而以生物养生物。"[42] "天之道乃贵者取食于贱者。"[43] "当知用贱于贵。须知主君为贵,家臣为贱。贱者服用于贵者,且死于贵者。"[44]

这里我们看到了"无私奉献"的观念,在玄学基础含义上,被最大限度地泛化。自然法则以及去私欲的教理也被用来加强对奉献伦理的说明。在《都鄙问答》中有一节讨论武士道的内容,其中详细地谈论了家臣的责任:

> 首先,事君之人谓之臣也。臣者,所牵之义。谓臣之心被主君所牵。[45]
>
> 为臣者,其所饮食皆为君禄。不食君禄何以为命?故其委己身以代君身,为赴君命,弃己身有若尘露。此乃为臣之道也。[46]

梅岩的这段话具有非常尖锐的现实意义。联想到梅岩本人的观念,须知他所谓的"为人之臣",其实并不只是武士而已。在乡间农民也是臣仆之人,在城市商人和工匠都是为臣仆之人。既然为人臣仆,便理当一律要奉献。奉献之作为共同的目标,意味着个人都应当履行其指定的义务。在这里实际上呈现出来的,还是前面几章所叙述的那种有机的社会观。但它显然并没有强调"社会体系在先"的原则。正确地说，它只是日本特色的社会观，这当中占据支配性地位的主要是保证目标实现的价值观。

武士的功能就是辅助主君管理与统治，并且一级级地向下做出为人臣仆的表率。就像上面引文中所说的那样。圣于农民这个阶级：

其披星戴月，早出晚归……春耕夏耘秋收，劳作于田垄之间，一心一意地生产，而不敢忘失于一粟一米。[47]

工匠制作物器，商人致力于贩卖。各自悉心，尽力服务他人。在这个意义上，各个阶级的职分虽然有异，但奉献之道却没有什么不同。

士农工商，所事不同。然所奉则为一理。若言武士道，亦通于农工商之道。若言农工商之道，必亦通于武士之道。[48]

基于这样的社会观，梅岩热情地维护商人的声誉。下面所引的这段重要的话出自梅岩。因为重要，所以我们全文引述：

若无商贾，买者不能买，卖者无以售。如是，则商

第六章 心学及其创始人石田梅岩

之无以为生,不得不为农为工。若商者尽为农为工,财富亦不能流通天下,因之民不堪矣。士农工商,有益于天下之治。失此四民,天下俱失其益。为君之职在治四民,成于君之治亦是四民之职。士者为原来有序之职臣,农者为乡间之臣,工商为城町之臣。臣者之职,在助其君。商者行贾而助君治天下。劳作给价,为工者之禄。农家耕作所得,若士之俸禄。天下万民皆有所出产。若非如此,国何以立?商人所获之利,亦是上御所许之禄。若以商贾之利为不义者,是恶商贾而欲其灭也。因何缘由而憎恶鄙夷为商之人?如尔所言不与商贾得利。人虽传其货值而扣除其利,则坏天下流通之法矣。须知商者之利亦上御所许。故而商者之利亦有若士禄……至若为士之道也。士者若不获其禄,亦不宜为奉献之工。若有人呼食君之禄为贪为不义者,则自孔孟以下无有一人为义(亦无有一人为道也)。似此之论,理之何在?不以士农工三者之食禄为不义,而独恶鄙商贾之家,以商贾之人不知道焉?[49]

上面这段话中,梅岩显然主张商人同武士各行本职。依其主张,商人阶级的社会作用同样有助于天下之治理。商人因为其所从事的买卖获利,不过是他们的"奉献"行为应得的报偿,与武士阶级得到自己的俸禄是一样的。也正是因为梅岩有这样的主张,所以才有人认为他有"反封建"的倾向。

实际上，上面的话并没有反对武士阶级或否认其伦理正当的意思。而仅仅肯定了商人阶级在社会运行中所起的作用，认为它也是合乎伦理原则的。显然，梅岩是在为商人阶级呼吁，为其身份荣誉正名——虽然在他那个时代，有不少人公开斥责商人并表示鄙夷。梅岩作此呼吁的根据在于，商人阶级完全体现了与武士阶级一样的职业伦理，同样也是为臣之道，因此他热忱地为商人说话。但他的主张是完全基于对那个社会的根本价值观的肯定，丝毫没有否认或者批判那种价值观的意思。

我们在此想表达的绝对不是要贬低梅岩的思想。梅岩捍卫商贾阶级的伦理正当性也值得肯定。他主张商人们在"国体"中具有合法的尊严与地位，认为商人也同样体现了忠诚的价值观、体现了无私奉献的精神，这些都是有社会意义的。这样做是为了从社会经济活动中剔除对商人阶级的污名化。尽管真正地洗去污名、获得名誉是在之后的明治时代才有的事，但即令后来给商人正名，其所提出的理由，也还是梅岩当初提出来的这些：无非是说，工商实业同样有益于帝国的事业，因此商人与武士或别的职业一样，都是体面的光荣的社会分工。

这里我们再引述几位德川时代的学者谈论商贾的话，从反面显示了梅岩的异议主张的价值。山片蟠桃（1746—1821）曾经这么说：

> 为政之事，首在抑退町民、奖掖农桑……善政之举

第六章 心学及其创始人石田梅岩

乃兴农事抑工商,以令市町消减。市町若繁华,国家必衰败。反之亦然。此自然之理也。[50]

林子平也说:

町民无益,徒耗士之薪禄。彼实为无用之属也。[51]

高野昌硕认为:

商者应为游民之称。彼之为民,食人所生产之谷米,衣人所纺绩之布帛。其无异于国之蠹虫也。[52]

还有一些人抨击商贾,其言辞虽不像上面的这样极端,但仍然认为商人阶级毕竟败坏了国民道德水平。例如,山鹿素行就认为商人对于一个国家而言并非是不可缺少的部分,因此不必对他们待之以礼,"其人只知牟利而不晓礼义,所作所为皆是自利"[53]。

虽然说起来上面所引的这些贬损商人阶级的言论,并不能完全代表德川时代全部思想的主流,而梅岩为商人所做的正名工作,也不是针对这些人所做的反驳。需要说明的是,这些人对商人的负面看法,肯定不能视为那个时代唯一的态度。我们知道,当时还有许多学者——他们中许多人也是出身于武士阶级的,但在思想上更接近石田梅岩,而这些人对商人整体并没有贬损和敌视的态度。

例如，三浦梅园（1723—1789）这么写道：

> 农民生产桑麻黍稻，以筋骨之劳自养，且服劳役。工匠制造日常生活所需之器具，为庶民释生活之困恼。商人转运流通农工两家所生产之粮食、布帛、衣物、器具，以供百姓生活所需。[54]

本居宣长自己也是商人的儿子，他这么说：

> 世有交易，必赖商家。商者愈众，于国于民，愈加惠益。[55]

最后我们还可以引海保青陵（1755—1817）的一段话：

> 粜米之事只是商贸所为。为此，吾国吾民，至大名藩主以下，无人不与为商贸之事……商贾者，每日生活所必须也。以是，若鄙视银钱轻慢商贸者，谬矣。
>
> 售卖之事，绝无可鄙贱也。真所应鄙贱者，乃负于商家债务而不肯偿还也。[56]

如上所说，梅岩主张町人伦理亦应取法武士道，他明确表示"彼之应成为世间道德楷模者，即武士也"[57]。"无论如何，当以武士为镜，取准于武士之道。"[58] 出于这样的考虑，于是可以从下面这段话引出一个重要的原则：

> 若有人称商人之道，其与武士之道何别？又复与农工之道何别焉？孟子曰道者为一。士农工商皆天之一物。此天岂有二道焉？[59]

这段话显示了普遍主义的原则。当然梅岩可能会说，若论其理，万物并无不同。但若自形而下的一面看，万物莫不有异。自形式而言，各种职业彼此不一样。梅岩所质疑的，并不是人们世代继承下来的职业阶级的原则（尽管他自己的阶级身份也是有所变化的）。即令立足于士农工商的职业界限之内，普遍性的原则也依然是有效的。梅岩的学说中，重要的一个方面是他对利益、忠诚与节俭的论述。

> 自商贸获利乃商人之道，吾不闻将本求利之事有何不义……商者因贸易而获其利，犹士者之受其俸禄。若商卖不获其利，犹士之奉公而不得禄米。[60]

不取其利，并非商人之道。[61] 自古以来，商人的职责就是"以盈余之物易于不足之物"[62]，并且以此服事天下。"财富之主乃天下之百姓。"[63] 商者不过是天下百姓的雇佣。天下之财并不属于商者。商者仅仅是管理世财。商者因其服事劳作而取得酬劳，这是正当的、合理的、允许的。把商人比作武士，把他们自经商活动中得到的利益比作士禄，这是梅岩为商人道德合理性所作的申扬。他为商人阶级的牟利行为做正名的工作。他的这种理论将经济活动与政治价值观紧密地结合起来。他的说法揭示了经济理性化的一个重要步骤，具有深刻的理论意义。它的社会效益要到很晚以后——在明治时期才能被人们体会到。相对于经济理性化发展的整个过程，梅岩是众多有过贡献的学人中的一位。当然，他应该是重要的很有说服力的一位。

梅岩一方面为商人的牟利行为之合理性做了强有力的辩护，另一方面，他也区分了合理的与不合理的商业利润。围绕牟取利益的正当与否，梅岩讨论了"正直"这个价值的含义。这里他再次表现了其普遍主义价值观的广泛性。他认为，正当的利润获取是会促进发达与繁荣的市场。反之，不当的利益获取则会导致事业的败坏：

> 为商者若不知圣人之道，只见利而忘乎义，必然断送儿孙后代的事业道路。如果商家真正关爱子孙后代，就应当学习圣人之道，致力于正当的事业兴隆。[64]

显然，梅岩对于诚实是最上等的策略的观念并非不知道。下面这段话说的就是这个道理：

第六章 心学及其创始人石田梅岩

偷奸耍滑,虽然民能当下获利,但终会遭到神谴。至于为人诚直,虽无近利,却招神喜。得上天垂顾、皇太神宫的奖掖。如果得罪神明,终归无以存身,所居不能宽泰,所行日渐促迫……若人的行为诚直,不亏自心,居则宽泰,行无逼仄,得大喜乐。吾之所教,在引汝等出欺诈偷盗,使汝等做诚实之人。而对神灵明镜之心,无有愧疚,岂非安乐之人乎?[65]

以下所引乃梅岩对待居心不直的嫌恶。这样的一种不道德心态,与他所谴责的"重利"(加倍出售)是联系在一起的。

绢之一匹,带之一条,若短一寸两寸,织工乃言其短且降其值。但若是商家出售之时,不肯明言其疵索以原值。彼所获利便二倍其值,此称重利……又若染织之物,其色有差,商家(收购时)以小为大,削其价值,以是有损于染工。然其出售之时,则索原来之价值,且不欲补偿原织工未得之差价。此种所为更甚,即是时利之欺也。[66]

因此,在梅岩看来,诚直,不仅意味着牟利要正当,而且还意味着欠债必须偿还,应该尊重他人的财产权。上面的一段话,是他在《齐家论》中对一位因遭洪水而倾家荡产的商人做的劝导。[67] 该商人向梅岩求教，说自己的账本在大水中已经遗失，这样别人欠自己的钱也就无法收回了。他问梅岩应该如何办？梅岩的劝告是，先还清自己欠别人的债，为此可以出卖自己身边值钱的所有物品。自己的行为诚直，天下的人会马上知道，因此得到天下人的敬重。别人若欠他的债，有感于他的诚信，一定也会归还所欠的钱，并且帮助他恢复以往的营生。由于自己的诚直而树立的信誉，他也定会重新站立起来。除了这么一番有点冗长的劝慰显示的抽象的道理，以及自己对于普遍主义价值论的信心，梅岩还谈到了他对于财产和债务的态度：

> 人之得生此世，无不因天之命。故人皆为天之赤子。以是人人皆为一小天地。即为小天地，则无私欲之心。因之，吾之物乃吾之物，人之物属他人之物。出借之物应要收回，借地人者就当归还。不挟私心，为所应为，不贪一分一毫之利，是则为诚。若能行诚，天下合和一同，四海之内皆兄弟也。[68]

诚是与梅岩的经济观联系在一起的。在某种意义上，诚是经济活动的基础。

> 经济俭约，何可就士农工商各别而论？人之论经济俭约并非他事，而应近于内心之诚。[69]

第六章 心学及其创始人石田梅岩

正是基于这样的诚实,梅岩谈论了他所谓的行为端正。这里他所特别强调的是,人的行为应当与自己所处的社会地位相符合。奢华与人自己的社会地位很有关系,但它又总是错误的行为。无论是在上位的主君还是商人,都不应当以奢华为荣。"俭约"(kenyaku,经济)永远与人的地位身份不会相违,因此它就是"诚"的体现。梅岩还以中国商代的末世君主因奢侈而亡国的故事,来讲述国家兴于勤俭而毁于荒淫的道理。[70] 他从中引出的教训是:

> 地位或有高下,然而家国之兴盛,与家国之败亡,势同一理。人之骄奢欲念时现,故岂可不戒慎之者耶?[71]

虽然节俭(经济)中有普遍主义的原理,但梅岩强调经济节俭,是因为这种品德与商人的身份地位是般配的。他说:

> 凡睹世间之诸相,未有如商人之家坏败之速也者。寻其原委,乃因愚痴之害。愚痴之成奢华亦速。愚痴奢华虽为二物,其实不可分。[72]

因之,梅岩提出,要大力缩减商人之家在饮食、服饰与家具陈设等方面的开支。有人因此指责梅岩,说他的主张引起世间的争端,也扰乱了人们关于衣食住行的习俗,又在各个家庭中造成争吵和怨恨。对此,梅岩回答道,世有相争并非一律是坏事。有的时候相争是必要的。就像有善于教育儿童的人，并不总是宠爱，也有用艾叶烧灼来惩戒孩子的。这时根本不管孩子会痛得如何大喊大叫。严格于节俭治家的人，其所用之法有可能引起家人吵闹，但那要考虑最终的结果如何吧。[73]

梅岩将经济节俭这样的品行放到一个更广大的伦理背景下。他所称赞的节俭，甚至成为"仁爱"的基础。人只有在真正丰衣足食的情况下，才能发挥其仁爱之心。

梅岩所强调的诸种话题当中，他最为着力的是，人应当知道自己的本有职分，应该勤恳地履行自己的本职。例如，他说："不知本分，禽兽不如。狗能看门，鸡会报晓……身为町民，若吾等不知本分，则列祖列宗所传之家，岌岌乎危矣。"[74] 他又说："若吾人之能识了义为何物，其能殆乎职分哉？"[75] 职分与职业，是上天所赋予我们的，是吾等服务于国家主君的义务基础，也是家族相续不断的伦理基础。利之与义、诚之与经济，都不应当逾出本职与本分的范围。

职分观念与忠孝观念这样的日本价值理念，显然是紧密联系的。以梅岩的价值思想论，最具首要价值的是忠与孝。在此我们似乎可以不再引述前面说过的那些梅岩有关忠孝的话，因为从根本上看这些话与整个德川时代的一般道德态度是完全一致的。我们认为，到此为止，我们的读者也已经很熟悉这些思想了。这里我们只需要重复一句：在梅岩看来，

第六章 心学及其创始人石田梅岩

他心目中的国与家是完全可以等同看待的。这样的思想方法在前面已讨论了。例如，梅岩把民间每一家族的家长，譬喻成武士，即日本国家管理的官僚阶层。[76] 在《都鄙问答》中，他说："在妻子看来，一家之主就像主君。因此，你同你母亲也就像臣子。"[77] 然后他说，正确的作为就是将全部的身心奉献给主君。

至此，我们大致完整地叙述了梅岩的社会与伦理学说概要。在开始时我们讨论了一个基于君臣关系的社会，末了我们讨论到维系这个社会关系理当具有的道德修为。然后我们看到这一套已经取得社会共识的伦理体系的核心：依据这一伦理体系，因克服了私欲而与天地之心合一的证道者，就会成为完完全全的本性天然原始的君子。君子的一切行为，不可能再流露出任何的犹豫或者疑惧。一切天然自成，不假分毫做作。要把握心学运动的社会意义，就必须强调它的宗教性与伦理性两个方面。要想真正地了解其中之一，就必须深刻把握另外的一方面。如果我们只是留意梅岩主张的神秘主义，我们就可能忽略了他的主张在社会运动上的意义。后面一方面的意义，有待于我们观察到他的神秘主义所包含的对人们社会行动的道德命令。而如果我们只是注意到了他学说的伦理内容，我们也就只是看到了某种很有意思的说教与劝勉，而不会很了解为履行这种说教唤起的强烈动机的本质。唤起备受折磨的日本民众的内在需求，使他们企望脱离苦难的，正是梅岩学说的宗教性内容。他的宗教感召达到了人性动机的最深邃之处。正是与这样的动机相关联——对那些疲乏的给予救济，对那些烦恼的让其休歇，对那些有罪的给予救赎，在此世间履行一定的实践伦理责任，便赋予了仅仅凭说教不可能产生的强大动力。

尽管我们对后来的心学运动只有片断的了解，不敢说我们已经充分地把握了梅岩的学说，但我们大致得到这样的印象：梅岩之后，他的心学运动基本上保持了其思想的发展方向。也就是说，那个运动仍然与我们在本章所讨论的价值方向有着密切的联系。有人认为，梅岩的关注重心是证道和他的心学观念体系。将注意力放到说教和宗教目的上则是梅岩后学的某种改变。我们在前面已经努力地做了这方面的工作，显示出梅岩学说的主要动机总是宗教性的，并不是纯然的思想哲学观念。所以，前面那种认为心学运动可以分为不同的前后两期与两种性质的说法，就是完全的臆测，没有什么意义。把证道开悟与道德说教这两方面对立起来，似乎是想说，梅岩的后学已经无意于鲜明地表达其为商人阶级的牟利行为作辩护的立场，而只是泛泛地传播宗教与伦理的说教。这一说法固然也很重要，但看不出它与我在下面要谈到的内容有什么根本性的不同。

后期的心学运动

我们先回顾一下心学之作为社会运动的发生和发展过程，

第六章 心学及其创始人石田梅岩

接下来再讨论后期心学运动的学说内容。手岛堵庵（1718—1786）[78]领导并组织了梅岩之后的心学运动[79]。一个新的宗教运动要从它的创始人的内心挣扎转换成稳定的思想制度，非有一个擅长组织的领导者而不能成就其事。梅岩曾经称堵庵为本门的孟子，这算是心学史上的一大逸事。但我们觉得如果把堵庵看作圣保罗可能更贴切（这就意味着堵庵的工作主要体现在组织与传教的成就）。堵庵出身于京都的一个富商之家。他的父亲喜好文学，也鼓励儿子同自己一起"游心文艺"。堵庵十八岁时投身梅岩门下。后两年，在1738年得证道开悟。梅岩去世之前堵庵随其师学习了10年。老师去世那年，堵庵27岁，不久他娶妻成家。

堵庵是有名的传道人，身边常有众多弟子聚集。凡他讲学，听众往往溢于室外。堵庵的文字著作对于心学运动推动极大。经他通俗而明晰的解说与发挥，梅岩的中心思想学说得以广泛流传开来。前面我们已经说过，梅岩的本心之说，是后期心学运动的旗帜，只是因为堵庵的宣扬心学得以传播开来。也许正是因为堵庵的组织能力，才推动了这个思想运动盛行于日本。作为心学运动的宗师，堵庵直到晚年仍然一直指导着这个运动。因其姓氏，堵庵的学问称作"手岛之学"。以下我们总结堵庵对心学运动的组织之功，也对堵庵之后的心学运动的形式结构作一概述。

堵庵初次讲道在1760年。1765年他另辟居住的地方，将原来的住家改作讲堂，称为"五乐舍"。五乐舍是心学运动的第一个讲舍（kôsha）。随着心学运动的发展，讲舍后来增至180余所。堵庵和他的弟子们在京都建立了三个讲舍——修正舍（1773）、时习舍（1779）和明伦舍（1782）。这三舍以后在心学运动史上都很有名。三舍以明伦舍为首，是后期心学运动的传播中心。心学运动中的学者，其成就如果要得到公认，都得有三舍之一的讲舍的认可，颁以"三舍印鉴"。

堵庵去世时，心学运动在日本十四国（地区）有22个讲舍。这些讲舍（学校）在组织上都主要接受堵庵的指导。这里不妨对其结构大致说明一下。[80]

先介绍讲舍的建筑布局。讲舍是设施极为简单的房舍。每个讲舍的面积约为25—30叠（一叠等于186cm×93cm的面积）。舍内空间最大的地方就是讲堂。讲堂正中的墙上［日语为"床の间"（dokonoma）］是讲舍的"校训格言"。除了格言，校训中也会说到讲舍的成立缘起。校训的上方是一个不大的神龛，供奉着天照大神。左上方是舍主（讲舍的主人）的牌位。上课的空间就在这里。上课，被称为"讲学"，也称"讲释"或者"道话"。如果听讲的人多，则将教室用屏风隔开，男女各在一边。每一座讲舍都以两个汉字命名。这两个汉字都出自儒学的经典。

讲舍主就居住在讲舍内。他负责管理讲舍的相关事务以及教学。多数学员（称为"初入"）也都寄住于讲舍。他们在舍主的指导下练习静坐、学习经典。

第六章　心学及其创始人石田梅岩

舍主下面有两三个或者五六个教员（称"都讲"）。都讲的任务是协助讲舍的事务管理，以及听从舍主安排从事教学。要成为都讲，需要具备以下资格：①得舍主和自家父母同意在舍中做教员；②没有家务事拖累；③家中没有经济困难；④多有朋友；⑤为人正派。任都讲的人并不需要特别的学识或者多么优秀的品性。但凡热心静坐能够处理日常事务，大致懂得待人接物礼仪的都算合格，可以充任此职。这一职务从许多方面来看，都是行政管理性质的工作。都讲的职务确实锻炼并培养了后期心学运动中许多出众的领导人，准备了这个运动所需要的管理者与教学人才。[81]

协助都讲工作的助手，称作"辅仁司"和"会友司"。他们的人数不定，大致与都讲人数相当或略有出入。但资格要求是大致一样的。都讲的任务是培养讲道人，而辅仁师与会友师则是候补的讲道人，处在有待培养的阶段。[82]

真正有资格布道上课、直接教学并指导正规学员的是"讲师"（kôshi）。担任讲师者，需具备良好的学识、方正的道德。任命讲师之前，要对申请人进行严格的考评，甄别他的讲授能力以及平时的言行。通常，担任讲师的人来自"都讲"或者"老友"的群体。关于后者我们会在下面讲到。讲师自己必须已经证道开悟，同时还需要得到三舍颁发的印鉴作为文凭证书。舍主（shashu）一般都有讲师的资格。但身为讲师者不一定就能做舍主。讲师可能依附于某个讲舍，也可能在几个讲舍之间巡回教学。称作"老友"的，是责任不甚确定的职员。他们多半是一些资历较老且更受信赖的学员。他们有可能被直接指定以取代任何职员，甚至代行讲师的职务。如果有必要，在讲舍扩大或者新讲舍建立时，单独受任为舍主，或者协助舍主开展工作。如前所说，老友是可能直接担任讲师的。不妨在此说明一下。都讲在有的时候也可以代替讲师。[83]

虽然看上去到讲舍工作的人都不是很有钱的或者很穷的町人（chonin）。不过在理论上说，讲舍对全社会是完全开放的，并没有财产或者职业身份的限制。讲舍职员是有工薪的，薪金来源是学员们所缴纳的费用，或者社会上热心人士的捐赠。捐赠活动一般都与宗教节期相关。梅岩当初为运动制订的简朴节省的生活原则，一直为后来的心学运动所坚持。因此，讲舍的维持费用不会很大。而心学运动通常似乎也不缺乏经济上的支持者。捐赠人常常会出钱盖一栋学舍或者捐出盖学舍的地皮。

梅岩又为讲舍制订了教学的方法，并规定了教学［称讲释（koshaku）或道话（dowa）］内容。后者通常都以儒学经典作为依据。梅岩还拟定了讲舍中日常活动的规则。当然这些东西都带有强烈的伦理色彩。梅岩还规定了专门为学员们解疑答惑的问答讨论会［称会辅（kaiho）］，也规定了冥想的课程［称静坐（seiza）或工夫（kufu）］。静坐功课的目的在于给学员们以道德自省的机会，并预期学员们会因此而得到开悟。这些教学活动当中，前两项（讲释与会辅）是讲

第六章 心学及其创始人石田梅岩

舍（kōsha）内的事（当然这不包括巡回讲师的教学）；最后一项，即静坐的功夫，作为重要的修学内容也在讲舍中进行。梅岩所创立的这些，都由后来的堵庵继承下来，只有少许的修改。

讲舍中还有叫"轮讲"（rinkô）以及"会读"（kaidôku）的活动。这是一种由学员们轮流进行的阅读活动。一定数目的学员围坐在一个讲师或者都讲的身边，朗读一部指定的经典。每个学员都要读一段，然后大家在老师指导下领会经典的意义。老师在确信大家都明白了一段经文后，才接着进行下一段的朗读。堵庵时期，讲舍的教学有一定的改革，例如堵庵增加了前训（zenkun）与女训（jokun）。[85] 前训（预料教育），指对年龄在 7—15 岁的少年男女的教学。女训，指对成年妇女的教学讲释。后期的心学运动中，每个讲舍每年都要举行三个追思活动。它们是梅岩的忌日（农历 9 月 24 日）、堵庵的忌日（农历 2 月 9 日）以及各个讲舍的舍主的忌日。逢追思日，讲舍中要悬挂忌仪主的画像，并举行简单的追思及供养仪式。仪式虽不大，但气氛极严肃。[86] 讲舍不但是宗教与教育的中心，也是慈善活动的基地。为患病者施药，甚至帮助不出奶水的新产妇，或者遇有水旱灾害的赈济活动，都在讲舍中举行。

心学运动的一个有趣特点，是同堵庵有直接相关的。因为他最先向学员颁发了一种称作"断书"（dansho）的证明文书。它证明执此断书的学员已经达到了证道开悟。[87] 最初，这样的证书只有京都一地颁发，而且须有堵庵的亲笔签字才被认为有效。发放断书这样的"文凭"每年只有三次。逢发放断书的日子，各讲舍的气氛如同过节。在江户，中泽道二（1725—1803）最先开始颁发这种证明文书。后来随着心学运动的不断扩大，它的内部也发生分化，各个讲舍中心也都各自颁发这样的文凭。颁发断书的做法最先是在1780年。据石川谦（Ishigawa Ken）说，从那时起到1880年前后，先后有36000人得到过文凭。[88] 这事的有趣之处还在于，散发断书作为毕业文凭并非随意之事，它是严格受控的。达到开悟的学员，总得经过好多年的艰苦学习和不懈的静坐。当然，经过努力而达到断除烦恼的澄明境界的学员，也一定为数不少。至于那些始终未获觉悟的学员，我们实在无从估计其数目。当然，我们也不能确知，偶然参与心学运动并受其影响的人究竟会有多少。不过，实际情况大概是这样的：那些正式参加了心学讲舍的修道者，大多数都能够坚持下来。实际上，对于心学运动的影响估价，也只能作大致的推测。只是我们还有一个比较牢靠的证据——即颁发给有资格在讲舍中传道者的"印鉴"证明书（类似资格证这样的东西，我们在前面已经介绍过了），以及颁发给认可其学业圆满结束的"断书"文凭，都是由同样的心学运动讲习中心颁发的。这也就说明了整个心学运动的开展与控制都属于"中央集权"模式。

堵庵去世时，心学运动的组织形式与教学制度都已经完

第六章 心学及其创始人石田梅岩

整地建立起来了。所以，因讲学活动得以顺利进行，心学运动也就在一个时期蓬勃地发展。到1789年讲舍已经达到34所，1785年则达到56所，1803年，它在全国的25国（地区）已经有讲舍80所。心学运动史上产生过许多著名的讲道人。它的听众可谓遍布整个日本。中泽道二（1725—1803）是最有名的导师。[89]他投身堵庵门下时，年龄已经不小了。1780年他奉师命前往江户弘道。1781年他在江户创立"参前舍"（shanzensha）。该讲舍是心学运动史上最为有名的几个讲舍之一。中泽本人出身于织匠的家庭。早年他是日莲宗的热忱信徒，以后改随禅宗法师奔走各地。这里我们也看到梅岩教学的兼收并蓄特点，其内容并非固定不变。就中泽道二而言，他所强调的是佛教，而后期心学的其他讲道人则可能或者强调儒教或者强调神道，甚至也有偏重道教的。当然，在公开场合，心学运动宣称它自己融和了神道、佛教与儒教三者。这三教都是心学的手段。我们回过来说中泽道二，必须将此人视为心学运动史上最有名也是能量最大的导师。他宣道的足迹所至甚广，自本州的最北端直到最南边的四国岛。其讲学所到之处，听众云集。追随他的学人，来自社会各阶级，有不少武士，甚至也有好多大名。他的门下弟子在全国各地建立讲肆学舍，当然得到了这些大名的扶助。

　　从道二的著述活动我们可以看到后期心学运动的一个有趣的趋势。它同幕府有很密切的配合联系。心学中的讲学活动往往围绕幕府的文告作宣讲。1793年，道二刊行了他的

《御高札道话》。这个文本简直就可以看成"关于幕府文告的演讲"。许多研究者,例如他们中的宫本又次[90]认为,道二背叛了梅岩的思想立场,因而心学运动已经转变为"统治阶级的傀儡"。不过,如果我们思考一下所有这些幕府文告的具体内容,关于背叛的说法就言过其实了。这其实不能算是真正的背叛,因为这些文告的内容与梅岩的讲道其实是差不多的。无非都是劝勉人们以忠孝为本,告诫人们,一定要尽心本业,不要贪恋游乐,不可涉足赌博等。它们宣称,即令有不得已的消费,也不可以忘记克己与节俭。它们警告民众,不许在公共场所吵架和斗殴,不许制造骚乱危害治安,一定要服从长上,敬畏官家。所有这些告诫,联系到官家文告与梅岩讲道,都没有什么矛盾与抵触。因此,我们很容易理解,任何受过心学训练的百姓都会毫不勉强地服从官府的命令,这些文告与讲舍的说教其实是非常一致的。至少,就笔者本人而言,行文至此,实在看不出石田梅岩对于他那个时代的核心价值以及武士阶级有过什么异议。因此,也就不觉得道二在哪些方面背叛了梅岩。另一方面,由于与幕府的立场过于接近,德川晚期的心学运动的确也陷于某种窘迫境地,因为到德川幕府晚期,民众对于当局的体制控制已经日益反感了。

整个19世纪前半期心学运动仍然有所发展。但其内在的精神似乎已经被削弱而打了折扣。到1830年,它在34个藩国建立了总共134所讲舍。在那之后,讲舍的数目还有所增长。前面我们已经指出,最多时心学讲舍在日本有180所。以后,关东地区(江户)与关西地区(京都)分为两部,广岛也形成了独立的学术中心。德川幕府晚期,心学文献的印刷与散发数量相当大。但相对而言,比之从前,杰出的导师已是寥若晨星。心学愈到晚期,愈是贴近幕府的政治。到了天保年间(1830—1844)的改革时期,日本国内全面禁止一切文娱演出,只允许四种讲说照常进行。幕府许可的这四种活动是心学讲道、神道讲释、军学讲义以及昔话(故事摆古)。从1845年开始,直到1867年(明治开端)每逢正月十一,幕府都会例行颁发榜文通告全国,大意是褒奖手岛堵庵的学说,认为其义正理端,应当弘扬,要求町民一体尊重,勉力实行。[91]

1868年开始的明治维新给心学运动以致命的打击,虽然它在那之后又若断若续地在日本苟延了一些年头。我们的感觉是,心学与幕府的关系日益紧密,也许正是它迅速失去民众好感的一个重要原因。不过,导致心学运动衰落的原因是多方面的。明治初年,政府切断了它以往坚持了数百年的政教联系,冷落了神道与佛教。政府的这一取向自然会波及心学这种包含多种宗教成分的运动。从一开始就主张"三教合一"的心学,现在不得不面对国家对于宗教混合的嫌恶。当时的日本,社会上还有一批人在鼓吹,国家就应完全弃置佛儒,要专奉神道为国民宗教。显而易见,这样一来,心学的教义便从根本上被削弱了。政府便不宜再采用心学的主张来作为国民教育的方案。心学主要是在城市中发展起来的运动，而城市又是容易受到西方化和工业化影响的地方。心学运动的名声威望及其影响力之所以名重一时，原因之一正在它有讲舍这样的教育设施。事实上，它的学员中也有许多政府官吏。前面我们还指出，有好多商人家庭都请心学讲舍里的讲师为家人撰写家训。但到了明治时期，心学运动的社会教育方式不再适合社会的需要，与之前的幕府忽视民众教育不同，明治政府正在努力建设现代学校教育体制。心学运动因为以前同官家的联系过于紧密，又缺乏针对现实的教育理念，因此很快便丧失了它的社会基础。虽然它所主张的伦理训诫的重要性，不会很快被人们忘记，在一个时期仍会受到广泛的宣扬。但值得指出的是，国立教育所采用的伦理课本，好多都取自心学讲舍的"讲释"。德川晚期以及明治初期，出现了许多民间的神道运动，其所宣讲的伦理教导，大多采用的也是心学讲舍的教材。尽管心学的静坐之法并未被继承下来，但静坐所欲达到的理想——自心与天地之心合一的观念，仍然在民众的传统思想中保留下来。其宗教意味变得稍稍淡薄，成为了"让自己的内心诚实""让自己的内心清澄透明"等的说法。

我们对于心学运动已经作了浮光掠影般的简略回顾，下面再对它的思想内容作一个简单的概说。就其宗教思想而言，后期的心学运动尽管有一些小的建树，但那绝对称不上改变方向的发展变化。因此，我们在此所能叙述的也只是它

第六章 心学及其创始人石田梅岩

的伦理学说贡献。先介绍一下胁阪义堂（17？—1818）的道德劝诫。胁阪为手岛门人。他曾经对新入京都监狱的犯人们作此劝诫：

（1）敬重神佛儒，凡事诚为先。
（2）服从御法度，守本持俭约。
（3）家和守本业，汝我之天职。
（4）行忠义孝道，忍为第一要。
（5）行善积阴德，养身且养家。
（6）正己行家教，益儿孙眷属。
（7）知福任劳作，勤作今日事。[92]

这里他所强调的是忠与孝、勤与俭，所关注的是家人与儿孙。这些都不离石田梅岩的思想。正是依据诸如此类的道德劝诫，学者宫本又总结了心学运动的一般特点。他的总结分为三个方面——家庭和谐、社会责任与商业态度。

（1）莫忘孝道，勤俭节约。卫生饮食，皆行节制。不为过度之事，不做自私自利且不合符情理之事。为家业勤恳劳作，绝不抱怨任何不足与匮乏。

（2）务必正直，恭敬长上，怜悯下弱。谨守国法，语言和软，不争口舌。出言守信，不忘感恩，亦不言他人之过失。

(3)世间无一物属我。家业乃先祖所传,为后世儿孙所继,银钱家产非我一人所专。既不世世共有,也不可只为我一人花销。财产所出,小则益于一家,大则益于公众。为商并非只为钱财,应常思家族繁荣。[93]

在我们看来,所有这些都没有超出梅岩的伦理观。其所要求者,是对集体(或家或社会)做无私的奉献。勤俭节约与合情合理地待人接物,都只是这种奉献精神的某种具体实现。晚期心学与其早期的主张一样,谓获得精神解脱的人,应该具有无私之心,应该毫无勉强地自然而然地履行其道德责任,不会有任何的犹豫与疑惑。我们认为,心学运动的前期与后期,其在经济合理化过程中的立场并无什么不同。后期心学不再像前期的梅岩那样,努力地为商人阶级作强有力的道德辩护,也不再为商人的牟利行为作合理化的声辩。但我们觉得,依据上面的总结,它并未改变对待商人阶级所持的肯定态度。当然,商人的社会地位与职业功能,本身就是行孝尽忠的基础。也许,后期心学运动的导师们,发言主张用语不再那么激烈和辛辣,不再像梅岩老师们那样咄咄逼人。但若就其宗教与伦理的教导内容而言,它们本质上并无什么差异。

本章的写作目的,意在集中讨论日本的一个思想运动。若与前面的章节相比,它对宗教与政治和经济之间的关系,可能有了更进一层的详细分析。对于这个主要发生在城市不

第六章 心学及其创始人石田梅岩

同阶级中的思想运动,我们已经进行了基本的考察。但如果要断定它对这些阶级究竟发生了多大的影响,恐怕还是难以明确宣布的。但不管怎么样,依据现有的证据,我们可以说这个影响是非常巨大的。我们的断定也就只能到此为止。前面的章节中,我们在各处已经有不少的断定,但若论到德川时期总的伦理环境,以及当时的思想运动,我们可以这么声称:心学,不仅因为其显著的影响力而十分重要,而且作为当时社会运动的一个部分,它也是宗教与伦理的社会发展成果之典范。

一个宗教,如果只是教人以开悟与无私奉献,这本身既是宗教的手段,也是宗教的成果。从政治上看,它加强了理性化的过程,并且由于强调"忠"的至为重要以及臣民的无私"奉公",从而扩张了政治威权。虽然心学运动与德川幕府关系密切,但它也强调天皇的至尊无上,因而为明治时期的大众意识情绪做了铺垫。虽然它主要是商人阶级的一个运动,但它并不是为商人寻求政治特权,而是以武士阶级作为自己的政策指导,并努力促成商人在经济生活中发挥武士那样的政治功能。这样的思想倾向,对后来的明治维新以及明治时代有什么意义,是我们在下一章要说的内容。这个运动还提出了普遍主义的道德标准,诸如正直、诚实、守信的契约精神,并为这些标准奠定了宗教的基础。从所有这些方面看,心学对于城市中各阶级的现世劳动态度的形成,做出了直接贡献,塑造了一种守纪律的、务实的、不懈努力的劳动精神。这样的精神，在整个工业化进程中，无论是对企业家还是对工人而言，都是意义重大的推动力。在塑造这种道德精神的过程中，心学利用了远东最古老的也是最强劲的宗教传统，它可以上溯到孟子的心学。因为让这个传统适应于当时的市町阶级的需要，心学也就给务受困扰的商人集体提供了人生的意义，为商人阶级的巨大能量开辟了一个出口方向，并使得整个社会朝着这个方向发展，产生了极为深远的历史结果。

注　释

1. 叙述石田梅岩生平的依据，是其门人所记的回忆录《石田先生事迹》。其他信息，来自服部真长的《石门心学试论》。
2. 《石田先生事迹》，《心学丛书》第六卷，第 292 页，以下引用时仅名《事迹》和《丛书》。
3. 同上书，第 292 页。
4. 《都鄙问答》，《丛书》第三卷，第 169 页。
5. 《事迹》，《丛书》第六卷，第 294 页。
6. 同上书，第 295 页。
7. 同上书，第 316 页。
8. 同上书，第 307—308 页。
9. *Analects*, II.4. Waley: *Anaclects of Confucious*, p.88.
10. 《事迹》，《丛书》第六卷，第 314 页。
11. 同上书，第 302—303 页。
12. 《太极图说》初期周敦颐所撰。《近思录》与《小学》为朱熹本人所撰之教学书，在日本流行极广。朱熹门弟子陈淳（1151—1216）所撰之《性理字义》，系哲学用语小辞典。

第六章 心学及其创始人石田梅岩

13. 《和论语》为17世纪成书之神道教著作。《徒然草》为佛教僧人吉田兼好（1283—1350）所撰的杂录。
14. 关于这个时代以及它与商人阶级关系的论述，参见长谷川的《町人生活与心学思想》第37—44页。
15. 关于江户与京都、大阪的对比议论，参见上注中长谷川的所引书，见第13—18页。
16. 《齐家论》，《丛书》第一卷，第135—136页。
17. 和辻哲郎：《現代日本の町人根性》，第325页。
18. 《都鄙问答》，《丛书》第三卷，第91页。对于梅岩思想，尤其是对《都鄙问答》的有用分析，参见胜部之《石门心学试论》内文。
19. 同上书，第176页。
20. 同上书，第90页。
21. Legge，同前所引书，第二卷，第414页。原作者对译文稍有改动。
22. 《都鄙问答》，《丛书》第三卷，第92页。
23. 同上书，第111页。
24. 同上书，第192页。
25. 《齐家论》，《丛书》第一卷，第137页。
26. 《都鄙问答》，《丛书》第三卷，第138页。
27. Legge，同前所引书，第二卷，第418页。原作者对译文稍有改动。
28. 《都鄙问答》，《丛书》第三卷，第189—190页。
29. 同上书，第114页。
30. 《事迹》，《丛书》第六卷，第305页。
31. 《都鄙问答》，《丛书》第三卷，第162页。
32. Legge，同前所引书，第一卷，第383页。原作者对译文稍有改动。
33. 《都鄙问答》，《丛书》第三卷，第90—91页。
34. 同上书，第97页。
35. 《事迹》，《丛书》第六卷，第313页。
36. 同上书，第307页。
37. 报德，尽管所强调的是"恩"，但它所包含的基本学说大致与心学运动相似。例如，二宫尊德说："真心自上天所赋之魂而来，是为吾人之良心；若从肉体而来，是为私心。私心亦即人心也。野草若生于田中，务须连根除去，不如是则有害于庄稼。私心（人心）有害于真心，以是吾人务须除尽私欲，养仁义礼智诸德。"（Amstrong: *Just Before the Dawn*, p.130.）此处又可见孟子之思想影响。

38. 《都鄙问答》，《丛书》第三卷，第 188 页。
39. 同上书，第 121—122 页。
40. 《齐家论》，《丛书》第一卷，第 154 页。
41. 《都鄙问答》，《丛书》第三卷，第 123—127 页。
42. 同上书，第 125 页。
43. 同上。
44. 同上。
45. 同上书，第 106 页。
46. 同上书，第 107 页。
47. 同上。
48. 《齐家论》，《丛书》第一卷，第 158 页。
49. 《都鄙问答》，《丛书》第三卷，第 149—150 页。
50. 本庄荣治郎：《德川时代后半期之经济思想》，第 12 页。
51. 同上。
52. 同上。
53. 和辻哲郎：《現代日本の町人根性》，第 326—329 页。
54. 本庄荣治郎：《德川时代后半期之经济思想》，第 11 页。
55. 同上。
56. 同上书，第 15 页。
57. 《都鄙问答》，《丛书》第三卷，第 158 页。
58. 同上书，第 157 页。
59. 同上书，第 158 页。
60. 同上书，第 145 页。
61. 同上书，第 148 页。
62. 同上书，第 109 页。
63. 同上。

第六章　心学及其创始人石田梅岩

64. 同上书，第 109—110 页。
65. 《齐家论》，《丛书》第一卷，第 162 页。此段引文中的象征主义很像是对社会体系中的惩罚条例的类比——最引人注目的是取消继承权一条，其威胁是宇宙性的非继承性（cosmic disinherintence）中断。
66. 《都鄙问答》，《丛书》第三卷，第 152 页。
67. 《齐家论》，《丛书》第一卷，第 159—162 页。
68. 同上书，第 158—159 页。
69. 同上书，第 158 页。
70. 同上书，第 138—139 页。
71. 同上书，第 139 页。
72. 同上书，第 143 页。
73. 同上书，第 142 页。
74. 《都鄙问答》第三卷，第 131 页。
75. 同上书，第 113 页。
76. 《齐家论》，《丛书》第一卷，第 159 页。
77. 《都鄙问答》第三卷，第 133 页。
78. 有关手岛堵庵的生平资料均来自石川谦所著之《石门心学史》，第 269 页及以下。
79. "心学"一词，其实梅岩本人并未使用过。他只称自己的学问为"性学"（性理之学）。堵庵最先称其学问为"心之学问"（1778），1779 年以后他常常使用"心学"一名。"石门心学"这个名称是区别于佛教与儒教的思想运动。石门心学这个名称的广泛使用，是 18 世纪 90 年代的事情。"心学"之名，最初来自中国佛教，后来在那里的儒学中被朱熹与王阳明接受，用以特指阳明的心性之学。在日本，它第一次出现在一部刊行于 1656 年的书中。整个 18 世纪，它流行到了家喻户晓的地步。参见石川谦的《心学概说》第 1—5 页。
80. 关于讲舍组织，参见白石正邦的《心学教化の方法》第 6—7 页。
81. 关于都讲，参见上所引书之第 10 页。
82. 同上书，第 11 页。
83. 同上书，第 12 页。

84. 同上书，第 42—43 页。
85. 石川谦:《石门心学史之研究》，第 263 页。
86. 白石正邦，同前所引书，第 33—34 页。
87. 石川谦，同前所引书，第 242 页。
88. 同上书，第 28 页。
89. 中泽道二传记资料，参见石川谦之前所引书，第 304 页及以下。
90. 宫本又次:《石门心学与商人意识》，第 28 页。
91. 同上书，第 28 页。
92. 河野省三:《国民道德要论》，第 250—251 页。
93. 宫本又次，同前所引书，第 30—31 页。

第七章 结论

在就宗教与日本近代崛起的关系发表最后意见之前，我们还想谈论几个与本书主题相关的问题。预先声明一句，所有这些问题的展开不在本书论域之内。

因为我们全部的分析已经被武断地局限于德川时代，所以我们不得不省略掉宗教与日本工业社会崛起之间关系的两个重要侧面。这两者中，一个是我们称之为核心价值体系形成史的研究。这一价值体系，按我们的看法，早在德川时期的开端，至少其基本内容就已经存在了。至于第二个侧面，是关于近代日本，特别是明治时代的分析。我们一直在讨论着的，即价值观和价值动机对日本近代工业社会崛起的影响方式，正是这第二方面的话题。本书的结论如果要具备充分的说服力，至少得对上面的两个侧面加以讨论并作出交代。既然眼下还做不到这点，我们就只能尽可能地弥补这两个空白。

核心的价值体系，按照我们使用该术语的设想，本意是指人的行为的最一般的取向，特别指的是它在社会当中这一角色预期的规定。对此核心价值的形成过程，我们几乎一无所知。虽然马克斯·韦伯的比较宗教学研究也指出了宗教对核心价值观的形成影响极大，但既然我们未能讨论核心价值体系，而且我们又已经把它当成了自己所关注的这个时代的既定制度，那我们在此对宗教与核心价值体系的形成之间的关系认识，实际上也就没有什么推进。不过，我们已经讨论了宗教与核心价值体系间的两种关系类型。两者中任何一种价值体系都包含着，或者规定了一定的内在的宗教信念与行为。即是说，必须有某种形而上的基础存在，也即是有某种世界观存在着。它作为某种最大的背景，令价值体系获得意义，从而赋予人们坚持这样一些价值的动机；同时，也必须有宗教行为的存在形式，人们才有可能应付死亡、罪感以及虚无的意义威胁。这些都是对生存的根本异化的威胁。能够应付这样的威胁，人类才能保持人格的完整，也才能坚守其稳定化了的核心价值。在第三章我们尝试列出一套基本的宗教信念与宗教行为。而这些东西似乎是内含于日本价值体系中的。对这些东西，尽管以往的历史已经多有表述，但我们基本上都不予关注。我们仅仅将注意力放在讨论江户时代初期的一般宗教取向上。最后，关于第二种类型的核心价值与宗教间的关系，我们的兴趣落在了核心价值体系同所谓"祭师"运动之间的关系上。这些运动通常借那些激烈的宗教传统形式而显示出来。特别当一个社会的道德约束发生松弛时，或者当社会中某些阶级的行为多少偏离了核心价值时，这些

第七章 结论

运动所提倡和表达的,是要恢复其对某种核心价值立场的更严厉的信守。我们在第四、五、六章中都挑选出一些运动加以介绍,以显示当时的宗教状况。我们想说明的是,虽然所有这些运动的根源都在其宗教热忱,但它们对当时的政治与经济的合乎理性化进程都做出了一定的贡献。不过,这里有这么一层意思:这些宗教运动所引起的意义强化,仅仅是内在于核心价值体系中某种趋势的展现。如果自这样的角度来观察,作为最重要的变量的核心价值体系,才是首先需要说明的东西。虽然它并不是我们本书的主题,但在叙述过程中,有关这一主题的思考与观察,时时浮现在我们的眼前,所以我们在此顺便做一个小结。

有证据显示,在最早的日本史中,就可以看到要求民众忠于主君的义务强调。在《古事记》和《日本书纪》中,随处可见这样的证据。例如,《日本书纪》中记有神圣天皇的随从在濑户内海中航行,其为救其主君而不惜放弃身命。[1] 书中记叙的这个时代是一个战乱频仍的社会。在这样的社会,统治者与臣民的这种关系在动乱与死亡威胁之中,当然具有重要意义。稍晚的历史时代(7世纪)有一首叙述高市皇子的武功业绩的长诗。这里我们从这首追忆该皇子的后起作品中引述几行:

以吾民之君去往高天为皇,
吾民只能在无尽思念中追忆,

全然不能察觉时日的流逝。
在埴安的池畔，像隐沼之水不可见，
彼等天君的舍人不知何去何从，
只能在困惑中间踯躅中道。

一般说来，彰显人们忠于自己主君的伦理，并不只是日本人才这样提倡。上边我所引述的诗句，也并未体现那种狂炽的个人的忠诚。作为比较，我在这里再引用一首古盎格鲁-撒克逊人的长诗，用这首《漂泊者》来同上面的诗做比较：

啊，所有欢乐今已不存。
长久以来待命于主君有难之召唤者，
哪怕睡眠当中亦不免悲哀的孤独之臣，
他的心中似乎始终萦绕着的
是拥抱与呵护自己无助的主君。
他的头首触贴在主君的足面上，
一如往昔之时，他从主君领受恩赐。
当他回神凝想，四顾无有伴侣，
眼前只有黑色的巨浪，海鸟出没于波涛之中，
胸中涌出阵阵剧痛，他慕想追随主君
而心犹酸楚，悲伤再次升起。[3]

古代的盎格鲁-撒克逊社会同日本社会一样都是重视忠

第七章 结论

于君主的。如果主君在战斗中丧生,而追随他的骑士却仍然活在世上,是一件耻辱的事。只要有用,战士就应该为主人献身,以报答主人的垂爱与赏赐。怀特洛克(Whitelock)说:"当主君的家族与武士自己家人的需要有利益冲突……对主君的义务永远是第一位的。"[4]她还指出,这样的义务观对于所有条顿民族而言都是闻所未闻的事情。她引用塔西陀的话:

> 不仅如此,如果主君死了而自己还活下来,如果战场上逃生,就会是一种终生的耻辱,永远背负人们的唾骂。骑士之立誓守忠诚,本质上就是要追随主君,死于主君之事。为保护主君而死只会增添功勋与荣耀。主君为胜利而战,骑士为主君而战。[5]

直到后来皈依了基督教,古代盎格鲁-撒克逊骑士的这种忠诚观也没有改变。她引用克拉托(Cnut)法律的说法,该法律大概为武尔斯坦大主教(Achbishop Wulfstan)所撰。

> 无论吾等所为何事,唯有发自内心对主君的忠诚。吾等尽心尽力所得的益处,乃是上帝对忠于主君的臣仆的奖赏。[6]

忠于自己的主人,无论在西方还是在日本,都是部落时代的君臣遗风，在整个中世纪始终没有中断过，构成了封建文化价值观的来源之一。这两种情况都体现了中古以来基于人身依附关系的忠诚，向出于社会身份的忠诚转变的现象。在东西方的这两种情境中，忠君的伦理性质转变有所不同。就西方世界而言，武士的忠诚精神仍然在起作用，但它依据不同的民族集体而有形态与意义的转变。在封建时代晚期和近代早期，最为突出的已经不再是忠诚的价值观。相对于此，日本的忠君价值观始终是最重要的品德，而且是社会中各个阶级都共同尊崇的品德，不仅如此，这种品德还延伸到了部落战场之外的其他社会领域。

在西方，普遍主义的原理经各种不同的社会过程而转化了或者取代了武士类型的忠诚观。例如，原来特殊主义的忠诚观，被新的非人身归属关系所限定的忠诚观所取代。忠诚不再是系属于某个人，而是属于民族或者属于国家的。人们所重视的乃是更具普遍主义的价值。与此相对，在日本特殊主义的原则仍然是未受挑战的。日本人的民族-国家主义始终带有特殊主义色彩。因为它的焦点仍然落在对万世一系的天皇家族的忠诚上。天皇家是日本人的主干，其他的任何家族都只是分枝。在西方尽管有各种并非不变的同盟结合，但内在于基督教的普遍主义最终仍然发挥了溶解剂的作用，消溶了核心家族之外的所有特殊主义的关系。在日本，国家神道差不多就是某种特殊主义的忠诚伦理原则。而作为辅助的儒教，不单没有消溶性的作用，反而是特殊主义的强化剂。

第七章 结论

至于佛教，它也没有消解特殊主义，反而因为其对武士阶级的忠诚价值有强大的影响力，通过强调禁欲和无私这样的品格而起到强化特殊主义的功能。日本武士的理想与欧洲中世纪骑士的精神没有共同之处。西欧中世纪的那些武人拦路抢劫旅客、在客栈酒馆寻欢作乐的享乐主义，是无法与日本武士的严谨相提并论的。武士的理想剔除了掠夺与享乐的性质。这使得武士阶级在不同的时期和场合都具有重要的历史意义。因此，武士的伦理被其他的社会阶级所欣然接受，再加上佛教僧侣在社会中所铸造的克己尽责与无私奉献对武士阶级的强烈影响，社会呈现出一种"清教徒"的精神面貌。正如赖源朝曾给佐佐木重贞写过的那段话（时间在1191年12月）：

> 武士们应当像佛教的法师一样。法师们谨守佛祖所制戒律，所行忘身尽忠。武士也应当以同样的忠勇之心，保护主君与国家。当今天下，整个国家都享受着镰仓将军的文治武功。将军家所有家臣，无论其所受封邑藩土是大是小，都应当事奉其主君，报答君恩，心怀一体忠诚，哪怕肝脑涂地。彼等众人不应以身命为自己所有。[7]

儒教对于日本武士伦理有着深刻的影响。须知，汉字中用来指武士的"仕"，源出于儒家经典。"士/仕"，被汉学家瓦勒（waley）译成knight（骑士）。[8]中国的先秦时代常常被人们称为"封建时代"。姑且不论这样的称名是否恰当，但

"封建"的那种说法,在许多方面同日本社会很相似,反而与后来的中华帝国很不一样。汉文经典中"仕"之一字,很容易与日本的武士扯上关系,反而不太能够同中国历史上后来的士大夫(学者-士绅)匹配。重要的是,尽管日本的武士身上还保留有某些理想的"士"的品德特征,但经过日本人解读的孔子与孟子学说,"仕"早就发生了一般化与普遍化的转变。道德学问与治理现世的责任感,都成为了"仕"的重要内涵。"仕"的理想品德更具有禁欲主义的成分,或者他至少也要讲求俭朴、重义而轻利。在标准的"仕"之价值中,忠被放到首要的地位。因此,日本的"仕"之精神非常容易就与武士伦理等同起来。如果要谈中国的儒家思想对日本伦理有什么影响,重要之处就是,它无疑拓宽了日本伦理。它使得武士之为"仕",绝不仅仅是关心武艺与军事技术,而其修养已经延伸到了知性的、经济的以及政治治理的领域。

尚武的武士阶级中,有一部分人发展成为了官僚与治吏,这是德川时期的明显事实。如果我们考虑儒家伦理发生的内涵转化,德川后期的部分武士中发生职业转变,就不是一件难以理解的事。武士的理想因形态转变为"君子",其直接的结果便是武士伦理的普遍化转向,它使得武士之外的其他社会阶级也可以接受武士的价值伦理。在这方面日本与中国的最大不同就在于,在中国"士"之军武的内涵明显地萎缩下去,而对个人的主君的特殊主义尽忠观念,虽然重要但已经不再是第一位的;在日本军武的内涵哪怕发生象征性的转变,

第七章　结论

也仍然是首要的方面，而对于自己主君的忠诚则始终是压倒一切的伦理价值。儒家思想对日本伦理还有一个重大的影响，就是他所强调的"孝道"伦理。它使得日本的家族观在走向合乎理性化的过程中，具备了"政治性"的价值。这一点与中国不同，在中国家族至上论主要是伦理性的而不是政治性的。

总结一下我们对日本人价值观形成所作的思考。可以认为，这一价值观形成的开端应当追溯到原始部落时代。而它的定型则是在战乱纷纭的中世纪。从基础上考察，武士阶级的伦理受到儒教和佛教的影响而历经充分的普遍化过程，最终才形成了日本民众的道德。天皇族裔的连续性和国家宗教的一脉相承，起到了象征的作用，标志出某种几乎可称为"原始性"的特殊主义。对军武成就的高度重视，对于某个主君的命令的绝对奉行，二者都成为了普遍性的原则，超出了武士阶级并延伸至社会各个阶层，成为所有人都必须实行而且受到全社会推崇的道德标准。无论如何，以上这些便是我们一般性考察之后的假定。如果最终它的正确性得以证明，那我们就可以说，宗教以及以宗教为基础的伦理，在日本近代的发展中发挥了重要的作用。

至此，我们也许要回顾一下，简短地同时小心翼翼地思考这一层关系。这正是本书所考察的伦理体系与明治以来近代发展之间的关系。我们也许应当首先看看1860年的明治维新。这个运动的实践者，如我们在本书第二章说过的，主要是下层的武士。在第四章,我们还讨论了近代的尊皇与国体意识。正是这样的思想意识,为明治前后的倒幕运动与王政复古运动提供了正当性。应当指出,这些思想同武士的伦理精神并没有任何相互不能相容的冲突。它们之间是完全融洽的。具体而言,维新运动的起因,来自如何应对西方侵略的思考。维新运动的战斗口号之一,便是"尊王攘夷"。夷,指的就是野蛮的外国人。尊王攘夷的口号,意味着由于幕府的羸弱而导致外夷入侵日本。因此,所有怀有忠心的日本人应该共同团结起来摆脱幕府的统治,然后再摆脱外国的威胁。这里我们想要说明的是,至少作为一种公开的政治要求,维新运动是由武士倡导与推行的。当然这个运动有它的经济原因,我们在第二章已经指出了德川制度有许多经济上的弱点。但幕府所以倒台,倒不是因为经济的危机。幕府只是在经济上已经不能有效运转。维新运动也不是因为出于经济发展的考虑。它也并未提出任何经济的要求。[9]不仅如此,虽然商人阶级也受到尊皇的宣传影响,也可能希望结束幕府的统治,但它并未参加到倒幕的运动中。诚然,它也向那些拥戴天皇的势力提供过钱财资助。不过,它同时也为幕府方面出过钱。如果我们因为商人们的资助而认为它有政治上的考虑,恐怕是一件不太靠得住的推理。其实,日本商人只是习惯于奉命出钱,在他们上面的政治权力如果要求他们掏钱,他们也只得从命。

维新运动之所以产生,在很大程度上是由于社会成就

第七章 结论

与社会报偿之间脱节。这是毋庸置疑的事。但这种日益严重的脱节所产生的压力主要落在了武士阶级的身上，而不是由"资产阶级"来承担。1868年的明治维新，我们在前面已经说过了，不应当被理解成某种"资产阶级革命"。不应看作经济上遭受了桎梏的中产阶级想要推翻"封建制度"以争取经济自由的企图。从日本的"町人"的身上，我们很难看到有这样要求的痕迹。E. 赫尔伯特·诺曼（E.Herbert Norman）曾经对日本近代以来的思想家作过梳理。他想要在德川时代寻出一个有自由-民主思想的人。但归根结底，当他读到安藤昌益时，他差不多就完全放弃了当初的设想。虽然安藤昌益的确全面地批判了日本的封建制度乃至思想基础，但他的身份并不是商人，而只是一个思想家。他生前也从未出版过什么著作。商人当中，有的人也的确对于幕府的政策有过抱怨，而社会上也流传过挖苦幕府秘事的落书（讽刺文）。但所有这些不满并未上升成意识形态，更不要说形成有组织的政治行动了。商人阶级基本上都是忠于权力当局的，不管它是一个旧政府还是新政府。所有商人勤恳劳作，克于勤俭，绝大多数情况下都称得上老实本分。这正如我们在分析心学运动或其他一些历史现象时说过的，商人总是听命于权力和统治者，服从后者的政治决定。事实上，商人不可能是改革的先锋，他们也不会成为富于挑战性的新形势的呐喊人。了解商人的这种思想状态，对于把握日本的现代化过程具有头等重要的意义。如果日本的商人做不到的，日本的农民和工匠也同样做不到。能够领导日本国民展开开拓行动的，只有一个阶级——武士。从后者的处境来看，他们居于国家的行政权力中心，而不是经济活动中心。因此，明治维新也好，相应的日本现代化也好，若要考察它们，我们的眼光首先必须放在政治维度上，其次才是经济维度。之所以要持有这样的思想方法，倒不是囿于马克思主义的观点，把经济发展看作某种"基础"，而把政治发展视为"上层建筑"。主要是因为就本书的讨论而言，这样的思考方法更有穿透力。

然而，现代化尽管包括了政府的、教育的、医学科学的发展，但在很大程度上，这些都有赖于经济的发展成果。现代化几乎就是工业化的同义词。如果说，我们提出的论断是——现代化的动机必须首先来自经济方面，那就成了逻辑上的循环自证。实际上，我们似乎可以清楚地观察到，在日本现代化的动机，在很大程度上是出于政治的而非经济上的要求。日本的现代化与权力的崛起相关。相对于这种崛起，增长财富只是某种手段。实际的情况是明治政府引进了实业（鼓励工业化），并且小心地培植"财阀"（zabatsu）的胚胎，给它以各种优惠和诸多的补贴。这样的做法正好证明了我们的观点。单从技术角度看，重工业不会是现代化开始时的经济部门。哪怕在今天，从事现代化的人也不认为搞重工业是划算的经济行为。因此，重工业必须有政府的扶植。而支持并控制日本重工业的那种关心，只能理解为某种政治资本主义的策略。这样的资本主义同日本政府有了千丝万缕的联系，

第七章 结论

最终它只能听命于政府并接受政府的支配，而不可能成为自主的经济力量。意味深长的是，应该指出，对经济发展的这种政治态度，其基本原则是在德川时代就已经成形了。这一点我们在第五章已经指出过。

至此，本书试图说明，正是武士阶级在德川时期促成了一场导致日本发生根本变化的运动。这一运动的动机首先是政治上的。既然它要求大政归还以及富国强兵，也就是说，借助新创立的国家机器来鼓励发展经济以增加国力的目标既然确定，那该如何发展经济呢？又应该由谁来领导这个进程呢？有哪些社会集团回应了政府的这种号召呢？

为领导新的工商实业，首先选择了武士这个阶级。这本身是一件无需感觉惊异的事。各个阶级之间的法定界限已经取消，没有任何条例会说武士不能涉足工商实业。而政府对那些希望得到技术训练的武士尤其乐意提供帮助。武士阶级先已具备了促成其发展主动性的素质，也已经具有领导的能力。相对而言，德川时代的商人倒还不具备这方面的能力。因此，在现代化展开之前，他们也就不如武士阶级更有机会。再者，在一个历来看重身份地位的社会中，预先已经占据了优势地位的一批人自然也就占据了重要的发展先机。这应该是顺理成章的事。唯一不同的地方在于，就现在的情况而言，最重要的位置都落在经济领域中。不过，我们认为，这种情况还不是实业家与大商人须从武士中产生的主要原因。关键是武士阶级的伦理已经不像是欧洲近代晚期的贵族那样，所崇尚的不是那种浪漫的尚武精神。[10] 关于这一点，我希望是已经在前面第四章分析武士道的内涵时完全证明了的。牧原（Bernard Makihara）在他那篇很精彩的论文中已经揭示，明治时期，鼓舞当时实业家的精神力量仍然主要是"武士道"的观念。而在日本资本主义发展过程中，武士道始终是塑造其伦理思想的重要资源。他曾引用过三菱企业的创始人武士岩崎的家训，认为其中的劝诫充分表明了对参与近代企业发展的这个群体而言，武士的伦理是多么适应当时的社会状况：

第一条　不要局促于琐细的小事，要始终关注于企业管理的大事。
第二条　一旦决定开办某项事业，必欲成功而后已。
第三条　从事企业大事，不可投机取巧。
第四条　无论经营什么事业，都要关心国家利益。
第五条　不可忘记公共服务的精神与至诚。
第六条　勤勉努力、厉行节俭、为他人着想。
第七条　启用合适的人才。
第八条　善待自己的雇员。
第九条　创业需大胆，守业要细心。[11]

如果说大部分能干的精力充沛的实业家主要来自武士阶级，那么其他的人力资源，那些勤恳努力又遵守纪律的劳动力又来自哪个社会集团呢？后者也是资本主义发展不可缺少

第七章 结论

的前提条件。关于这点,我希望本书在前面已经说得很清楚了。高度服从的、勤劳的并且节俭的劳力资源都大量蓄积在农民和町民这两个群体中。实际上,我们先不用看那些大型企业。就日本的情况而论,简单地划分资本家与劳动力这样的二分法,是有误导性质的。日本的工业实业绝大多数都是小规模的。好多企业只有三五个雇员,基本上只能算作家庭企业。借助于电子设备,生产了大量的轻工业品,其中有大量的参与出口,成为整个日本经济的重要基础。在这样的小型企业中,企业主其实也就是家长的身份。在许多企业中,企业主此前只是农民或者町民,并不一定是武士。而充当其企业"劳力"的,主要是家族成员,也许还会有几个不属于这个家族的工人,但后者大都被同化于这个家族了。严格的劳动纪律、较长的劳动时间以及低矮得有些不可思议的劳动环境……这些恰恰是日本工业崛起的主要资源。如果忽视了农民的观念、町民的伦理,以及那种吸纳工人的特殊的家庭作坊似的企业类型,简直不能理解这样的实业发展方式。有意思的是,应该指出在这样的小工业环境中,竞争绝不会比大企业更加惹人注目。小型的企业通常会接受一些大商号的指导,或者其被组织进行业协会并接受政府的指导。生产标准的改进、产品的更新,都常会是来自上面的指令,有的情况下根本就是政府在做直接安排。这样的情况显然不是针对竞争性市场所做的灵活调控。当然,大工厂的产品制造以及政府的生产指令,还是有考虑市场需要在内的。特别是那些主要为了出口的行业，更对市场要求有较高的灵活反应。这与小企业单独接受自上而下的指令进行生产完全是两码事。从这里可以知道，政治价值观在日本仍然是深入了经济领域的。

本书在对我们的议题进行研究的过程中，往往会拿日本与中国的情况进行或明或暗的比较。之所以要做这样的比较，是基于这么一个事实：中日之间，就其文化与宗教传统而言，都有共同的地方。然而两者所经历的现代化发展道路，却有很大的不同。而我们为解释其间的差异，每每会利用不同的价值体系作为参照比较的依据。我们已经说过，就价值体系而言，中国传统有整合性的特点。而日本的文化传统则主要是政治型的，或曰目标过致型的。虽然说要对中日两国间的价值体系做充分的比较，就超出了本书的范围，但如果针对中国的整合性价值观稍做一点展开的讨论，则很可能有助于读者深入地了解我们的比较研究后面的逻辑过程。

一个社会的价值体系，如果以整合功能为主，则其用意主要在维持社会秩序，从而无意于达致目标或者调整适应。即是说，其关心稳定远甚于权力和财富。在这种情况下，其配合整合功能的子系统中的价值模型变量也就会是特殊主义的，或者是质量性的参数。这样也就规定了它的人际关系，其所关心的是某种特殊主义的纽带。这样的人际关系纽带，典型的形态便是亲族性质的，也可能包含了共同的地方性因素，总之不会是普遍主义属性的。这就意味着，人们所看重的是个人的品性，而不是他的行动业绩。用中国人的话来说，

第七章 结论

它所关心的是"德(性)"而非"行(为)"。亲族关系至上，也许比其他任何别的特性更能代表特殊主义及其品性的价值观。而在中国社会中，其价值观在许多情况下都是这种亲族纽带的象征性延伸和普遍化。即令是帝国政府（朝廷）的结构，也有强烈的"家庭性质"——尽管它也同时是政治价值观。具体而言，中国人看待体系维护，其采用的主要标准仍是人际关系。因此，他们所要做的，便是相互妥协以实现"和谐"，完成一个平衡的社会体系。以相互妥协而实现的平衡，是中国的社会政治理想。[12]

如我们已经看到的，体系的维系在日本固然重要，但它也仍是第二位的。因此，由于重视目标达致也就会强调实践的成果。而在中国，目标达致虽然重要，但目标却是第二位的。这些"政治性"的价值，其主要流行的范围自然限于帝国政府的政治运作中。对中日两国的国家运作及整合性体制进行比较，也许可以看出两者之间的相似与不同。可以作为这种对比补充的，还有忠与孝这两个伦理价值。我们知道，在日本忠是在孝之上的。而在中国，

> 如果有人选择出仕做官，他就不得不把"孝"转变为事君的"忠"。而一当"忠"与"孝"发生冲突时，既为人子，首先便应当把孝放在首位。这就显示出家庭制度是传统中国社会的基础，而孝道则是所有社会伦理原则的基石。[13]

不单单"孝"的价值居于"忠"之前,"忠"本身也是受到一定限制的。我们看到,在日本"忠"已经渗透到社会中的各处,成了社会各个阶级的共同理想。然而,在中国甚至在士绅之家,"忠"的价值也未必是普遍地压倒一切的。对"忠"加以强调的,只限于在出仕的官僚队伍中。

人不能选择自己的父亲,这是天命所确定的事情。但人却可以选择所服事的国君。这就像女子未嫁之前,可以选择自己的夫家。古谚有云:良鸟择木而居,贤臣择君而仕。诚然,从理论上讲,中华帝国的一切人民都是皇帝的臣属。不过,庶民百姓毕竟与入仕为官者不同,其所领有的忠节义务毕竟与后者不可同日而语。此亦为事实也。就士大夫而言,其有君臣之间的特别关系。故而若天下太平,四海一统,为民者可以选择仕或不仕,此犹女子可以嫁或不嫁。即令世间仅有一可嫁之男,亦犹如此。中国历史上,若有不愿出仕的学者,他就是匹夫。有谚云此为:天子不能臣,王子不可友。彼之为自在者,除缴纳租税外没有别的义务。[14]

但如果在日本,对于在上的权力长者也抱类似的态度,是没有伦理依据的。事实上,在日本政治权力已经渗透进了最低层的社会单元。而在中国,权力反而是受一定限制的。

老百姓的日常生活是由社会权威所管控的。而政治

第七章　结论

的权威通常也只在衙门之内。朝廷，除了在少数暴君当政的时候，一般不会干预社会上的事情。一般而论，一位贤明的君主除了征收赋税，其他方面他不会扰动人民的。[15]

政治权力的普遍化和扩展化不只是因为其运行范围的狭窄受到削弱，即令在它本来的领域，即是说，即令在帝国的官僚集团中，也始终遭遇了家族式的（家庭关系类型的）整合性价值的遏制。虽然就皇帝一面而言，他有意将国家权力绝对化并朝着这个方向努力，但他不能不受到下面臣属的掣肘抵制。后者并不希望那样的目标得以实现，而仅仅希望维系现存的利益格局。近代中国历史上，除了最近的这一场政权更迭[①]，每一次的"改革"努力，都再现出上面所说的境况。至于1911年的辛亥革命，也仍然没有摆脱这种境况。费（Fei）曾对这一点作过非常生动的，也许是有些夸张的描写：

中国的官员并不是同皇帝分享权力。他们只是服事君主。他们与其说是支持君权，不如说是在尽力软化或者令这种权力中立化。与自己身在朝廷的侄儿辈们合伙，叔父们甚至通过密谋策划，以求自保。按中国的传统，官员们给皇帝当差不会是非常卖力的，他们也没有长期

---

① 指1949年的更始。——译者

做官当差的打算。出来做官,无非是为了或者避祸或者发财。中国的官员若在任时,可以保护他的亲族,而履行其身为家长的责任,则是在退休卸任以后。官员们的理想,要么是归老乡梓,要么是隐居林泉。告老退休后家长便可以不再侍候上司,无需小心翼翼地察言观色。而那些在往日里得到他照顾的三亲六戚还会因此感恩戴德。于是他现在可以安享其威望与尊严,可以因此心旷而体胖了。用中国人自己的话说,这叫"衣锦还乡乃人生一大乐事"。[16]

当然也不是所有的官员都选择了这么一条理想的归宿。许多例子也说明,那里也有不少尽心而勤恳的官员,努力地要树立国家的权威。不过这些人都未必在朝廷上或政府中说话管用。因此,他们也就不能像在日本近代的武士那样推行自己的改革方略。妨碍他们的还有自己的同僚或者别的因素。掣肘作梗的同僚们,通常是一心维护旧制度,或者死守成例。虽然如此,但在整合性的价值框架内,仍然存在着一定的合理化改革空间。韦伯在其研究儒教伦理时指出过这一点。具体而言,我们可以找出曾国藩作为一个例子。曾是晚清的名臣干将,他显然可以成为这种品德的代表:

> 他每日三省自身,不断改善自己的涵养德性……每与亲戚、兄弟、儿子书信往来,也都时时加以自省。凡

第七章 结论

对年轻晚辈教诲，讲的都是克己复礼、诗书耕读，对他们怀着弘毅正直的期盼。[17]

从曾国藩的身上所反映出来的，是一种理性的、现世的、儒家士人所特有的伦理。不过，这种伦理无意于积攒财富，不是发财，不是升官。更多的是期待某种调整过后的平静（an adjusted equilibrium）。因此，在他身上看不到启发民智，使其摆脱陈旧传统的激情，或者说，他并未能把光宗耀祖、显赫门庭的"忠孝"转换为服务于更广大人群的热忱。内在于儒家的合理主义伦理，如果想在现代化过程中发挥作用，似乎先必须在其价值体系中注入政治优先的价值信念。而这一点恰好是日本的现状，或许也是今天中国的现状。

对比中日两国的价值体系，所得到的最有趣收获便是：看这两种价值观，它们实际上都强调了整合性的政治价值，也都重视忠孝二者。但它们有什么差别，恐怕还是在对"忠"与"孝"这二者的轻重先后的摆放秩序不同。比较研究的结果，部分地说明了两国社会发展的巨大差异。因此，我们观察不同的社会发展结果，得出的结论是：中日之间的发展差别，并非缺乏某种关键的价值观，它们之间的差别根源，在于相同的价值观经历了不同的动员组织形式。

至此，我们回到了第一章提出的那些思考。这里，我们针对本书提出的总体问题，依据我们考察的结果加以总结。

我们的第一个总体结论是，一个强力的国家政治及一些支配性的政治价值，显然有利于日本工业社会的崛起。如果我们仅仅依据欧洲的情况作思考，这样的结论就让人觉得意外。从正统的欧洲经济史观出发，不会认为国家对经济的干预有利于它的经济发展。尽管国家制定经济政策，本意是要促进其发展。从总体上考虑政治国家及政治价值观与西方经济发展的关系，对于传统的发展观会有意义重大的改变。虽然我们似乎觉得，拿欧洲的经济发展同日本的情况来比较，国家所起到的作用要小得多。如果拿日本来同别的非西方国家相比较，日本显然又具有特殊的意义。与西方国家相比较，日本同它们所面对的问题的确有相似性，虽然西方工业文明的建成经过了几个世纪的资本与技术积累，但对非西方国家而言，工业文明是一种既有的事实。非西方国家不存在从内部缓慢积累资本与技术的问题。非西方国家哪怕想慢慢积累，也经不起漫长的等待。非西方社会中经济与商贸体系的现状，也不可能满足现代化所需要的资本与技术需求。事实上，在所有的（非西方的）社会中，凡是工业化出现的地方，都有政府的支持或操纵，因为只有政治权力才有能力做这样的调配安排，满足当下的资本需求。在这种情况下，显而易见的是政治国家及政治价值观便成为了事关成败的重要变量。在非西方的社会中，日本是唯一的一个强固的政治国家，并具有支配性的核心价值体系。在我们看来，这一点非常重要，它充分说明了为什么整个日本社会都同心合力地想要实现工业化。

第七章 结论

我们再拿苏联与中国的情况做比较，也可以说明这种观点。中国与苏联既然都已经是社会主义国家，当然也就有了强固的国家政治制度以及政治价值观。事实上，苏联本身就是一个其价值观特别强调目标达致的例子，苏联只能算是一个边际性的例子，如果它也算是非西方国家的话。它是日本之外的唯一一个非西方的社会。我们在这里讨论的日本，是依赖自己的力量而转变为重要工业强国的孤例。中国是一个更为明显的非西方社会，其价值观从传统的整合性追求转向共产主义的理想，也显示出它追求工业化的强烈愿望。中国有希望成为苏联之外的第三个非西方的工业化强国。至于凯末尔的土耳其，则可以说是非共产主义的现代化范本。其中，强固的国家政治制度发挥了重要的作用。另一方面，如果我们来看印度尼西亚这样的社会，虽说那里的工业化也在政府的指导与支持下进行着，但一个脆弱的政治国家和不受重视的政治价值观，使它的工业经济发展过程深受拖累，它在这中间也显得犹豫与动摇。那里的现代化运动效率很低，力量也很弱。[18] 无论它采取什么样的发展形式，日本的社会都可能是它的范本。这两种情况下，强有力的政治制度与政治价值观都可能显示出发展优势。也许可以认为，这两个"优势"正是今天世界上"落后"地区的工业化起步的先决条件。然而，不无遗憾的是，任何具有强烈的目标达致价值理想的社会，大都同集权主义有紧密的联姻关系。我们之所以说它是集权主义的，就因为其中政治的思考总是压倒了任何别的考虑。这一点正是前面我们说到的三个国家所显示出来的。

我们的结论的第二点是，宗教在日本的政治与经济合乎理性化的发展中起到了重大的作用。它维系并加强了人们对核心价值观的坚持，为某些必要的政治变革提供了动机与合法性的说明，通过强调勤勉与节俭而加强了那种内在－世俗的禁欲主义伦理。宗教由于其对于核心价值观的形成有着重要的作用，而后者又是有利于工业化历史进程的。因此，宗教在日本近代工业化中的积极作用是非常可能的。

由于在终极意义方面给价值体系提供意义，宗教因此加强了人们对核心价值体系的信心。家（族）与国（家）不再只是世俗的集体单位，而成为宗教的实体。父母尊上及政治尊上者，因此都被赋予某种神圣的光辉，变成了神在较低阶位上的化身。因此，社会成员在对这些尊上者履行义务时，其行为也就带有了宗教意义。从而人们得到许诺，其在未来一定会因此得到平安与祝福。凡是履行了宗教义务的人，也就可以超越这个无常的、充满缺陷的世界中的苦厄与危险。

我们另外设想，替代性地为一个社会提供另外一套同样也可以加强核心价值体系的宗教观念，这种观念肯定也可以加强日本的社会结构及其价值观，认同其符合真实之实在的本质。因而人们完全地、全心全意地履行其社会本职角色，从而实行其价值信仰，最终与终极达到合一。这样一种放弃自我而与终极本体的融合，是属于孟子心学一系的宗教观。它同样也承诺会让其实践者得以出离，克服人生的基本烦恼

第七章 结论

与挫折,并且奖励他,让他最终可以进入澄明之境。实际上,这两种宗教观之间并无任何不能相容,它们都是日本宗教的透镜,可以借以观察人世与人生。尽管可以对这两个透镜的成像加以个别的分析,但在实践上这两者间即令真有差异,也是看不出来的。

尽管宗教加强核心价值体系的基本作用,主要体现在家族(家庭)和国家崇拜活动上,但在德川时代,宗教表现出来的时代特点却是一系列新宗教运动的涌现。各不相属的宗教派别纷纷成立,并在广大的人群中取得了广泛的信仰。有的运动在本书的研究中已经有了详尽的讨论,应当把这些宗教现象视作德川时期人们对于核心价值观的信从不断增加的表征。它也是核心价值观不断受宗教动机强化的表现。从教理上看,如我们已经考察过的,所有这些运动通常只是对某些宗教观念的简化的(大众化的)解说形态。从其产生的本源看,这些宗教运动又是混合形态的,与其说它们对于教理有什么精致的讲究,不如说它们仅仅关注的是信仰的虔诚,以及伦理实行本身。因此,无论是就那个时代的总的宗教状况而言,还是就各个宗教派别来看,其所履行的增进社会整合的功能,都是将某一组价值观念引入社会行动而实现的。在我们看来,这也可以表述为在日本工业化借以发生的具体环境中,直接引导了近代工业化的产生。

其次,宗教之在政治合理化进程中发挥其巨大影响,乃是因为它强调了某些首要的超越其次要责任的宗教-政治信念，从而为明治维新之前的王政复古提供了政治动机以及合法性论证。尽管实际上这种复辟活动也打破了以往的种种效忠及习惯成例。这股思潮披上的本土主义和基要主义的外衣，也是所有宗教运动的惯用手段。而它所寻求的仍然是为社会变动寻找合法性的依据。如同新教运动之宣称要"回到《圣经》"，以及伊斯兰运动之号召"回到《古兰经》"，神道复古运动大声疾呼的也只是"回到《古事记》"。虽说近代社会以来，国家神道从某些方面看，只是温室里的植物，但毫无疑问，在日本社会中对天皇的崇敬态度肯定是很有鼓动力量的。它给许多重要的历史事件都提供了正当的理由。若不是因为这样的理由，就可能在社会上激起强烈的对抗与不满。对所有这些政治历史的态度，并不仅仅是几个国学学者的嘴上功夫，而在德川时代的社会各阶层中都有根基，能够引起共鸣。石田梅岩的传记显示他还算不上是学者，但他的一生无疑可以当成一个历史范例。我们总是说，强大的宗教动机往往会成为重大政治变革的重要因素。这一点可以通过新教与西方民主的紧密联系看出来。

最后，我们必须思考在日本如此强大的内在-世俗的禁欲主义伦理，及其与日本宗教的关系。那种勇于承担严酷的而无私的劳动责任感，那种遏制自己消费欲望的责任感，二者都同日本宗教所高度强调的尊崇神圣的与半神圣的上位者的义务感是一起的。与此同时，前两种责任感又密切地联系于那种无私地消融于终极本然的状态。正如我们三番五次地

第七章 结论

一再提醒读者，日本的宗教始终在不倦地强调勤勉与节俭的重要性，不断强调这种品质的宗教意义。要求将这种价值强调贯彻在人们对待神圣者的义务践行中。按照马克斯·韦伯研究新教的立场，这样的伦理是深远地有利于经济合理化进程的。在此，我们也必须说，它同样地有利于日本的经济发展状况。这种伦理的历史意义，显而易见地同总的社会文化背景相关。某种内在-世俗的禁欲伦理可以在马努斯人[19]和犹洛克人[20]中观察到。但很明显的是，这样的原始社会并不是处在工业化的前夜。不仅如此，这样的伦理很有可能也不是某些类型的商人阶级所信奉的。吉尔兹（Geertz）谈到爪哇岛的穆斯林商人中的内在-世俗禁欲主义，但这样的精神虽然也同那里的商人的成功有关，但它却不能保证印度尼西亚的工业化取得成功。[21]另一方面，像这样的伦理似乎也总是有利于工业化发展的，但它并不是工业化本质的内涵。至少在一个社会中的工业化发展初期并不是本质的内涵。这样的伦理不仅在基督教新教中存在，也在其他体制中存在。在两种情况下，宗教的理性化及其对经济伦理的强化作用都是清晰可见的。

在对日本宗教的"功能"说了这么多以后，我们最后还得用宗教的术语来斟酌这些功能的含义。如果我们对日本宗教开具了它有利于近代日本奇迹般崛起的"信用证"，那我们也不该忘记它导致的那场灾难——1945年它遭受了因制造这场灾难的报应。针对这一战争灾祸的"谴责信"也是我们论及宗教与社会发展关系时必不可少的责任。每一个宗教都会努力宣称自己就是超越此世界的真理，但它又不能不取悦这个要超越的世界。每一个宗教都竭力地按它自己的面貌来改造此世界，但它自身又总是按此模样在某种程度上被改造。它竭力地要超越人性，但它又不能不是人性的，甚至仍然是始终不离人性的。不过，"悲剧"这个词并不能完全说透宗教的本质。我们应当看到，1945年并不是日本宗教的终结。只要宗教仍然坚持它对终极价值观最本源的信仰，即是说，只要宗教之仍为宗教，它与社会的冲突就一定会继续下去。怀着对终极本源的信心，宗教一定想要使人类遭遇的挫败转为胜利。

注 释

1. Aston (tran.): *Nihongi*, p.114.
2. 日本学术振兴会：《万叶集》，第41页。
3. Whitelock: *The Beginners of English Society*, p.31.
4. 同上书，第37页。
5. 同上书，第29页。
6. 同上书，第38页。
7. 桥本：《中世纪武士道の原理》，第265页。
8. 确认本段译文，参见：Waley: *The Analects of Confucius*, pp.33-34.
9. 支持维新运动的武士们，当然许多人都是不堪经济压力。但维新运动并未对武士们提出任何要坚持节俭的要求。
10. 本章写完之后，我读到了一篇富于挑战性的文章：《欧洲贵族与经济发展》(European Aristocracy and Economic Develoment)。该文重新审视了欧洲贵族在欧洲经济发展中的作用。该文作者雷德利克

第七章 结论

（Redlich）搜集了相当有分量的记录以说明：在欧洲经济发展过程中，不应当忽视贵族所起的作用。他特别指出，贵族的伦理是特别有利于经济发展的动机。他们的伦理中有敢于进取因而可以释放生产力的作用。他强调，以往所说的贵族的保守不思进取是老一套的说法，是近代以来研究资本主义的资产阶级历史学家的偏见。他希望在得到合理的结论以前，人们先对这一研究领域有真正深入的探讨。

11. Bernard Makihara: "Social Value in Capitalist Development: A Case Study in Japan", p.88.
12. Fei: China's *Gentry*, p.74.
13. Fung: "The Philosophy at the Basis of Traditional Chinese Society", p.31.
14. 同上书，第 27—28 页。
15. Fei，同前所引书，第 69 页。
16. 同上书，第 32 页。
17. Hummel (ed.), *Eminent Chinese of the Ch'ing Period*, vol.II, p.754.
18. 这段话的基础是曾经与克利福德·格尔茨（Clifford Geertz）有过的一次谈话。
19. Mead: *Growing Up in New Guinea*.
20. Goldschmidt: "*Ethics and the Structure of Society*".
21. Geertz, "*Another World to Live In: A Study of Islam in Indonesia*," and "*Religious Belief and Economic Behavior in a Central Javanese Town.*"

参考文献

日语文献

Azuma Shintaro: *Kinsei Nihon Keizai Rinri Shisō Shi* (The History of Modern Japanese Economic Ethical Thought, A Study of the Economic Ethical Thought of Japanese Confucians in the Early Edo Period). 461 pp. Tōkyō, 1944.

Hasegawa Kōhei: "Chōnin Seikatsu to Shingaku Shisō" (*Chōnin* Life and Shingaku Thought). *Shingaku*, Vol. 1.70 pp. Tōkyō, 1941.

——: "Shingaku Kenkyū no Genjō" (The Present State of Shingaku Studies). *Shingaku*, Vol. 7. 98 pp. Tōkyō, 1942.

Hirano Gitarō: "Keizai Rinri to Shokubun Shisō" (The Economic Ethic and the Idea of *Shokubun*). *Shakai Seisaku Jihō*, No. 223 (4), pp. 1-17. Tōkyō, 1939.

Ishida Baigan: *Seikaron* (Essay on Household Management). *Shingaku Sōsho* (The Shingaku Library), Vol. 1, pp. 135-165. Tōkyō,1904.

——: *Toimondō* (City and Country Dialogue). *Shingaku Sōsho*, Vol. 3, pp. 87-231. Tōkyō, 1904.

Ishida Baigan Jiseki (A Memoir of Our Teacher, Ishida. Written by his pupils). *Shingaku Sōsho*, Vol. 6, pp. 289-319. Tōkyō, 1904.

Ishikawa Ken: *Sekimon Shingaku Shi no Kenkyū* (A Study of the History of

参考文献

Sekimon Shingaku). 1367 pp. Tōkyō, 1938.

Ishikawa Ken: "Shingaku Gaisetsu" (An Outline of Shingaku). *Shingaku*, Vol. 1. 87 pp. Tōkyō, 1941.

Kachibe Sanenaga: "Sekimon Shingaku Shiron" (A Historical Essay on Sekimon Shingaku). *Shingaku*, Vol. 7. 123 pp. Tōkyō, 1942.

Kawashima Takeyoshi: "Kō ni tsuite" (Concerning Filial Piety). In *Nihon Shakai no Kazoku teki Kōsei* (The Familistic Structure of Japanese Society). Tōkyō, 1948.

Kōno Shōzō: *Kokumin Dōtoku Yōron* (A Survey of the National Morality). 274 pp. Tōkyō, 1935.

Miyamoto Mataji: "Sekirnon Shingaku to Shōnin Ishiki" (Sekimon Shingaku and the Merchant Consciousness). *Shingaku*, Vol. 2. 64 pp. Tōkyō, 1942.

Naitō Kanji: "Shūkyō to Keizai Rinri" (Religion and the Economic Ethic, Jōdo Shinshū and the Ōmi Merchants). *Shakaigaku* (Sociology), Vol. 8, pp. 243-286. Tōkyō, 1941.

Nishi Shinichirō: *Tōyō Rinri* (Oriental Ethics). 331 pp. Tōkyō, 1935.

Shiraishi Masakuni: "Shingaku Kyōka no Hōhō" (Shingaku Teaching Methods). *Shingaku*, Vol. 4, 82 pp. Tōkyō, 1942.

Takenaka Seiichi: "Shingaku no Keizai Shisō" (Shingaku Economic Thought). *Shingaku*, Vol. 5. 77 pp. Tōkyō, 1942.

Watsuji Tetsurō: "Gendai Nihon to Chōnin Konjō" (Modern Japan and the *Chōnin* Spirit). In *Zoku Nihon Seishin Shi Kenkyū* (Further Studies in the Japanese Spirit), pp. 247-383. Tōkyō, 1935.

西语文献

ABBREVIATIONS

HJAS Harvard Journal of Asiatic Studies (Cambridge, Mass.)

KUER Kyōto University Economic Review (Kyōto)

MN Monumenta Nipponica (Tōkyō)

TASJ Transactions of the Asiatic Society of Japan (Tōkyō)

TPJSL Transactions and Proceedings of the Japan Society, London

Anesaki, Masaharu: *History of Japanese Religion*, London, Kegan Paul, 1930. 409 pp.

——: *Nichiren, The Buddhist Prophet*, Cambridge, Mass., Harvard University Press, 1916. 160 pp.

——: Review of Robert Cornell Armstrong, *Light From the East; Studies in Japanese Confucianism, Harvard Theological Review*, 8 (1915), Cambridge, Mass., pp. 563-571.

Anon.: *Principle Teachings of the True Sect of Pure Land*, Kyōto, Otaniha Hongwanji, 1915. 89 pp.

Armstrong, Robert Cornell: *Just Before the Dawn, The Life and Works of Ninomiya Sontoku*, New York, Macmillan, 1912. 272 pp.

——: *Light from the East; Studies in Japanese Confucianism*, Toronto, University of Toronto, 1914. 326 pp.

——: "Ninomiya Sontoku, The Peasant Sage," *TASJ*, 38 (1910).

Asakawa, K.: "Notes on Village Government in Japan After 1600," *Journal of the American Oriental Society*, 30-31 (1910-1911), pp. 259-300, 151-216.

Aston, William G.: *Nihongi, chronicles of Japan from the earliest times to a.d. 607, TPISL*, Supplement I, 2 Vols., London, The Japan Society, 1896. 407; 443 pp.

——: *Shintō, The Way of the Gods*, London, Longmans, Green, 1905. 337 pp.

Benedict, Ruth: *The Chrysanthemum and the Sword*, Boston, Houghton Mifflin, 1946. 324 pp.

Blacker, Carmen, tr.: "*Kyūhanjō by Fukuzawa Yukichi*," *MN*, 9 (1953), pp. 304-329.

Bodde, Derk: "Harmony and Conflict in Chinese Philosophy," in Arthur F. Wright, ed., *Studies in Chinese Thought, American Anthropologist*, Memoir 75, Vol. 55 (1953).

Boxer, C. R.: *The Christian Century in Japan, 1549-1650*, Berkeley, University of California Press, 1951. 535 pp.

参考文献

Buchanan, Daniel Crump: "Inari, Its Origin, Development, and Nature," *TASJ*, Second Series, 12 (1935), pp. 1-191.

Caudill, William: *Japanese American Personality and Acculturation*, Genetic Psychology Monographs 45, Provincetown Journal Press, 1952. 102 pp.

Chamberlain, B. H.: *Kojiki or Records of Ancient Matters*, London, Kegan Paul, 1932. 495 pp.

Chen Huan Chang: *The Economic Principles of Confucius and His School*, New York, Columbia University, 1911. 730 pp.

Clement, Ernest W.: "Instructions of a Mito Prince to His Retainers," *TASJ*, 26 (1898).

Coates, Harper Havelock and Ryugaku Ishizuka: *Hōnen, The Buddhist Saint*, translated from the original by Shunjō, the authorized biography, Kyōto, Chionin, 1925. 955 pp.

Coleman, Horace: "Life of Yoshida Shōin," *TASJ*, 45 (1917), pp. 117-188.

De Benneville, James S.: *The Yotsuya Kwaidan*, Philadelphia, Lippincott, 1917. 286 pp.

Dening, Walter: "Confucian Philosophy in Japan. Reviews of Dr. Tetjirō Inoue's Three Volumes on the Philosophy," *TASJ*, 36 (1908), pp. 101-152.

Department of Education: *History of Japanese Education*, Tōkyō, 1910.

Devereux, Edward C., Jr.: Elements of Gemeinschaft and Gesellschaft in Tokugawa Japan, Honors Thesis, Harvard, 1934.

De Visser, M. W.: *Ancient Buddhism in Japan*, 2 Vols., Paris, Librairie Orientaliste Paul Geuthner, 1928. 763 pp.

Droppers, Garret: "A Japanese Credit Association and its Founder," *TASJ*, 21 (1893).

Dubs, Homer H.: *Hsüntze, The Moulder of Ancient Confucianism*, London, Probsthain, 1927. 293 pp.

———: *The Works of Hsüntze*, London, Probsthain, 1928.

Ehara, N. R. M.: *The Awakening to the Truth or Kaimokushō*, by Nichiren, Tōkyō, International Buddhist Society, 1941. 102 pp.

Eliot, Sir Charles: *Japanese Buddhism*, London, Arnold, 1935. 431 pp.

Fanfani, Amintore: *Catholicism, Protestantism, and Capitalism*, New York, Sheed and Ward, 1935.

Fei, Hsiao-tung: *China's Gentry*, Chicago, University of Chicago Press, 1953. 287 pp.

Fisher, Galen M.: "Daigaku Wakumon. A Discussion of Public Questions in the Light of the Great Learning, by Kumazawa Banzan," *TASJ*, Second Series, 16 (1938), pp. 259-356.

——: "Kumazawa Banzan, His Life and Ideas," *TASJ*, Second Series, 16 (1938), pp. 223-258.

——: "The Life and Teaching of Nakae Tōju, The Sage of Ōmi," *TASJ*, 36 (1908).

Florenz, Karl: "Ancient Japanese Rituals," *TASJ*, 27 (1900), pp. 1-112.

Fujimoto, Ryukyo, tr.: *The Tannishō*, Kyōto, Hompa Hongwanji, 1932.

Fukuzawa, Yukichi: *Autobiography*. See Kiyooka, Eiichi.

——: *Kyūhanjō*. See Blacker, Carmen.

Fung, Yu-lan: *A History of Chinese Philosophy*, 2 Vols., Princeton, Princeton University Press, 1952. 407; 721 pp.

——: "The Philosophy at the Basis of Traditional Chinese Society," in F. S. C. Northrop, ed., *Ideological Differences and World Order*, New Haven, Yale University Press, 1949.

Geertz, Clifford, Jr.: "Another World to Live in: A Study of Islam in Indonesia," Cambridge, ms., 1952. 73 pp.

——: "Religious Belief and Economic Behaviour in a Central Javanese Town: Some Preliminary Considerations," Cambridge, mimeo., 1955. 33 pp.

Goldschmidt, Walter: "Ethics and the Structure of Society: An Ethnological Contribution to the Sociology of Knowledge," *American Anthropologist*, 53 (1951), pp. 506-524.

Greene, D. C.: "The Remmon Kyokwai," *TASJ*, 29 (1901), pp. 17-36.

Grinnan, R. B.: "Feudal Land Tenure in Tosa," *TASJ*, 20 (1892), pp. 228-248.

Gubbins, J. H.: "A Samurai Manual," *TPJSL*, 9 (1910), pp. 140-156.

Hall, J. Carey: "Teijo's Family Instruction: A Samurai's Ethical Bequest to His Posterity (1763)," *TPJSL*, 14 (1915), pp. 128-156.

Hall, Robert King: *Kokutai no hongi*, Cambridge, Harvard University Press, 1949. 200 pp.

――: *Shūshin*: *The Ethics of a Defeated Nation*, New York, Bureau of Publications, Teachers College, Columbia University, 1949. 244 pp.

Hammitzsch, Horst: "Kangaku und Kokugaku," MN, 2 (1939), pp. 1-23.

――: *Die Mito-Schule*, Tōkyō, Deutsche Gesellschaft fur Natur-und Volkerkunde Ostasiens, 1939. 95 pp.

――: "Shingaku," *MN*, 4 (1941), pp. 1-31.

Hashimoto, Minoru: "The Keystone of Medieval Bushidō," *Cultural Nippon*, 4 (1936), pp. 263-272, 345-354.

Henderson, Dan F.: "Some Aspects of Tokugawa Law," *Washington Law Review*, 27 (1952), pp. 85-109.

Hepner, Charles W.: *The Kurozumi Sect of Shintō*, Tōkyō, Meiji-Japan Society, 1935. 263 pp.

Hibbett, Howard S., Jr.: Ejima Kiseki and the Hachmonjiya: A Study in 18th Century Japanese Fiction, Ph.D. Thesis, Harvard, 1950.

Holtom, Daniel Clarence: "The Meaning of Kami," *MN*, 3, 1 (1940), pp. 1-27.

――: *The National Faith of Japan*, London, Kegan Paul, 1938. 316 pp.

Honjō, Eijirō: "Economic Ideas in Tokugawa Days," *KUER*, 13, 1 (1938), pp. 1-22.

――: "Economic Thought in the Early Period of the Tokugawa Era," *KUER*, 14 (1939), pp. 1-17.

――: "Economic Thought in the Latter Period of the Tokugawa Era," *KUER*, 15, 4 (1940), pp. 1-24.

――: "Economic Thought in the Middle Period of the Tokugawa Era," *KUER*, 15, 2 (1940), pp. 1-33.

――: "The Formation of 'Japanese Political Economy,'" *KUER*, 17, 2 (1942),

pp. 1-19.
Honjō, Eijirō: "The Original Current of 'Japanese Political Economy,'" *KUER*, 17, 3 (1942), pp. 1-19.
———: "A Survey of Economic Thought in the Closing Days of the Tokugawa Period," *KUER*, 13, 2 (1938), pp. 21-39.
———: "Views in the Taxation on Commerce in the Closing Days of the Tokugawa Shogunate," *KUER*, 16, 3 (1941), pp. 1-15.
Horie, Yasuzō: "Clan Monopoly Policy in the Tokugawa Period," *KUER*, 17, 1 (1942), pp. 31-52.
———: "The Encouragement of *Kokusan* or Native Products in the Tokugawa Period," *KUER*, 16, 2 (1941), pp. 43-63.
———: "Development of Economic Policy During the Latter Tokugawa Period," *KUER*, 17, 4 (1942), pp. 48-63.
———: "An Outline of Economic Policy in the Tokugawa Period," *KUER*, 15, 4 (1940), pp. 44-65.
———: "An Outline of the Rise of Modern Capitalism in Japan," *KUER*, 11, 1 (1936), pp. 99-115.
Hoshino, Ken: *The Way of Contentment*, translations of selections from Kaibara Ekiken, London, Murray, 1930.
Hummel, Arthur W., ed.: *Eminent Chinese of the Ch'ing Period*, 2 Vols., Washington, U. S. Government Printing Office, 1944.
Ishikawa, Ken: "On Kaibara Ekiken's Thought and Reasoning as expressed in his *Yamatozokukun*," *Cultural Nippon*, 7, 1 (1939), pp. 23-35.
Ito, Lucy S.: "*Kō*, Japanese Confraternities," *MN*, 8 (1952), pp. 412-415.
Iwado, Tamotsu: "'Hagakure Bushidō' or the Book of the Warrior," *Cultural Nippon*, 7, 3 (1939), pp. 33-55; 7, 4, pp. 57-78.
Jacobs, Norman: The Societal System: A Method for the Comparative Analysis of Social Institutions, with Special Reference to China and Japan, Ph.D. Thesis, Harvard, 1951.
Katō, Genchi: "A Study of the Development of Religious Ideas among the

参考文献

Japanese People as Illustrated by Japanese Phallicism," *TASJ*, Second Series, 1 (1924), Supplement. 70 pp.

Katō, Genchi: *A Study of Shintō, The Religion of the Japanese Nation*, Tōkyō, Meiji Japan Society, 1926. 214 pp.

———: "The Theological System of Urabe no Kanetomo," *TPJSL*, 28 (1930-31), pp. 143-150.

———: "The *Warongo* or Japanese Analects," *TASJ*, 45 (1918).

Kawakami, Tasuke: "Bushidō in its Formative Period," *Annals of the Hitotsubashi Academy*, 3, 2 (1952), pp. 65-83.

Keene, Donald: *The Japanese Discovery of Europe: Honda Toshiaki and Other Discoverers 1720-1798*, London, Routledge and Kegan Paul, 1952. 233 pp.

Kirby, R. J.: "Ancestral Worship in Japan," *TASJ*, 38 (1910), pp. 233-267.

Kiyooka, Eiichi, tr.: *The Autobiography of Fukuzawa Yukichi*, Tōkyō, Hokuseido Press, 1934. 360 pp.

Knox, George Wm.: "A Japanese Philosopher," *TASJ*, 20 (1893), pp. 1-133.

———: "A System of Ethics: An Abridged Translation of 'Okina Mondo,'" *The Chrysanthemum*, 2 (1882), pp. 100-104, 160-171, 245-256, 344-350.

Kobayashi, Abbot: *The Doctrines of Nichiren*, Tōkyō, Kelly and Walsh, 1893. 29 pp.

Kōno, Shōzō: "Kannagara no Michi," *MN*, 3, 2 (1940), pp. 9-31.

Koyama, Matsukichi: "Yamaga Sokō and his Bukyō Shōgaku," *Cultural Nippon*, 8, 4 (1940), pp. 67-87.

Legge, James: *The Chinese Classics* (second edition, revised), 7 Vols., Oxford, 1893.

Levy, Marion and Kuo-heng Shih: *Rise of the Modern Chinese Business Class*, New York, Institute of Pacific Relations, 1949. 64 pp.

Lloyd, Arthur: *The Creed of Half Japan*, London, Smith, Elder and Co., 1911. 385 pp.

———: "Developments of Japanese Buddhism," *TASJ*, 22 (1894).

———: "Historical Development of the Shushi (Chu Hsi) Philosophy in Japan,"

TASJ, 34 (1906), pp. 5-80.

Lloyd, Arthur: "The Remmonkyō," *TASJ*, 29 (1901), pp. 1-16.

——: Shinran and his Work, Studies in Shinshu Theology, Tōkyō, Kyōbunkwan, 1910. 182 pp.

Lockwood, William Wirt: The Economic Development of Japan: Growth and Structural Change, 1869-1938, Ph. D. Thesis, Harvard, 1950.

Longford, Joseph H.: "Note on Ninomiya Sontoku," *TASJ*, 21 (1893).

Lowell, Percival: "Esoteric Shinto," Parts I, II, and III, *TASJ*, 21 (1893); Part IV, *TASJ*, 22 (1894).

——: *Occult Japan*, Boston, Houghton, Mifflin, 1895. 377 pp.

Makihara, Bernard Minoru: Social Values in Capitalist Development: A Case Study of Japan, Honors Thesis, Harvard, 1954. 105 pp.

Minami, Hiroshi: "Human Relations in the Japanese Society," *The Annals of the Hitotsubashi Academy*, 4, 2 (1954).

Mitsui, Takaharu: "Chōnin's Life under Feudalism," *Cultural Nippon*, 8, 2 (1940), pp. 65-96.

——: "Travel in the Tokugawa Era," *Cultural Nippon*, 7, 3 (1939), pp. 69-80.

Murdoch, James: *A History of Japan*, Vol. 3, *The Tokugawa Epoch 1652-1868*, London, Kegan Paul, 1926. 823 pp.

Nakai Gendo: *Shinran and his Religion of Pure Faith*, Kyōto, Shinshu Research Institute, 1937. 250 pp.

Nichiren: *Kaimokushō*. See Ehara, N. R. M.

Nippon Gakujitsu Shinkōkai: *Man'yoshu*, Tōkyō, Iwanami, 1940. 502 pp.

Norman, E. Herbert: "Ando Shoeki and the Anatomy of Japanese Feudalism," *TASJ*, Third Series, 2 (1949). 340 pp.

——: Japan's Emergence as a Modern State, New York, Institute of Pacific Relations, 1946.

Nukariya, Kaiten: *The Religion of the Samurai*, London, Luzac, 1913. 253 pp.

Onishi, Goichi: "Ninomiya Sontoku, An Agrarian Economist of Feudal Japan," *Cultural Nippon*, 8, 1 (1940), pp. 75-99.

参考文献

Papinot, E. : *Historical and Geographical Dictionary of Japan*, Ann Arbor, Overbeck Co., 1948. 842 pp.

Parsons, Talcott: "'Capitalism' in Recent German Literature: Sombart and Weber," *Journal of Political Economy*, 37 (1928, 1929), pp. 31-51.

――: *Essays in Sociological Theory*, (revised edition), Glencoe, Free Press, 1954. 459 pp.

――: "H. M. Robertson on Max Weber and his School," *Journal of Political Economy*, 43 (1935), pp. 688-696.

――: The Integration of Economic and Sociological Theory, The Marshall Lectures, University of Cambridge, mimeo., 1953. 69 pp.

――: *The Social System*, Glencoe, Free Press, 1951. 575 pp.

――: *The Structure of Social Action*, New York, McGraw Hill, 1937. 817 pp.

Parsons, Talcott, R. Freed Bales and Edward A. Shils: *Working Papers in the Theory of Action*, Glencoe, Free Press, 1953. 269 pp.

Parsons, Talcott and Niel Smelser: *Economy and Society*, 1956.

Pelzel, John: "The Small Industrialist in Japan," *Explorations in Entrepreneurial History*, 7, 2 (1954), pp. 179-193.

――: Social Stratification in Japanese Urban Economic Life, Ph. D. Thesis, Harvard, 1950.

Petzold, Bruno: "Characteristics of Japanese Buddhism," *Studies on Buddhism in Japan*, Tōkyō, International Buddhist Society, 3 (1941), pp. 33-70.

――: "On Buddhist Meditation," *TASJ*, Third Series, 1 (1948), pp. 64-100.

Ponsonby-Fane, R. A. B.: *Studies in Shintō and Shrines*, Kyōto, Ponsonby Kinenkai, 1943. 504 pp.

Redlich, Fritz: "European Aristocracy and Economic Development," *Explorations in Entrepreneurial History*, 6, 2 (1953), pp. 78-91.

Reisehauer, August Karl: "A Catechism of the Shin Sect (Buddhism)," *TASJ*, 38 (1911), pp. 331-395.

――: "Genshin's Ojo Yoshu: Collected Essays on Birth into Paradise," *TASJ*, Second Series, 7 (1930), pp. 16-97.

Reisehauer, August Karl: *Studies in Japanese Buddhism*, New York, Macmillan, 1925. 361 pp.

Reischauer, Edwin O.: *Japan Past and Present* (revised edition), New York, Knopf, 1953. 292 pp.

———: *The United States and Japan*, Cambridge, Harvard University Press, 1950. 357 pp.

Richards, I. A.: *Mencius on the Mind*, London, Kegan Paul, Trench Trubner, 1932.

Robertson, H. M.: *Aspects of the Rise of Economic Individualism: A Criticism of Max Weber and his School*, Cambridge, Cambridge University Press, 1933. 223 pp.

Sadler, A. L.: *The Beginner's Book of Bushidō by Daidoji Yuzan* (*Budo Shoshinshu*), Tōkyō, Kokusai Bunka Shinkokai, 1941. 82 pp.

———: *Diary of a Pilgrim to Ise by Saka*, Tōkyō, Meiji Japan Society, 1940. 84 pp.

Sakai, Atsuharu: "Kaibara Ekiken and 'Onna Daigaku,'" *Cultural Nippon*, 7, 4 (1939), pp. 43-56.

———: "The Memoirs of Takeda Shingen and the Kai no Gunritsu," *Cultural Ntppon*, 8, 3 (1940), pp. 83-108.

Sansom, G. B.: *Japan, A Short Cultural History*, New York, D. Appleton-Century, 1931. 525 pp.

———: "The Tsuredzure Gusa of Yoshida no Kaneyoshi," *TASJ*, 39 (1911), pp. 1-146.

———: *The Western World and Japan*, New York, Knopf, 1950. 504 pp.

Sasaki, Gessho: *A Study of Shin Buddhism*, Kyōto, The Eastern Buddhist Society, 1925. 139 pp.

Satomi, Kishio: *Japanese Civilization: Nichirenism and the Japanese National Principles*, New York, Dutton, 1924. 231 pp.

Satow, Ernest: "Ancient Japanese Rituals," Parts I, II, and III, *TASJ*, 7 (1879), pp. 95-126, 393-434; 9 (1881), pp. 183-211.

参考文献

Satow, Ernest: "The Mythology and Religious Worship of the Ancient Japanese," *Westminster Review*, London, July, 1878, pp. 27-57.
———: "The Revival of Pure Shin-tau," *TASJ*, 3, Appendix (1874). 98 pp.
———: "The Shin-tau Temples of Ise," *TASJ*, 2 (1874), pp. 101-124.
Schwartz, W. L.: "The Great Shrine of Izumo," *TASJ*, 41 (1913), pp. 493-681.
Shively, Donald H.: A Japanese Domestic Tragedy of the 18th century. An Annotated Translation of the Love Suicide at Amajima, by Chikamatsu, Ph. D. Thesis, Harvard, 1951.
Simmons, D. B. and John Wigmore: "Notes on Land Tenure and Local Institutions in Old Japan," *TASJ*, 19 (1891), pp. 37-370.
Smith, Neil Skene: "Materials on Japanese Social and Economic History: Tokugawa Japan," *TASJ*, Second Series, 14 (1937), pp. 1-176.
Smith, T. C.: "The Introduction of Western Industry to Japan during the Last Years of the Tokugawa Period," *HJAS*, 11 (1948), pp. 130-152.
Spae, Joseph John: *Itō Jinsai*, Montunenta Serica, 12, 1948. 250 pp.
Suzuki, Daisetz Teitaro: *The Training of the Zen Buddhist Monk*, Kyōto, The Eastern Buddhist Society, 1934. 111 pp.
———: *Zen Buddhism and its Influence on Japanese Culture*, Kyōto, The Eastern Buddhist Society, 1938. 278 pp.
Tachibana, S.: *The Ethics of Buddhism*, London, Oxford University Press, 1926.
———: "Indebtedness, as Buddhism Teaches it," *The Young East*, 4, 11 (1934), pp. 34-37.
Takaishi, Shingoro: *Women and Wisdom of Japan*, London, Murray, 1905.
Takekoshi, Yosaburo: *The Economic Aspects of the History of the Civilization of Japan*, 3 Vols., London, Allen and Unwin, 1930.
Teng, Ssu-yü and John K. Fairbank: *China's Response to the West, A Documentary Survey, 1893-1923*, Cambridge, Harvard University Press, 1954. 296 pp.
Tillich, Paul: *The Courage to Be*, New Haven, Yale University Press, 1952. 197 pp.

Tillich, Paul: *Systematic Theoology*, Vol. I, Chicago, University of Chicago Press, 1951.

Troup, James: "The Gobunsho or Ofumi of Rennyo Shōnin," *TASJ*, 17 (1889), pp. 101-143.

———: "On the Tenets of the Shinshu or 'True Sect' of Buddhists," *TASJ*, 14 (1885), pp. 1-17.

Tsuchiya, Takao: "An Economic History of Japan," *TASJ*, Second Series, 15 (1937).

Utsuki, Nishu: *The Shin Sect, A School of Mahayana Buddhism*, Kyōto, Publication Bureau of Buddhist Books, Hompa Honganji, 1937. 45 pp.

Van Straelen, Henri: *Yoshida Shōin, Forerunner of the Meiji Restoration, A Bibliographical Study*, T'oung Pao Monograph, Vol. 2, Leiden, Brill, 1952. 149 pp.

Waley, Arthur: *The Analects of Confucius*, London, Allen and Unwin, 1938. 268 pp.

———: *Three Ways of Thought in Ancient China*, London, Allen and Unwin, 1939. 275 pp.

———: *The Way and its Power*, London, Alle and Unwin, 1934. 262 pp.

Weber, Max: *Ancient Judaism*, translated and edited by H. H. Gerth and D. Martindale, Glencoe, Free Press, 1952. 484 pp.

———: *From Max Weber: Essays in Sociology*, translated, edited, and with an introduction by H. H. Gerth and C. Wright Mills, New York, Oxford University Press, 1946. 490 pp.

———: *Max Weber on Law in Economy and Society*, edited by M. Rheinstein, translated by E. Shils and M. Rheinstein, Cambridge, Harvard University Press, 1954. 363 pp.

———: *The Protestant Ethic and the Spirit of Capitalism*, translated by Talcott Parsons, London, Allen and Unwin, 1930. 292 pp.

———: *The Religion of China*, translated and edited by H. H. Gerth, Glencoe, Free Press, 1951. 308 pp.

参考文献

Weber, Max: *The Theory of Social and Economic Organization*, translated by A. M. Henderson and Talcott Parsons, edited with an introduction by Talcott Parsons, New York, Oxford University Press, 1947. 436 pp.

Wheeler, Post: *The Sacred Scriptures of the Japanese*, New York, Schuman, 1952.

Whitelock, Dorothy: *The Beginnings of English Society*, Harmonds-worth, Middlesex, Penguin, 1952. 256 pp.

Yoshimoto, Tadasu: *A Peasant Sage of Japan*, London, Longmans, Green, 1912. 254 pp.

附录一　汉日词汇表

汉语语汇部分

Ch'eng	诚	hsing	形
Ch'i	气	hsing li	性理
Chih	知	Hsing-li Tzu-i	性理字义
Chin Ssu Lu	近思录	i, yi	仁
Ching	敬	jen	理
ch'ing	情	li	利
Hsiao Hsueh	小学	ming	命
hsiao t'i	孝悌	shih	士
hsiao	孝	T'ai-chi T'u-shuo	太极图说
hsin	心	tao	道
hsin	信	yamen	衙门
hsing	行	Yin	殷

日语词汇部分

Ama no Oshihi no Mikoto	天忍日命	bakufu	幕府
Amaterasu O-Mikami	天照大神	bantô	番头
Amida	阿弥陀	Bukyô shôgaku	武教小学
ashigaru	足轻	bundo	分度
Atago	爱宕	bungaku	文学

附录一 汉日词汇表

bushi	武士	gin	银
Bushi no Michi	武士之道	giri	义理
chô	町	gô	合
Chôkyūô	贞享	Gokôsatsu Dôwa	御高札道话
Chū	忠	gonin-gumi	五人组
chūgen	中间	Gorakusha	五乐舍
chūnen	中年	gôshi	乡士
Daijingū	大神宫	Hagakure	叶隐
daikan	代官	hakama	袴
daimyô	大名		（裤之一种）
Dainihonshi	大日本史	hakari-kujira	はかり鲸
dansho	断书	han	藩、藩国
detchi	丁稚	hannin-mae	半人前
dôwa	道话	haori	羽织
dôzei	动静	hatamoto	旗本
ebiza	海老えび	Hieno	日枝
Edo	江户	Higashi Agata	东县石田梅
Edokko	江户子		岩的出生地
Eikyô	延喜（年号：	Hizen	肥前
	1744—1748）	Hôei	宝永（年号：
Engishiki	延喜式		1704—1711）
gaku	学	Hojinshi	辅仁司
gakumon	学问	Hokekyô	法华经
gakusha	学者	hôkô	奉公
Gekū	外官	Honganji	本愿寺
Gembuku	元服	honshin	本心
Genbun	元文	hôon	报恩
Genroku	元禄	hotoke	佛
gi	义	Hôtoka	报德
Gion	祇园	ichiri	一理

德川时代的宗教

Inari	稻荷	kamishimo	（山+上下）
inkan	印鑑	Kamo	贺茂、鸭
Ise	伊势	Kampô	宽保（年号：
Ishikawa	石川		1741—1744）
Izanagi no Mikoto	伊奘诺命	Kansai	关西
Izanami no Mikoto	伊奘册命	Kantô	关东
Izumi	和泉	kashirabun	头
Izuno	出云	katabira	帷子
jiai	慈爱		（即单衣）
jin	仁	Katsura	桂（大井/
jinsha	仁者		Ôi 河别名）
jiri-rita	自利利他	Kawachi	河内
Jinshūsha	时习舍		（地名，国名）
Jizô	地藏	Kegon	华严
jô	情	kei	形
Jôdo	净土	keizai	经济
Jôdo Shinshū	净土真宗	kenshô	见性
kagami	镜	kenyaku	俭约
kagami-mochi	镜饼	ki	气
kagura	神乐	Kinshiroku	近思录
kaidoku	会读	Kishū	纪州
kaiho	会辅	Kiyomizu	清水
Kaimokushô	开目钞	kô	孝
kaiyūshi	会友司	kô	讲
kakun	家训	kogaku	小学
Kamado no Kami	竈神	Kojiki	古事记
Kamakura	鎌仓	kokoro	心
kami	神	Kogukaku	国学
Kami no Michi	神之道、神道	Kokugakushô	国学者
Kamidana	神棚	kokuon	国恩

附录一 汉日词汇表

kokusan	国产	mura	村
kokutai	国体	mushin	无心
kôsha	（心学讲舍）	Nabeshima	锅岛
kôshaku	讲释	Nagasaki	长崎
kôshi	讲师	nakakoshô	中小姓
koshôkumi	小姓组	Nakatsu	中津
kôtai	孝悌	nanushi	名主
kufu	工夫	narazu-ra-shi	奈良晒布
kun	君	Nihongi	日本记
Kunshikun	君子训	Ninôkyô	仁王经
Kunshin ittai	君臣一体	noshi	熨斗
Kuwata	桑田	nuno	布、织物
Kyūshū	九川	obi	带子
Kyūhanjô	《旧藩情》	Ôi	大井
Manyôshu	万叶集	oieryū	御家流
mappô	末法	Ôike	御池
matsurigoto	政	Okina Mondô	翁问答
Meiji	明治	okonai	近江
meirinsai	明伦舍	on	恩
mi o tsutsumi	身を敬み	Onna Daigaku	女大学
mikado	帝、御门（指天皇）	raku	乐
		rinkô	轮讲
miso	味噌	Rokakku	六角
Mitogaku	水户学	roku	禄、俸禄
Mitsubishi	三菱	rinzai	临济
Mitsui	三井	rôyū	老友
mizuhiki	水引	ryô	两
moto	本	ryôshin	良心
makashi babashi	昔话、从前的故事	sai	菜、菜肴
		sakaichô	（左土右界）町

321

sake	酒、清酒	shiyô	枝叶
samisen	三味弦	shôgun	将军
samurai	侍、武士	shôji	障子
samurai no michi	武士道	shôjiki	正道
sangū	参官	shokubun	职分
sankyô itchi	三教一致	shokugyô	职业
sansha	三舍	shônin	商人
sansha inkan	三舍印鑑	shonyô	初入
sei	性	Shôwa	昭和
seigaku	性学	shôya	庄屋
seiri	性理	Shūseisha	修正会
Seiri Jigi	性理字义	shūshi	宗旨
seiza	静坐	sonnô	尊王
Sekigahara	关原	sonnô joi	尊王攘夷
sen	钱	Sotô	曹洞
seppuku	切腹	tai	体
Seto	濑户	Taikyoku Zusetsu	太极图说
shashu	舍主	Tajima	但马（地名，
shi	士		今兵库县北
shihanin	支配人		部）
Shimo Okazaki	下冈崎	Tamba	丹波
shin	臣	tatami	榻榻米、席子
Shingaku	心学	tedai	天台
Shindai kuketsu	神代口诀	Tedai	手代
shinjin	信心	tempô	天保（年号，
shinkô	信仰		1830—1844）
shinshū	真宗	Tendô	天道
Shintô	神道	Tendai	天台
Shintô gobushu	神道五部书	tenshoku	天职
Shiraki	白木	tensoku	店则

Tôdaiji	东大寺	Warongo	和论语
tokô	都讲	Yamaga Gorai	山鹿语类
tokonoma	床之间	Yamate	大和
Tokugawa	德川	yô	甲
tomokoshô	供小姓	Yonezawa	米泽
Toribe	鸟边	zaibatsu	财阀
toshiyori	年寄	Zen	禅
tozama	外样	zendô	禅堂
tsumugi	（绅-申+由）	zenkun	前训
Tsurezunegusa	徒然草	zentai	全体
ujigami	氏神	zôsui	杂欢
uru	得事		
uta	歌		

附录二　汉日人名表

Ch'en Hao	程颢	Hônen Shônin	法然上人
Chou Tun-yi	周敦颐	Hosoi Heishū	细井平洲
Chu Hsi	朱熹	Ichida	市田
Chuang Tzu	庄子	Imbe no Masamichi	忌邦正通
Fung Yu-lan	冯友兰	Ise Tenjo	伊势贞丈
Hsin Tzu	荀子	Ishida Baigan	石田梅岩
Jan Ch'iu	冉求	(Okinaga, Kampei)	（兴长，勘平）
Lao Tzu	老子	Ishida Jôshin	石田净心
Shun	舜	Ishikawa Ken	石川谦
Tzu Lu	子路	Iwasaki	岩崎
Wang Yang-ming	王阳明	Jimmu Tennô	神武天皇
Yao	尧	Kada Azumamaro	荷田春满
Yen Tzu	颜子	Kado	角
Dôgen	道元	Kaibara Ekiken	贝原益轩
Eisai	荣西	Kaihô Seiryô	海保青陵
Fukuzawa Yokichi	福泽谕吉	Kamo Mabuchi	加茂真渊
Fushimi Tennô	伏见天皇	Kawabe no Omi	河边臣
Gamô Kunpei	蒲生君平	Kawakami Tasuke	川上多助
Hayashi Shibei	林子平	Keichū	契冲
Hirata Atsutane	平田黑胤	Kimura Shigemitsu	木村重光

Kitabatake Chikafusa	北畠亲房	Son'en Hôshinno	尊国法亲王
Kumazawa Banzan	熊泽蕃山	Suiko Tennô	推古天皇
Kurosugi Masatane	黑杉政胤	Suzuki Daisetsu	铃木大拙
Kuroyanagi	黑柳	Tachibana no Moribe	橘守部
Meiji Tennô	明治天皇	Takata Zenemon	高田善卫门
Minamoto Yoritomo	源赖朝	Takayama Masayuki	高山正元
Mitsui Takafusa	三井高房	Takechi	高市
Miura Baien	三浦梅园	Takeda Shingen	武田信玄
Miyamoto Mataji	宫本又次	Takekoshi Yosaburo	竹越与三郎
Mori	森	Teshima Toan	手岛堵庵
Motoori Norinaga	本居宣长	Tokugawa Ieyasu	德川家康
Muro Kyūsô	室鸠巢	Tokugawa Mitsukuni	德川光（围-韦+八方）
Musô Kokushi	梦窗国师		
Naitô Kanji	内藤莞尔	Tokugawa Nariaki	德川齐昭
Nakae Tôju	中江藤树	Tokugawa Yoshimune	德川吉宗
Nakai	中井	Tomita Kôkei	富田高庆
Nakamura	中村	Takano Shôseki	高野昌硕
Nakatori	中臣	Uekawa Kisui	上河淇水
Nakazawa Dôni	中泽道二	Uesugi Hanunori	上杉治宪
Negi	祢宣	Watsuji Tetsuro	和辻哲郎
Nichiren	日莲	Wakizawa Gidô	胁阪义堂
Ninomiya Sontoku	二宫尊德	Yakifuji	行藤
Oguri Ryôun	小栗了云	Yamaga Sokô	山鹿素行
Okudaira	奥平	Yamagata Hantô	山片蟠桃
Renno Shônin	莲如上人	Yodoya	淀屋
Saitô Zemmon	斋藤全门	Yoshida no Kaneyoshi	吉田兼好
Shinran Shônin	亲鸾上人	Yoshida Shônin	吉田松荫
Shômu Tennô	圣武天皇		

图书在版编目（CIP）数据

德川时代的宗教：现代日本的文化根源 /（美）罗伯特·N.贝拉著；宋立道译 . —北京：商务印书馆，2024
ISBN 978-7-100-22720-9

Ⅰ.①德… Ⅱ.①罗… ②宋… Ⅲ.①宗教史—日本—江户时代 Ⅳ.① B929.313

中国国家版本馆 CIP 数据核字（2023）第 128891 号

权利保留，侵权必究。

德川时代的宗教
——现代日本的文化根源

〔美〕罗伯特·N.贝拉 著
宋立道 译

商 务 印 书 馆 出 版
（北京王府井大街36号 邮政编码100710）
商 务 印 书 馆 发 行
北京新华印刷有限公司印刷
ISBN 978 - 7 - 100 - 22720 - 9

2024年4月第1版	开本 880×1230 1/32
2024年4月北京第1次印刷	印张 10⅛

定价：58.00元